간호윤의 실학으로 읽는 지금 2

: 윤석열 탄핵! 그 이유들

이 책은 부천시 2025년도 문화예술발전기금 일부를 지원 받아 제작되었음.

이 글은 2023년 5월 17일부터 2025년 4월 4일까지 〈휴헌(休軒) 간호윤(簡
鎬允)의 참(站)〉과 〈간호윤의 실학으로 읽는 지금〉 등 언론에 연재한 글을
모은 것이다. 즉 윤석열 정권 출범 1년 뒤부터 탄핵되는 날까지 2년여의
기록이다.

사이비 4

간호윤의 실학으로 읽는 지금 2

: 윤석열 탄핵! 그 이유들

간호윤 지음

경진
출판

책머리에

『간호윤의 실학으로 읽는 지금 2: 윤석열 탄핵! 그 이유들』(사이비 4)은 100여 개의 기호로 읽어본 윤석열 탄핵의 이유들이다. 세상을 코드로 읽으려는 이들이 있다. 이를 세칭 기호학이라 한다. '기호'(이 책에서 기호는 어휘)는 한 번 체계가 잡히고 나면 사용할 때 일종의 사회성과 강제성을 갖게 된다. 이 사회성과 강제성이 '코드' 이다.

따라서 우리는 '부조리'를 '도리'라 하면 안 되고 '폭력'과 '억압'을 '자유'와 '민주'라 해서도 안 된다. 그러나 윤석열은 불의가 불의임을 부도덕이 부도덕임을 모르는 세상을 지향했고 우리 국민들은 이를 '탄핵'이란 기호로 바꾸었다. 그것은 정의가 정의임을 도덕이 도덕임을 지향하는 코드였다.

이 책 속에는 '왜 윤석열은 탄핵되었으며 그 이유가 무엇인지?'를 따라잡은 윤석열 2년여 동안의 기호들이 갈무리되어 있다. 이러한 어휘들이 다시는 이 땅에 소환되지 말았으면 하는 바람이다.

그 '기호'들을 따라잡은 결론이 바로 '인순고식, 구차미봉'이다. 세상이 병든 이유를 조선 후기를 휘청거리며 살아낸 실학자 연암(燕巖) 박지원(朴趾源, 1737~1805) 선생은 이렇게 적바림해 머리맡에 걸어 두었다. "인순고식(因循姑息, 머뭇거리며 구습대로 행동함)이요, 구차미봉(苟且彌縫, 구차하게 적당히 얼버무림)이라!" 선생은 "천하만사가 이 '여덟 글자' 때문에 이지러지고 무너진다" 하였다.

나 역시 이 의견에 동조한다. 우리 역사가 악인들을 단 한 번이라도 단죄한 적이 있던가? 오히려 학정에 시달리다 농민봉기를 하였던 전봉준도, 백성들을 위해 동학을 창시한 수운 최제우도, 억압과 수탈의 대상인 베 짜는 며느리를 보고 '일하는 한울님'이라 했던 해월 최시형 선생도, 모두 권력을 가진 자들에 의해 그 목이 잘리었다.

독립운동을 하였던 이들, 군부 독재에 항거한 수많은 이들도, … 군사 쿠데타에 항거한 광주의 이름 모를 시민들도, 모두 악인들에 의하여 이슬처럼 사라져 갔다. 그러나 그 악인들 중 역사의 단죄를 받은 이들이 있던가?

오늘, '인순고식!'과 '구차미봉!'이라는 우렁우렁한 선생의 일갈을 질근질근 씹으며 글을 쓰는 이유다. 이 여덟 글자가 이 대한민국에서 실현되는 그날까지….

꽃샘잎샘 바람이 순결한 목련꽃을 후득이는
2015년 4월 7일
휴휴헌에서 간호윤 삼가 씀.

차례

000 휴헌(休軒) 간호윤(簡鎬允)의 '참(站)'을 시작하며

站

"ᄒᆞ루 아홉 참(站)식 열 참(站)식 녜거늘."

'하루에 아홉 참씩 열 참씩 가다'는 정도의 뜻이다. '역참(驛站)'이라고도 한다. 조선시대 간행된 『박통사언해』에 보인다. 여기서 '참'이란, 공무나 길 떠난 사람이 잠시 쉬던 장소이다.

'한참 기다렸나?'처럼 우리가 흔히 쓰는 이 '한참'도 여기에서 유래하였다. '한참'은 두 역참 사이 거리이다. 역참과 역참 사이 거리는 대략 20~30리쯤이다. 거리가 멀기 때문에 그 사이를 오가는 시간이 꽤 오래 걸린다는 뜻이다. 공간 개념이 시간 개념으로 바뀐 경우이다.

새참(곁두리)이니, 밤참이니 할 때 '참'도 이 '참(站)'에서 비롯하였다. 여기서 '참'은 일을 하다가 잠시 쉬며 먹는 음식이다. 우리 속담에 "고추 밭을 매도 참이 있다"는 말이 있다. 고추 밭 매기처럼 헐한 일이라도 '참'을 준다는 뜻이다. 작은 일이라도 사람을 부리면 보수로 끼니는 때워 줘야 한다는 속담이다.

이외에도 '참'은 '일 하다가 쉬는 일정한 사이'나 "집에 가려던 참이다"처럼 무엇을 하는 경우나 때를 지칭하는 따위, 그 쓰임새가 참, 여럿이다.

『예기』의 「학기」에 이런 말이 있다. "수유가효 불식 부지기지야

(雖有嘉肴 弗食 不知其旨也)." '비록 제 아무리 맛있는 음식이 있어도 먹지 않으면 그 맛을 알지 못한다'는 뜻이다. 배움을 음식에 빗댄 글이다.

매주 이 참(站)'에 '새참'을 마련해 보겠다. 독자님들, 천천히 이 '참(站)'에서 쉬며 간간하고 짭조름한 '새참' 한 번 드셔 보셨으면 한다.

2023. 5. 17.

001 미자권징과 무탄트 메시지

站

"동료의 죽음을 목격한 노동조합 간부가 '(자살을) 말리지 않았다' 는 기사를 조선일보가 내보냈다." 분신한 이는 구속영장 실질심사를 앞두고 이런 강개한 유서를 남겼다.

"정당한 노조활동을 집회시위법도 아닌 업무방해와 공갈로 몰아붙여 자존심이 허락하지 않는다." 이런 저 이에게 이 나라 언론이 퍼부은 저주성 기사다. 일국의 장관은 확인도 않고 이를 인용했다. '대한민국 세계 6위', 2022년 권위 있는 US뉴스·월드리포트(USNWR) 가 군사력과 경제력, 외교력 등을 합산한 등위가 처연하다.

천하부란이구(天下腐爛已久, 나라가 이미 썩어 문드러졌다)!" 다산(茶山) 정약용(丁若鏞, 1762~1836)의 토혈이다. 다산의 시들은 막돼먹은 세상의 방부서였다. 다산은 "시대를 아파하고 세속에 분개하지 않으면 시가 아니다. 아름다운 것은 아름답다 하고, 미운 것은 밉다 하며, 선을 권장하고, 악을 징계하려는 뜻이 없으면 시가 아니다" 하고 시(글)의 정의를 내렸다. 이것이 '미자권징(美刺勸懲)의 글'이다. 언론의 글은 마땅히 이래야 한다. 사회의 공분(公憤)을 담아 시대의 공민(共悶)을 아우르고 인간으로서 아름다운 공명(共鳴)을 펴는 정론(正論)이기 때문이다. 미자권징의 언론 글이 '광제일세(匡濟一世, 글로 세상을 바르게 구제한다)'로 이끈다.

사람 사는 세상이기에 저제나 이제나 늘 악다구니판이다. 하지만 정권이 바뀐 뒤 더욱 그러하다. 그나마 있던 도덕과 정의는 사라졌다. 그 자리에는 '부도덕'과 '부조리'와 '비인간성'과 '검찰'이 차고 앉았다. 몇 몇 '그들만의 천국'이 되어 버린 이 대한민국에 무한 악취가 진동한다.

하얀 가운을 입은 의사 말로 모건이 지은 『무탄트 메시지』라는 책이 있다.

오스트레일리아 원주민 부족인 '오스틀로이드(그들은 스스로를 '참사람 부족'이라 일컫는다)'들은 문명인을 가리켜 '무탄트(мутáнт)'라 부른다. 무탄트는 '돌연변이'라는 뜻이다. '돌연변이'는 인간실격 좀비(zombie)이다. 말로 모건은 '참사람 부족'이야말로 자연과 인간, 인간과 인간이 공생하는 삶을 살아가는 진정한 참사람들이라는 것을 깨닫는다. '사람이면 사람답게 살아라.' 모건은 이것이 '참사람 부족'이 '무탄트'들에게 건네는 메시지란다.

이 정부 들어 상식이 통하지 않는 일이 너무 일상화다. 이태원 참사, 외교 참사, 굴종 외교, … 겨우 1년 만에 대한민국 국격과 국민으로서 인격은 나락으로 떨어졌다. 그러나 저들을 추종하는 언론에는 글다운 글이 없다. 이 글을 쓰는 지금 "尹대통령 지지율, 2%p 오른 37%…3주 연속 상승세"란 기사가 뜬다. '천하부란이구'가 따로 없다. '미자권징'과 '무탄트 메시지'를 꾹꾹 씹어 삼키는 오늘이다.

002 범죄가 무죄의 가면을 쓰고 나타났다

站

무엇이 진실이고 무엇이 거짓인지를 구별 못하게 만든다. 제1원인
은 언론이다. "광화문 노숙하며 술판 벌인 민노총…편의점 소주는"
'TV조선' 뉴스이다. "아수라장"이란 말까지 나온다. "건설노조 상경
투쟁…건폭 몰이 중단하라" 비슷한 시간 때, '뉴스투데이/ MBC'
보도이다. 분명히 같은 사건을 보도하는 기사이건만 천양지차다.
둘 중 한 언론은 분명 언론이란 무죄의 가면을 쓰고 범죄를 저지른
꼴이다. 언론(言論)이 아닌 '악론(惡論)'이다.

까뮈(Albert Camus, 1913~1960)가 『반항하는 인간』에서 말한 "우리
시대 특유의 기이한 전도(顚倒) 현상으로 인하여 범죄가 무죄의 가
면을 쓰고 나타나니 이런 날에는 무죄한 쪽이 도리어 스스로의 정
당성을 증명하도록 강요받는다"는 말이 떠오른다.

분명 〈언론윤리헌장〉 서문에는 "언론은 인권을 옹호하며, 정의
롭고 평화로운 공동체를 추구한다. 이를 위해 정확하고 공정한 보
도를 통해 시민의 올바른 판단과 의사소통을 도우며, 다양한 가치
와 의견을 균형 있게 대변함으로써 사회 통합을 위해 노력한다.
아울러 권력을 감시하고 비판해 사회 정의를 실현하고 민주주의를
발전시키는 데 기여한다"(한국기자협회, https://www.journalist.or.kr)
라 적혀 있다.

이를 위해 〈언론윤리헌장〉 제1항이 '진실을 추구한다'이다. '언론'으로서 자격을 '거짓 없는 진실 보도'로 규정하는 정의이다. 언론인은 진실을 거짓 없이 쓸 뿐이다. 그 진실(眞實, 거짓 없고 참됨)이란, 사실(事實, 실제로 발생했던 일이나 현재에 있는 일)과 다르다. "개는 요임금을 보고 짖는다"는 사실이지만 소설보다도 더 이상하고 "책값이 18,000원이다"는 사실이지만 진실은 아니다. 진실이란 우리 삶이 나아갈 방향, 옳음, 진리 등과 교환가치가 있는 말이기 때문이다. 이 진실만이 부조리한 세상에서 인권을 옹호하며 권력을 감시하고 사회 정의를 실현하며 민주주의를 발전시킨다.

진실만을 추구하는 언론의 관용어가 그래 '펜이 칼보다 강하다'이다. 언론은 부조리한 현실에 '반항'하는 '시시포스(Sisyphus)' 같아야 한다. '시시포스'는 무거운 바위를 산 정상으로 밀어 올리는 영원한 형벌에 처해졌다. 카뮈는 시시포스를 '반항하는 인간'의 표본으로 여겼다. 그는 '아무리 해도 끝이 보이지 않는 고통을 향하여 다시 걸어 내려오는' 시시포스의 모습에서 부조리한 세상에 대한 반항을 찾았다.

까뮈는 "반항하는 인간이란 무엇인가? '농(non, 아니요)'이라고 말하는 사람이다. 그러나 그는 거부는 해도 포기하지 않는다"라 정의했다. '농'은 '여기까지는 따랐지만 이제 더는 안 된다'이다. 그 선을 넘지 말라는, 사실이 아닌 진실을 보도하는 게 언론의 책무이다. 그러나 자칭 언론이라 칭하는 'TV조선'이 언론으로서 넘어서는 안 되는 선을 넘었다. '한겨레21'에 이런 기사가 뜬다. "또 '조선일보'… 소름 돋는 '조작'의 탄생, 분신 보도" '악론'인 범죄가 언론이란 무죄의 가면을 쓰고 나타났다.

003 파랑새를 찾아서

站

단 1년 만에 대한민국에서 '파랑새'가 사라졌다. 단 1명이 바뀌었을 뿐인데. "쇠파이프 든 노조원 vs 곤봉으로 머리 내려친 경찰"이란 뉴스 영상을 본다. 무슨 원한이 사무쳤다고 저렇게 잔혹하게 구타한단 말인가. 민노총 집회에 기동복 입은 "윤희근 경찰청장 캡사이신 사용, 현장 지휘관 판단에 따라 사용 지시, 현행범 체포"라는 기사도 뜬다. 정치 갈등, 빈부 갈등, 세대 갈등도 모자라 이제는 공무원과 시민 간 갈등을 만든다.

민주국가는 공무원에게 공권을 주었지만 개인에게도 역시 '공권(公權)'을 보장한다. 개인의 공권은 생존권이다. 인간다운 생활할 권리·교육 받을 권리·근로 권리가 있으며 근로자의 단결권·단체교섭권 및 단체행동권을 보장한다. 국민이 행복하기 위해 국가와 맺은 법적 권한, 즉 '행복추구권'이다.

이를 위해 대한민국 헌법은 "우리들과 우리들 자손의 안전과 자유와 행복을 영원히 확보할 것을 다짐하면서"(헌법 전문) "모든 국민은 인간으로서 존엄과 가치를 가지며, 행복을 추구할 권리를 가진다. 국가는 개인이 가지는 불가침의 기본적 인권을 확인하고 이를 보장할 의무를 진다"(헌법 10조)라고 '행복추구권'을 명시하고 있다. 34조, 37조 역시 모두 '불가침의 국민 기본 인권'으로서 행복추구권을 규정해 놓았다.

모리스 마테를링크(Maurice Maeterlinck, 1862~1949)의 〈파랑새(L'Oiseau bleu)〉란 어른동화가 있다. '틸틸'과 '미틸' 어린 남매가 '행복'의 상징인 '파랑새'를 찾는 여정이다. 이 소설 9장이 바로 '행복의 정원'이다. 그 묘사에 윤석열 정부 행태가 겹친다.

"행복 정원의 전경에 대리석으로 된 높은 기둥들을 세운 방이 보인다. 기둥들 사이로 금줄 장식을 댄 자줏빛 육중한 커튼이 안쪽을 가렸다. … 중앙에는 푸른 구슬과 붉은 구슬로 만든 거대하고 환상적인 테이블이 있고 … 엄청난 음식이 쌓여 있다. 테이블 주위에는 지상에서 가장 뚱뚱한 행복들이 먹고 마시고 고함치고 노래하고 부산을 떨며, 고기와 신기한 과일들과 물병과 뒤집어진 술 단지 사이에서 뒹굴거나 혹은 자고 있다."

'그들만의, 그들만에 의한, 그들만을 위한' 행복 정원에서 가장 우두머리는 '뚱뚱한 행복'이다. '뚱뚱한 행복'이 '행복 가족'을 소개하는 데 대략 이렇다. '조롱박 모양으로 불룩 튀어나온 배를 갖은 놈. 허영심이 충만한 놈, 더 이상 목마르지 않을 때 마시는 놈과 더 이상 배고프지 않을 때 먹는 놈으로 둘은 쌍둥인데 다리가 마카로니다. 아무것도 알지 못하는 놈은 가자미처럼 귀가 먹었고 아무것도 이해하지 못하는 놈은 두더지처럼 눈이 멀었다. … 마지막으로 이놈은 상스러운 웃음인데 귀까지 찢어져서 아무도 그에게 저항하지 못한다.'

틸틸이 '뚱뚱한 행복'에게 '파랑새를 보았냐?'고 물으니 이렇게 말한다. "글쎄 … 그래, 그래. 기억나 … 예전에 누가 얘기했어. … 그건 먹지 못하는 새지. … 말하자면 우린 그따위는 하찮게 생각한다는 거지…." 그들만의 '뚱뚱한 행복 동물농장'에는 처음부터 파랑

새가 없었다. 아니! 미늘에 꿴 '자유라는 꼬임미끼'를 덥석 문 파랑
새를 잡아먹었는지도 모른다.

004 목후이관과 망각에 대한 기억의 투쟁

站

　"대통령이 싸움 거는 공영방송 쟁탈전─한상혁 방통위원장 면직 뒤─'MB 방송장악 맨' 이동관 내정설" 급기야는 공영방송까지 종속화하려 든다. 오늘날 뒤틀린 방송구조를 만든 자의 귀환을 예고하는 신문기사이다. 검찰로도 모자라 이제는 언론까지 음험하고 흉악한 손길을 뻗친다.

　'목후이관(沐猴而冠)'이란 말이 있다. 『사기』 제7 「항우본기」에 나온다. "원숭이를 목욕시켜 관을 씌웠다"는 뜻으로 생각과 행동이 미련하고 어리석을 때 비유로 끌어다 쓴다. 항우는 진(秦: 관중)나라 수도 함양을 모두 불태우고 자만에 빠졌다. 이 성공을 고향에서 뽐내기도 할 겸 초(楚)나라 팽성으로 천도를 서둘렀다. 항우는 이렇게 말한다.

　"부귀해지고 나서 고향에 돌아가지 않는다면 비단옷을 입고 밤에 돌아다니는 것과 같으니 누가 알아주겠는가." 여기서 나온 말이 '금의야행(錦衣夜行)'이다. 하지만 관중(關中, 관의 중앙)은 진나라 도성인 함양 일대의 분지로 동쪽에는 함곡관, 남쪽에는 무관, 북쪽에는 숙관, 서남쪽에는 산관이 있고 진나라가 그 가운데에 있으므로 '관중'이라 칭한 천혜의 요지로 패업의 땅이었다. 천하의 왕이 되려는 자가 관중을 버리는 것은 어리석은 일이다.

그러자 옆에 있던 설자(說者)가 "사람들이 말하기를 초나라 원숭이를 목욕시켜 갓을 씌워 놓은 꼴이라더니, 과연 그렇군!(人言楚人沐猴而冠耳 果然)" 하며 항우를 조롱하였다. 원숭이를 '목후(沐猴)', 혹은 '미후(獼猴)'라 한다. 원숭이 성정이 변덕 심하고 조급한 어리석음에서 비유한 말이다. 항우가 이 말을 듣고는 성내어 설자를 삶아 죽인다. 설자는 문헌에 따라 한생(韓生), 혹은 채생(蔡生)이라 한다. 하지만 항우의 어리석은 금의야행은 결국 유방에게 해하(垓下)에서 사면초가(四面楚歌)로 최후를 맞는다.

윤석열 정부의 하는 행동이 꼭 저렇다. 위정자로서 가장 중요한 것은 국민의 신임이다. 국가에서 방송을 장악하여 언론을 통제하려는 행동은 '쿠데타'로나 있을 법한 독재국가의 행태이다. 대한민국 국민의 민주의식을 너무 낮잡아보면 안 된다. 우리 근대 역사는 폭압의 역사이다. 일본 제국주의를 지났지만 이승만, 박정희, 전두환 독재를 혹독하게 겪었다. 그렇지만 우리는 이를 모두 이겨내고 민주주의로 승화시킨 국민들이다.

2023년, 이 땅에서 다시 '윤석열 정권 독재'라는 말이 분분하다. 저 시절 '폭압의 역사'를 환기시키는 것은 국민들로 하여금 망각에 대한 기억의 투쟁을 불러일으키는 어리석은 짓이다. 제 아무리 정권이 감때사납기로서니 수긋이 받아들일 국민들이 아니기 때문이다. 밀란 쿤데라의 소설 『웃음과 망각의 책』은 암울한 체코를 배경으로 하였다. 저 시절 저 나라 이야기가 이 시절 이 나라 우리들에게 많은 것을 시사한다. 그 중의 한 문장이다. "권력에 대한 인간의 투쟁은 망각에 대한 기억의 투쟁이다."(1부, 잃어버린 편지들) 다시 한 번 '우리가 과거를 망각한 게 아닌가?' 하는 의문을 품게 한다는 것은, 제 스스로 초나라 원숭이가 되는 꼴임을 명심해야 한다.

005 수박의 계절에 쓴, 능라도 수박고(考)

站

    가히 '수박'의 계절이다. 요즈음 윤석열 정부의 행태는 도저히 민주정부라 하기 어렵다. 군국주의 유물인 '땡전 뉴스'가 부활하고 '국기에 대한 맹서'도 나올 판이다. 이 난국에 하 어이없고 기막힌 것은 일부 야당 국회의원들 작태이다. 국민들이 야당을 하라했더니 말귀를 못 알아들었나보다.

    일부 야당 의원들이 자청하여 창귀가 호랑이 심부름하듯, 적극 이 정권을 도와주니 못 할 것도 없을 듯하다. 여기저기서 '저들이 차기 총선에 탈락할까봐 하는 짓'이라고 수군덕거린다. 이들을 '수박'이라 칭한다는데, '민주당 혁신위원장 9시간 만에 사퇴'라는 승전보도 울렸다.

    마치 여름철 만난 수박처럼 그 기세가 자못 호기롭다. 정권에게는 말 한 마디 못하면서 자당 공격하는 것은 '연희궁 까마귀 골수박 파 먹듯' 집요하다. 연희궁은 연산군이 놀던 곳이요, 골수박은 해골 같은 수박 찌꺼기다. 연희궁에서 쏟아져 나온 수박 찌꺼기 먹는 까마귀를 보고 빗대어 이른 말이다(『연산군일기』를 보면 연산군은 수박을 꽤 좋아하였다. 중국에서 수박 수입하라는 기록이 여러 차례 보인다). '수박은 쪼개서 먹어 봐야 안다'는 속담이 있다. 딱 맞다. 겉과 속이 이토록 다를 줄 몰랐다. '수박!' 누가 별칭을 지었는지 모르나 참

잘도 지었다.

그래 '수박 겉핥기'로나마 '수박고'를 적어본다. 우리나라 수박은 허균(許筠)이 지은 〈도문대작(屠門大嚼)〉에 그 유래가 보인다. 도문대작은 중국 위나라 조식의 〈여오계중서〉에 "푸줏간을 지나며 입맛을 쩝쩝 크게 다신다. 비록 고기를 얻지 못했어도 기분만은 즐겁다(過屠門而大嚼 雖不得肉 貴且快意)"라는 글에서 끌어왔다. 1611년, 지금의 익산시 함열로 유배 간 허균이 보잘것없는 음식만 먹게 되자, 전에 먹던 좋은 음식들을 생각나는 대로 적은 기록이 〈도문대작〉이다. 팔도의 진미를 소개하고 품평한 특이한 저서인데, 그 중 수박이 당당히 한 자리했다. 허균은 수박을 이렇게 적어 놓았다.

"서과(西瓜, 수박): 고려 때 홍다구가 처음 개성에다 심었다." 홍다구(洪茶丘, 1244~1291)의 조부는 홍대순, 아버지는 홍복원으로 3대에 걸친 매국노 집안이다. 홍다구 조상은 대대로 인주(麟州, 오늘날 평안북도 의주군)를 관할하던 수령이었다. 1218년 몽고의 침입 때 홍대순은 자진하여 그들에게 협력하였다. 홍복원은 한술 더 떠 몽고의 앞잡이가 되어 조국인 고려를 침공하였으며 후일 반란을 일으켰으나 패해 원나라로 도망쳤다. 홍복원은 고려 사람들을 꽤나 못살게 굴었기에 '주인을 무는 개(養犬反噬其主, 기르는 개가 도리어 주인을 물다)'라 하였다. 홍다구는 몽고에서 태어났다. 자라서는 원나라 중심 세력으로 고려에 들어와 김방경을 모함하는 등 조국을 무시로 괴롭혔다.

이 홍다구가 처음 수박 심은 곳이 개성이었다. 수박은 세월이 흐르며 전국으로 퍼졌고 '수박 겉 핥기', '수박은 속을 봐야 알고 사람은 지내봐야 안다', '수박 흥정', '선 수박의 꼭지를 도렸다'(그냥 둘 것을 손대서 못 쓰게 만들었다는 말) 따위 속담까지 생겨났다. 그 중 '능라도 수박 같다'는 속담이 있다. 맛없는 음식을 이른다. 수박은 당도로 맛을 가늠한다. 그런데 능라도는 평양 대동강 한가운데 위치한 섬이다. 장마철이 되면 섬 전체가 물에 잠긴다. 당연히 수분을 너무 빨아들여 당도가 떨어져 맛이 없다.

6월 중순인데도 한낮 더위가 30도에 육박한다. 분명 수박의 계절이 왔다. '되는 집에는 가지 나무에 수박이 열린다'는 말도 있다. 하지만 야당의 일부 '수박 의원'들 행태를 보자니, 올 여름 수박 맛은 영 '능라도 수박'이 될까 적이 염려된다. 글 쓰는 도중, 민주당 혁신위원장을 새로 임명했다는 기사가 뜬다. 모쪼록 옥상옥인 '대의원제'부터 없앴으면 한다. 야당이 살아야 나라가 살지 않겠는가.

006 『임꺽정』을 가르치고 읽어 볼 이유

站

교육부에서 "『임꺽정(林巨正)』을 가르치지 마라" 한다. 이 무슨 궤변인가! 이유인즉, 『임꺽정』이 '공정성'을 떨어뜨려서란다. 『임꺽정』은 1562년 명종 17년 1월, 관군에게 죽임을 당한 실존인물 '임꺽정'을 소설화한 작품이다. 이 소설을 쓴 이는 벽초(碧初) 홍명희(洪命憙, 1888~1968) 선생이다. 벽초 선생은 춘원 이광수, 육당 최남선과 더불어 '일제강점기 조선의 3대 천재' 중 한 분으로 유일하게 변절하지 않은 독립투사요, 작가이다.

선생은 『삼천리』 1호(1929, 27쪽)에서 『임꺽정』을 쓴 이유를 이렇게 적바림했다. "임꺽정이란 옛날 봉건사회에서 가장 학대받던 백정계급의 한 인물이 아닙니까? 그가 가슴에 차 넘치는 해방의 불길을 품고 그때 사회에 대하여 반기를 든 것만 하여도 얼마나 장한 쾌거였습니까? … 백정들의 단합을 꾀한 뒤 자기가 앞장서서 통쾌하게 의적 모양으로 활약한 것이 임꺽정이었습니다. 그러이러한 인물은 현대에 재현시켜도 능히 용납할 사람이 아니었습니까."

또 『삼천리』 9호(1933, 665쪽)에서도 『임꺽정』을 쓰는 강개한 마음을 토로했다. "조선문학이라 하면 예전 것은 거지반 지나(支那, 중국) 문학의 영향을 많이 받아서 사건이나 담기어진 정조들이 우리와 유리된 점이 많았고. 그리고 최근의 문학은 또 구미문학의 영향을 많이 받아서 양취(洋臭, 서양 취향)가 있는 터인데 임꺽정만은 사건이나 인물이나 묘사로나 정조로나 모두 남에게서는 옷 한 벌 빌어 입지 않고 순조선 것으로 만들려고 하였습니다. '조선 정조에 일관된 작품' 이것이 나의 목표였습니다".

이는 선생이 독립운동의 일환으로, 민족정신 고취를 소설로 구현한 작품이란 점을 분명히 해준다. 따라서 『임꺽정』은 우리 민족(특히 핍박 받는 민중)의 '공정한 사회 건설을 위한 항쟁을 담아낸 민족문학'이다. 〈메밀꽃 필 무렵〉 작가 이효석(李孝石, 1907~1942)은 『임꺽정』에 이런 찬사를 보냈다.

"이제 외람히 그 문학적 가치를 운위할 수는 없으나 큰 규모 속에 담은 한 시대 생활의 세밀한 기록이요, 민속적 재료의 집대성이요, 조선 어휘의 일대 어해(語海, 언어의 바다)를 이룬 점에서도 족히 조선문학의 한 큰 전적이 되리라 믿습니다. 문학권 안팎의 사람이 모두 이 책에서 얻음이 많을 것입니다."

이런 역사성을 지닌 작품을 2023년에 '평화 통일 교육에 공정성이 떨어진다'고 가르치지 말란다. 아마도 벽초 선생 고향이 충북 괴산인데 월북하여 그런 듯하다. 하지만 월북 작가는 이미 35년 전인 1988년에 해금되었다. 더욱이 『임꺽정』은 선생이 일제 치하 감옥에서도 연재한 글이다. 혹여 이 정부의 정책이 공공적이지 못하기에 『임꺽정』의 항쟁정신이 옮겨 붙을까 두려워 그런 것은 아닐까?

어쩌다 '쇠 멱미레 같은 이'를 뽑아 놓으니 나라꼴이 갈수록 수미산이다. '국수 못하는 년이 피나무 안반만 나무란다'고 평계는 모조리 전 정부 탓이요, 넋이야 신이야 퍼붓는 사설마다 물 덤벙 술덤벙이고 대중없이 말을 불쑥불쑥한다. 이렇다 보니 들을 이 짐작이건만 썩은 고기에 쇠파리 모이듯, 주위에 모인 이들도 하는 짓이 꼭 쇠껍데기를 쓰고 도리질하는 격이다.

대통령 한 마디에 교육과정평가원장도 잘랐다. 명분은 '킬러 문항 잡아 공정 수능' 운운한다. 40만 수험생을 혼수상태에 빠뜨려 놓은 교육부장관이란 작자는 "입시에 대해 수도 없이 연구하고 깊이 있게 고민하는 것을 보고 놀랐다. 제가 진짜 많이 배우는 상황"이라고 대통령을 추켜세운다. 그 행태가 '입 안의 혀요, 상전 앞의 종'이다. 소금섬을 물로 끌어라 해도 끌 위인이다. 도대체 이런 쥐 밑살만한 알량한 깜냥으로 어떻게 한 나라 교육을 책임진단 말인가. 그런데도 요망한 만수받이들의 흰소리가 하늘에 방망이 달자고 나설 태세다. 용산에서 섬긴다는 용한 신끼 있다는 이가 "수능이 없어진다"며 수염을 쓰다듬는 장면도 보인다.

2023년 6월, 이 땅에 진정 공정한 사회를 실현하려면 더욱 『임꺽정』을 가르치고 읽어야 하지 않겠는가.

007 무책임한 국가관을 가진 반국가세력이 누구인가?

站

    장마철이다. 하수구 물이 역류하듯 막말을 쏟아낸다. 장충체육관에서 자유총연맹 창립기념식이 열렸고 대통령으로서는 24년 만에 참석한 자리에서다. 대통령의 기념사는 열변을 넘어 광기가 서린 듯했다. 연설 전반이 그렇지만 원수를 대하듯 상기된 표정으로 읽어 내려가는 그의 연설문은 분기탱천해 있었다.

    "왜곡된 역사의식, 무책임한 국가관을 가진 반국가 세력들은 핵무장을 고도화하는 북한 공산 집단에 대하여 유엔 안보리 제재를 풀어달라고 읍소하고, 유엔사를 해체하는 종전선언을 노래 부르고 다녔습니다"라며 전임 정부를 반국가세력이라 규정하고 종전선언을 성토했다. 종전선언이 "북한이 다시 침략해 오면 유엔사와 그 전력이 자동으로 작동하는 것을 막기 위한 합창"이며 "허황한 가짜 평화 주장"이라고도 하였다. 한 문장이 끝날 때마다 장충체육관이 떠나가도록 박수가 터져 나왔다. 1970년대 그렇게 검은 교복을 입고 반공궐기대회를 하던 망령이 되살아났다.

    종전선언은 한반도에 평화를 구축하기 위한 전단계이다. 힘이 평화가 아니라 평화가 힘이기 때문이다. 그렇기에 트럼프도 바이든도 일본도 중국도 반대한 적이 없다. 이렇듯 국제 사회의 합의된 중론을 이 나라 대통령이 반대한다. 그러며 '한-미 동맹을 핵 기반으로 격상시켰고 한국-일본 관계를 신속하게 복원하고 정상화했으며 세계 속에 글로벌 중추외교로 발돋움했다'고 자평하니 기함할 노릇이다. 이야말로 '핵, 무력, 전쟁불사…' 운운에 외교조차 중국을 배제하며 선두에서 '신냉전체제'를 구축하겠다는 행태 아닌가.

마지막으로 "우리 한국 자유총연맹 회원 여러분들의 용기와 열정을 기대하겠습니다"라 하자 장충체육관은 그야말로 마치 히틀러의 연설에 환호를 보내는 나치 친위대원들 같은 괴기스런 장면을 연출하였다. 그 위에는 극단적 반공주의라는 마녀사냥으로 미국의 반지성주의를 이끈 '매카시즘(McCarthyism)'의 공포분위기가 음험하게 덮여 있었다.

매카시즘은 1950년대 초, 공산주의가 팽창하는 움직임에 위협을 느끼던 미국의 사회적 분위기를 이용하여 매카시가 행한 선동정치이다. 지금은 '극단적이고 초보수적인 반공주의 선풍, 또는 정적이나 체제에 반대하는 사람을 공산주의자로 몰아 처벌하려는 경향이나 태도'로 사전에 등재되었다.

이 매카시즘으로 학문과 사상, 양심과 자유라는 민주주의 이념은 '반공이라는 가두리 양식장의 물고기'가 되어 버렸다. 공포분위기와 반지성주의로 도덕은 타락했고 시민들은 서로 간첩이 아닌가 의심하고 분열하였다. 미국 사회는 와해되었고 민주주의는 그렇게 30년 후퇴했다. "시민이 그 이웃을 적이나 간첩이라는 생각으로 살피도록 명령될 때 그 사회는 벌써 분해의 과정을 걷고 있다." 매카시즘이 절정에 달했을 때 미국 법조계 양심이던 라네트 핸드 판사의 일갈이다.

이런 2차 대전 후 냉전의 산물이 잉태한 기형아 매카시즘에게 사망선고를 내린 지, 이미 반백년도 더 지나 이 땅에서 저들에 의해 그 망령이 부활하려 한다. 대통령부터 이러하니 검찰 출신 경찰제도 발전위원장이란 이는 '문재인은 간첩이고 우리 국민 70%가 이를 모른다'고 하였다. 반공 매카시즘이 2023년 대한민국에서 좀비처럼 살아나는 것을 목도하는 것은 매우 괴로운 일이다. 더욱이 '극단적 반공'이라는 이데올로기로 국민을 가르고 선동하려 하는 장소가 하필이면 '장충체육관'이란 사실에 모골이 송연하다. 장충체육관! 바로 이 장소에서 통일주체국민회의 대의원들이 모여 '99%라는 경이로운 기록'으로 박정희, 전두환 대통령을 선출하였기 때문이다.

  5년 단임 대통령이 '신냉전체제'의 기수인양 설치고 '신매카시즘'을 준동한다. 그 주변에는 딱 고만한 수준의 잡된 이들이 모였다. '이들이야말로 무책임한 국가관을 가진 대한민국의 반국가세력이 아닐까?' 곰곰 생각해보는 2023년 7월이다.

008 쿼바디스! (지금 이 나라는) 어디로 가나이까?

站

대낮에 국회의원 두 명이 횟감 생선이 들어 있는 수조의 물을 맨손으로 떠 마셨다. 일본 후쿠시마 원전 오염수에 대한 국민 불안감을 해소한다는 이유로 노량진 수산시장을 찾아서 한 행태란다. 회는 먹을지언정 횟감 생선이 들어 있는 수조 물을 떠 마시는 사람은 없다. 그것도 한 나라의 국회의원이기에 엽기적이요, 괴기스럽기까지 한 게, 마치 여름철 납량특집을 보는 듯하다. 철모르는 어린아이조차도 하지 않는 괴이한 행각이다.

국제원자력기구(IAEA)는 후쿠시마 오염수 방류를 두고 문제없다고 한다. 하지만 과학은 '불확실성'을 다루는 학문이기에 늘 그 한계성을 내재한다. 더욱이 오염수 방류는 복잡한 자연 생태계까지 얽혀 있다. 인간에게 먹을거리를 제공하는 해양 생물들의 삶터이기에 그렇다. 그 누구도 후쿠시마 오염수 방류 영향을 예단하기 어렵다. 하지만 이 정부는 이를 정치적으로 접근하고 당연한 우려를 괴담으로 치부한다. 여당 의원들은 수조의 물까지 마시고 여봐란 듯이 횟집을 떼 지어 찾아 사진 찍는 곤댓짓이 이만저만이 아니다. 일부 국민들은 '옳다'와 '그르다'로 나뉘어 삿대질을 한다. '옳다'와 '그르다' 구분은 진실과 거짓이 아니요, 내가 지지하는 편이면 무조건 '옳다'이고 아니면 무조건 '그르다'이다. 이분법적 사고가 마치 '아

(我, 나)와 피(彼, 너)의 전쟁터' 같다. 더 큰 문제는 언론이나 대다수 국민들이 유령처럼 별 반응을 보이지 않는 섬뜩한 현상이다.

생각해 본다. 어떻게 국민을 대변한다는 여당 국회의원이, 기자들도 있고 사람들이 보는 데서 저런 행태를 할까? 후쿠시마 원전 오염수가 우리에게 해로운지 아닌지를 어떻게 안다고 저런 수조물을 떠먹는 퍼포먼스를 보일까? 국회의원으로서 국가와 민족을 위해서인가? 아니면 '모든 길은 용산으로 통한다'를 실천하려 함인가?

분명한 것은 국민을 위해서가 아니라는 사실이다. 대의기관으로서 나선 이의 선한 행동이 아니기 때문이다. 그렇다면 이유는 하나다. 국민들 시선은 안중에도 없는 저러한 저열한 행태는 이 나라의 누군가에게 아부하려는 행동일 뿐이다.

마치 폴란드 소설가 시엔키에비치(Sienkiewicz, 1846~1916)의 역사소설 『Quo vadis(쿼바디스)』를 보는 듯하다. 이 소설은 네로 황제와 그의 신하들 시대를 그린다. 네로가 시를 읊자 다른 신하들은 '뛰어납니다. 하지만 페트로니우스는 끔찍한 시입니다'라고 하며 이렇게 말한다. "폐하가 지은 시를 만약 동서고금의 유명 시인들이 지었다면 세기의 작품이라 칭송했겠지요. 그러나 폐하의 실력이 그들보다 월등하기에 폐하께서 자신의 재능에 걸맞지 않는 끔찍한 시를 일부러 지은 것을 압니다." 네로가 처음부터 폭군은 아니었다. 저러한 행태들이 네로를 폭군으로 만들었다. 폭군은 태어나는 게 아니라 저렇게 아첨으로 만들어진다.

오늘도 후쿠시마 원전 오염수를 적극 환영하는 대통령의 견해에 화답하는 국힘당 의원들의 망동과 이를 부각시키는 어용 언론, 여기에 일부 국민들조차 확증적 편향으로 내뱉는 발언들이 도를 넘는다. 이런 외에도 차관급에 극우 유튜버를 내정하고 김건희 일가 땅 특혜를 제기하자 장관이 국책사업을 하루아침에 백지화하겠다고 선언했다. 검찰 특수활동비 292억 원 중, 절반 가까운 136억 원 (46.6%)을 검찰총장이 임의대로 썼다. 이렇게 나라가, 법치가, 민주주의가 유린돼도 이를 꾸짖는 지식인도 이를 심층 보도하는 언론도 없다. 국민들은 분노할 일에도 분노하지 않는다.

후일 우리 역사에 이 시기를 어떻게 기록할까? 쿼바디스! 지금 이 나라는 어디로 가나이까?

---

*『쿼바디스』는 '정의와 진리'가 반드시 승리한다는 줄거리로 박해받는 폴란드 민족에게 희망을 주었다. 시엔키에비치는 이 작품으로 1905년 노벨 문학상을 수상했고 영화로도 만들어졌다.

009 '보수(保守)'를 참칭하지 마라!

站

「IAEA 사무총장, "오염수? 난 마시고 수영도 가능…한국은 북핵 더 걱정해야"」동아일보 기사 제목이다. 가관이다. 한 나라를 찾은 나그네의 내정간섭 발언이 오만하다. IAEA 사무총장은 물질이란 이해관계가 얽혀 그렇다 쳐도 이 말을 그대로 보도하는 보수 언론과 그를 추앙하는 국민의힘도 도저히 이해하기 어렵다. 제 아무리 보수 언론, 보수 정당이라 해도 나라의 자존심은 지켜야 하지 않나. 한 나라의 주인으로서 나그네와 다를 게 무엇인가.

하여, '보수'라는 말을 짚어보려 한다. 우리에게 보수가 있는가? 보수란 "(1) 새로운 것을 적극 받아들이기보다는 재래의 풍습이나 전통을 중히 여기어 유지하려고 함, (2) 보전하여 지킴"이다. 따라서 보수의 가치는 국가, 혹은 사회라는 공동체를 책임져야 한다. 그러나 우리 보수는 공동체로서 공감능력이 현저히 떨어진다. 공감능력이란 대가를 바라지 않고 상대의 입장을 헤아리는 마음이다. 그러나 '그들만의 공동체'만 지키려 하니, 이른바 공감의 반경이 너무 구심력으로 작동하여 '수구세력(守舊勢力)'이 되어 버렸다. 그렇기에 그들만을 위한 행동이니 전체 공동체로 볼 때는 상식 이하이다. 재래의 풍습이나 정통도 아니요, 또 무엇을 보전하여 지킨다는 의미와도 전혀 맞지 않는다.

이 세상은 끊임없이 변한다. 보수는 이 변하는 세상을 보전하여 지켜야 한다. 보수가 끊임없이 변해야 하는 이유다. 변하는 세상에서 재래의 풍습이나 전통을 유지하려면 변하지 않고는 안 된다. 그러나 대한민국의 보수는 요지부동이다. 따라서 우리나라의 일부 언론과 국힘을 '보수'라 하면 안 된다. 보수라는 말을 외람되이 쓰는 '참칭(僭稱, 분수에 넘치는 칭호를 스스로 이름)'이기 때문이다.

보수든 진보든 나라라는 공동체의 이익을 꾀하려는 공감력이 있을 때만 성립하는 용어이다. 언론사 사주의 이익, 물질에 포위된 언론과 대의기관으로서 국가 공동체와 공감능력이 없는 정당은 그들만의 '사리사욕 집단'일 뿐이다. 어떻게 '보수'가 되겠는가.

현재 이 나라를 이렇게 만드는 것은 모두 보수를 참칭하는 언론과 정치인들에 의해서다. 저런 보수를 참칭하는 자들은 이 땅을 지나가는 나그네나 이 땅에 기생(寄生)하는 적폐에 지나지 않는다. 자기 보신만을 위하는 자는 이 나라의 주인이 아니다. 결코 한 나라, 한 민족의 주인이 되지 못한다.

물론 자칭 '진보(進步)'도 자유롭지 않다. 대한민국은 극단의 자유시장경제를 표방한다. 진보든 보수든 모두 이에 동의한다. 우리와 비슷한 경제력을 지닌 나라의 보수는 국가 공동체를 지향하여 사회적 균형, 질서를 중시하여 배분에 가치를 둔다. 대한민국의 진보 기치를 내건 정당도 유럽에서는 보수 정당 측에도 못 든다. 예를 들자면 독일의 보수라 자임하는 기독교민주연합은 사회적 시장경제(Soziale Marktwirtschaft)로 정강정책에서 '대학 등록금 면제, 대학 생활비 지원, … 주거 문제까지 국민의 삶 일체를 국가 책임'으로 명시화했다.

"오늘 우리 사회에 주인이 되는 사람이 얼마나 있습니까? … 어느 민족사회든지 그 사회의 주인이 없으면 그 사회는 패망하고 그 민족이 누릴 권리를 다른 사람이 가지게 됩니다. 나로부터 여러분은 각각 우리 자신이 이 민족사회의 참주인인가 아닌가를 물어볼 필요가 있습니다. 그 민족사회에 대하여 스스로 책임감이 없는 사람은 나그네입니다." 도산(島山) 안창호(安昌浩, 1878~1938) 선생의 「동포에게 고하는 글」이다.

대한민국의 자칭 '보수'는 우리 근대 역사가 만들어낸 비극임을 모르지 않는다. 이 나라에서 6·25 포성이 멈춘 지도 반백년이 넘었다. 대한민국은 이제 세계 10위권 경제 대국으로 성장하였다. '보수와 진보', 정확히 말하면 '수구와 보수'에 지나지 않는 언론과 정당은 더 이상 그 이름을 참칭하지 마라! 보수와 진보가 제 이름값을 하려면, 이 땅의 책임감을 지닌 주인이 되려면, 모두 뼈를 깎는 각오로 그 명칭을 '보수(補修, 낡은 것을 보충하여 수선함)'해야만 한다.

010 개소리는 어떻게 세상을 정복했는가

站

『개소리는 어떻게 세상을 정복했는가』를 읽다가 무릎을 쳤다. '진실보다 강한 탈진실의 힘'이란 부제를 단, 제임스 볼의 이 책은 2023년 7월 대한민국 현실이다. 책의 핵심은 "우리가 각자 합리적인 판단 하에 뉴스나 의견을 이해하고 의사결정을 하고 있다고 착각하게 만든다", "우리의 가장 취약한 부분, 즉 사람들이 '믿고 싶은 사실'을 정확히 건드려 판단력을 흐려놓게 만든다". 개소리가 그렇게 만든다는 말이다.

'바이든'을 '날리면'으로 우김성 있게 밀어붙인 그의 발언은 더욱 진화중이다. 이태원 참사 현장을 찾아서는 "여기서 그렇게 많이 죽었다고", 힘 추구 국방 설파하며 "'종전 선언이네' 하는 데서 벗어나야", 예천 피해 현장을 찾아서는 "해외에서 산사태 소식을 듣고 주택 뒤에 있는 산들이 무너져서 민가를 덮친 모양으로만 생각했는데", "이권 카르텔 모조리 걷어 보조금으로 홍수 피해" 운운, 여기에 "윤 대통령 격노에 일정 철회", "北 무인기 격노한 尹, 한 대 왔으면 우린 두 대 세 대 보내라", "어떻게 이럴 수 있나, 격노한 尹 대통령, 질타 또 질타" 운운 … 언론 보도까지, 도저히 한 나라 대통령 화법이라고는 이해가 안 된다. 제3자 관찰자 시점이요, 말가리가 없는 게 모조리 유체이탈이요, 중세시대 왕 노릇 언행이다.

그 주변의 말들은 '날리면 빙의 언어'다. "호객행위를 하여 쇼핑"을 하였고 "5군데 명품점을 돈 것은 '문화탐방 외교'의 일환"이며 "언론과 야당이 영부인을 악마화"한단다. 수해 현장을 찾은 한 인사는 여당 대표를 위해 "박수 한 번 쳐 주세요" 하고 홍수로 공무원 비상령을 내린 시장은 "골프를 친 것에 대해 기죽지 않는다"고 한다. "해도 해도 너무한 원희룡과 국토부의 양평고속도로 거짓말", 그 중에 압권은 '오송 지하차도'를 찾은 도지사가 "일찍 갔어도 바뀔 건 없었다"라 한다. 마치 리투아니아에서 "서울로 가도 달라질 건 없다"라던 대통령실 발언의 데자뷔다. 대놓고 '당신을 추앙합니다' 하는 언사 아닌가. 글자조차 부끄러워 그만하잖다.

저 책에서는 이러한 말들을 '개소리(bullshit)'라 규정하고 있다. 우리 사전에도 이 '개소리'가 보인다. 아무렇게 지껄이는 조리 없고 당찮은 말로 유의어로는 '허튼소리, 헛소리, 개수작, 망발, 횡설수설' 따위이다. 이러한 말들은 한국 언론 생태계를 파괴하는 것에 그치지 않는다. 사회로는 진실과 거짓이라는 것을 구분조차 못하게 만들고 아이들에게는 '나이 먹은 이들의 부끄러운 나라'가 되었다. '정치인'은 '국가 정책'과 '국민'과 관계를 조율하는 권력기관이다. 국민이 권력을 위임해준 권력기관의 말은 진실이란 신뢰성을 바탕으로 해야 한다.

그러나 대한민국을 휘젓는 저들의 말은 '개소리'보다 한 수 위인 '개소리 괴소리'이다. '개 짖는 소리와 고양이 우는 소리'로, 역시 조리 없이 되는대로 마구 지껄이는 것을 속되게 이르는 말이다. 여기까지는 그래도 괜찮다. '명사'로 분류되어서다. 권력에 도취된 저들의 말이 '의학 용어'로 넘어가면 병적 허언(病的虛言, pathological lying)이 된다. 증상은 '의식적으로 거짓말을 반복하거나 진실을 변형시킨다. 자기 공상을 현실로 여겨 헛된말을 하며 자신의 세계가 완벽하다 믿고 거짓말에 대한 죄책감도 없다. 평소에도 붕 떠 있고 말의 앞뒤가 맞지 않고 자신의 말에 토를 달면 화를 낸다. '공상 허언'이라고도 하며 히스테리 성격이 강하다."(『간호학 대사전』)

국민들이 하나하나 가르쳐서 대통령을 만들어야 하는 기이한 일이 벌써 1년을 넘어섰다. 민주주의는 백성이 주인이다. 제임스 볼은 "진실의 가장 큰 적은 거짓말이 아닌 개소리를 믿고 싶은 당신의 마음이다!"라 하였다. 저 이들에게 무어라할 게 아니다. 개소리는 듣는 이가 있어 하는 것이기 때문이다. 혹 저 이들의 말이 '의학 용어'로 넘어간 것이 아닌지? 대한민국을 이미 '개소리가 정복'한 것은 아닌지? 그렇다면 이 나라의 주인인 '우리가 그렇게 만든 것'은 아닌지? 이 나라 국민이라면 생각 좀 해야 하지 않을까?

011 돼지 목에 진주 목걸이

站

 이 정부 인사들은 일부러 '정치혐오증'을 유도한다. 괴담을 지어 내는 게 본인들인데도 아니라 우기고 잘못을 했어도 무조건 사과를 안 하는 불문율 속에는 '국민 우민화(愚民化)'라는 꼼수를 숨긴 듯하 다. 법사위에 나온 장관과 국토위에서 장관의 태도는 이죽거림과 깐죽거림, 무성의와 불성실, 조롱과 야유, 동문서답하기와 큰소리 치기이다. 궤변, 그 이상도 이하도 아닌 대답을 듣자니 주권자로서 분통이 터진다. 어디 저 이들뿐이든가. 오죽했으면 이 정권을 탄생 시킨 김종인 씨조차 "건국 이래 이런 정부는 처음"이라 한다. 썩은 고기에 쉬파리 꼬이듯이 권력 주위에 몰려든 정치꾼들의 행태가 점입 가경이니 온 나라가 총체적 난국이다.

 정치는 사람에게 달렸다. 물론 여기서 사람은 사람다운 사람으로 국민을 생각하는 정직과 성의가 있는 정치인이어야 한다. 이는 '자신 을 속이지 않는다'는 '무자기(毋自欺)'란 세 글자에서 시작한다. 그런 데 이 나라의 미래가 달린 저 이들에게 그런 모습이 보이지 않는다. 정치인으로서 거짓이요, 위선을 행한다는 말이니, 우리나라의 미래 가 참 암담하다는 뜻이기도 하다. 행정안전부 장관 탄핵이 기각되어 서인지 한 장관은 아예 제가 잘못했으면 '탄핵'해 달란다.

 조선시대 희대의 간신 김자점(金自點)을 탄핵시킨 대사헌 동춘당

송준길(宋浚吉, 1606~1672)이란 이가 있었다. 『사략(史略)』을 공부하는데, 그의 부친이 책에 나오는 구절을 가리키며 물었다. "불감기(不敢欺, 남이 감히 속이지 못하고), 불인기(不忍欺, 남이 차마 속이지 못하고), 불능기(不能欺, 남이 능히 속이지 못한다)라 하는데, 이 셋은 어떻게 다르냐?" 동춘은 "위엄이 있으면 남이 감히 속이지 못하니 이는 두려워하기 때문이고(有嚴威 則人不敢欺 是畏之也), 어진 마음이 있으면 남이 차마 속이지 못하니 이는 진심으로 복종하기 때문이고(有仁心 則人不忍欺 是心服也), 지혜가 있으면 남이 능히 속이지 못하니 이는 그 총명함에 복종하기 때문입니다(有智術 則人不能欺 是服其明也)" 하였다.

아버지가 다시 "그렇다면 이 셋 중에 어느 것이 가장 좋으냐?"고 물으니, "차마 속이지 못함이 상등이고, 능히 속이지 못함이 차등이고, 감히 속이지 못함이 하등입니다"(『동춘당집』 별집 제9권 부록 「유사」) 한다. '무자기'는커녕 막말로 국민을 속이려 드는 저들이다. 국민으로서 저 정치꾼들에게 속는 우민이 안 되려면 하등인 '위엄'이라도 갖추어야 한다. 위엄은 맑고 바른 심결에서 나오는 점잖은 태도이다. 우리라도 위엄을 갖춰야 저들이 감히 국민을 못 속이고 나라가 나라다워진다. 저때 송준길의 나이 겨우 10살이었다 하니 못 갖출 일도 아니다.

"참취우(慚吹竽, 피리 불기 부끄럽습니다)"라는 말이 있다. '취우(吹竽)'는 피리 부는 흉내를 낸다는 말로, 무능한 사람이 재능이 있는 체하며 관직을 차지하고 있다는 뜻이다. 자격도 없는 사람이 관직을 차지하고 있어 죄송하다는 겸사(謙辭, 겸손하게 하는 말)인 셈이다. 춘추전국시대 제나라 선왕이 우(竽, 피리)를 좋아하여 악공 3백 명을 모집했다. 남곽처사란 실력도 없는 자가 끼어서는 합주할 때 시늉만 내며 호의호식하였다. 선왕이 죽고 민왕이 즉위한 뒤, 한 사람씩 독주하게 하자 그만 줄행랑을 놓는다(『한비자』「내저설內儲說 상」). 한 나라의 재상으로 나섰으나 무자기도, 능력도, 없을 바엔 요 정도의 부끄러움쯤은 갖춰야 하지 않겠는가?

이 글을 쓰는 지금 〈"정치모략" "양평 고속도 게이트"…국토위·법사위·과방위 '고성·충돌·파행'〉이란 기사가 뜬다. 이 정부 내내, "피리 불기 부끄럽습니다" 하고 보따리를 싸는 장관 한 사람쯤 보는 것은 하늘의 별따기일 듯하다.

2021년 12월 29일, 대구를 찾은 '윤석열 후보 어록'이다. "무식한 삼류 바보들을 데려다가 정치를 해서 나라 경제를 망쳐놓고 외교, 안보, 전부 망쳐 놓고 … 어이가 없습니다. 정말 같잖습니다." 장관들 앞, 덩그러니 놓인 '○○○장관'이란 명패가 정말 '같잖다.' 마치 '돼지 목에 진주목걸이' 같다.

012 우리 각자가 괴담(怪談)을 쓰는 겁니다

站

이럴 리가? "韓 정부 신뢰도 OECD 평균보다 높아"(아시아경제, 2023.07.26) 보도를 보다 고개를 갸우뚱하였다. 눈을 씻고 보아도 "평균적으로 10명 중 4명(41%)이 자국 정부에 대한 신뢰도가 높거나 보통이라고 응답했다. 한국은 이보다 높았다. 절반에 가까운 국민(48.8%)이 정부 신뢰도가 높거나 보통이라고 응답했다"고 분명히 쓰여 있다.

내용을 자세히 보았다. 특히 정치적 발언권은 OECD 평균치(30.1%)를 크게 상회(55.1%)했다. 관련 조사를 진행한 22개국 가운데 가장 높은 점수를 받았다. 국민 불만에 대한 정부의 대응성(57.7%)과 공개 협의를 통한 국민 의견 반영 가능성(48.5%)에 대한 만족도도 전체 조사 대상국들 중에 가장 높은 순위를 기록했다. 여기에 정부의 위기 대응에 대한 신뢰 수준, 서비스 제공에 대한 정부의 공정성에 대한 믿음도, 의료서비스, 교육 서비스, 행정 서비스 만족도까지 OECD보다 높았다.

그러나 감동은 여기까지였다. OECD가 '한눈에 보는 정부 보고서'를 발간한 것은 2023년 7월 26일이다. 하지만 조사 시기는 '2021년'으로 문재인 정부시절이었다. 언뜻 타이틀 기사만 보면 현재 정부의 신뢰도로 안다. 이것이 2023년 이 나라 오늘, 기형적인 언론 환경이요, 이것이 바로 언론 괴담(怪談, 무섭고 괴상한 이야기)으로 진화하여 '괴담 공화국'을 만들고 있다.

이 '괴담'을 몹시 미워하는 '그'의 궤변은 '날리면'에서 시작하여 "100년 전 역사로 인해 일본이 사과하기 위해 무릎 꿇어야 한다는 인식을 받아들을 수 없다" 따위를 거쳐, "당장 서울로 대통령이 가도 (홍수 피해) 상황을 바꿀 수는 없다"까지 무한 진화 중이다. 그를 추앙하는 무리들도 무한 번식하여 검사출신 KBS 이사란 자는 후쿠시마 오염수 방류를 반대하는 자국민에게 "개화 덜 된 남조선인", 국토부장관은 양평 현장을 찾아 "고속도로 가는 길 오물부터 치워야", 158개국 4만 3000여 명이 모인 새만금 세계스카우트 잼버리 대회에 100명이 넘는 온열환자가 발생하자 조직위 사무총장이란 자는 "K-팝을 하면서 조금 즐겁게 한다고 하면서 적응이 안 돼서 (온열환자가) 많이 발생하지 않았나", "일본은 더 더럽고 환자도 많았다"라 한다. 도저히 이해 안 되는 망발이요, 괴담 변명이다. 결국 코로나 확진자가 70명 발생하는 등 환자가 속출하고 최대 인원을 보낸 영국에 이어 미국, 싱가포르가 철수하였다. 후진국에서나 일어날 법한 상황이니 국제적인 망신이다. 자칭 언론은 문제가 심각해지자 이제야 호들갑을 떤다.

이뿐이랴. 치부를 보도했다고 '가짜뉴스'라며 고소를 남발한다. 대통령 장모가 구속되었는데 대통령은 이에 대해 한 마디도 없고 언론도 절필이다. '아무 말도 안 하면 아무 일도 없었다'는 또 다른 괴담 아닌가. 급기야 괴담의 꼭지딴인 방송통신위원장에 MB 정부에서 국정원까지 동원하여 지금의 기형적 언론 환경(종편)을 만든 '장본인'을 지명하며 공영방송 KBS·MBC·EBS 이사진을 해고하려 든다. 그런 '장본인'의 첫 출근 일성이 '공산당 신문·방송' 운운이니,

괴담 중의 '숙주 괴담'이다. 이 괴담에는 공영방송을 민영화하려는 계략이 숨어 있다. 민영화란 지금의 종편처럼 재벌에게 언론을 헌납, 사유화·물질화한다는 말이다. 속내는 언론다운 언론이 없는 세상, 그들만의 음산한 '괴담 공화국' 건설이다.

작금의 한국 사회를 보면 메리 셸리(Mary Shelley, 1797~1851)의 소설 〈프랑켄슈타인〉을 보는 듯하다. 프랑켄슈타인이 만든 이름 없는 괴물은, 바이런 경이 내 놓은 "우리 각자가 괴담을 쓰는 겁니다"라는 제안(提案)에서 시작하였다. 프랑켄슈타인이 만든 괴물은 프랑켄슈타인 그 자체가 되었다.

지금 대한민국을 휩쓰는 '괴담'도 그렇다. 국민들의 투표권 한 장이 만들어낸 괴물, '그'는 우리가 만들어낸 피조물(프랑켄슈타인)일 따름이지만, '그들만의 괴담 프랑켄슈타인'을 분만했다. 그들은 그를 추앙하는 마음으로 '각자가 그들만의 괴담'을 쓰고, 우리는 그렇게 '괴담 공화국의 프랑켄슈타인'이 되어 간다. 오늘도!

013 악어상(鰐魚像)과 주술(呪術)

站

    나라는 좋을 때와 나쁠 때가 있다. 나라가 잘 다스려 질서가 잡힌 것을 '치(治)'라 하고 잘못 다스려 어지러운 것을 '난(亂)'이라고 한다. 잼버리대회 하나도 제 힘으로 치르지 못하는 정부이다. 후일 역사가들은 이 시대를 분명 '난세(亂世)'라 할 게 분명하다. 당대 사람들의 글을 보면 알기 때문이다. 이 글도 이 시대를 기록하였고 후일 사료가 될 것이다. 하지만 인물은 치세(治世)보다 난세에 난다 하니, 난세의 영웅을 기대해 볼 법도 하다.

    "천하의 대세를 논하건대, 합한 지 오래면 반드시 나뉘며, 나뉜 지 오래면 반드시 합하게 된다(話說天下大勢 合久必分 分久必合)"는 말이 있다. 이를 정치 상황으로 해석하면 "잘 다스려 오래 가면 반드시 어지러워지고 어지러운 상태가 오래 가면 반드시 잘 다스릴 방법이 생긴다(治久必亂 亂久必治)" 쯤 되겠다. 다만 난세만큼 백성들의 삶이 고단하니 빨리 끝나기를 기다릴 뿐이다. 이 글을 쓰는 이유도 난세에서 벗어나 치세를 간절히 기다리는 마음으로 쓴다. 다만 그 유일한 치료 방법이 국민의 투표권인데 이게 제대로 작동될지 모르겠다.

    아쯤에서 각설하고 요즈음 뜨는 '무속 이야기'로 넘어간다. 대통령에 출마한 이가 손바닥에 '임금 왕(王)' 자를 쓰고 등장했을 때까지만 하여도 이렇게 무속인이 설칠 줄은 몰랐다. 건진법사, 무정스님, 천공스승 등 무속인 이름이 뭇 사람 입에 오르내리더니, 이제 백재권 교수란 이가 새로 등장하였다. 이이는 풍수지리학을 한다는데 관상도 보는 듯하다. 한 프로그램에서 육성을 들려주기에 들어보니 현 대통령이 '악어상'이라 한다. 상이 억세어 그렇단다. 저 이를 만나보지 못하여 그 신통력을 알지 못하나 꽤 설득력(?)이 있다고 생각한다. 왜냐하면 이 정부 각료들이나 여당이 꼭 악어새와 같아서다.

혼히들 악어새가 악어의 이빨 사이에 낀 음식물을 먹기에 이 둘을 서로 이득을 주는 상리공생 관계로 알고 있다. 마치 현 대통령이 어찌나 인재를 적재적소에 임명하는지. 하나같이 우격다짐이나 허언, 폭력 성향 등 남 다른 자질을 갖추었기에 마치 악어와 악어새 같다는 생각이 들었다. (악어새 공생 운운은 헤로도토스의 기록에서인데 근거가 없다. 악어새로 알려져 있는 새는 정식 명칭이 이집트물떼새이고 악어는 이 사이도 넓은데다가 먹이도 그냥 꿀꺽 삼켜 이에 낄만한 찌꺼기가 없다. 하지만 상리공생은 생태계 곳곳에 있다. 예를 들어 거대 어류의 각질을 청소놀래기가 제거하여 어류는 피부질환을 예방하고 청소놀래기는 먹이를 얻는다.)

문헌을 찾아보니 악어는 무지막지한 이빨로 인해 공포의 대상이지만, 더욱 무서운 것은 턱의 힘이다. 악어의 강력한 턱 힘은 그 철갑과 같은 거북의 등갑도 우습게 여긴다. 여기에 성격까지 난폭하고 살육을 즐겨 한번 물었다 하면 갈가리 찢어 놓고야 만다. 몸체 또한 엄청난 크기로 물과 뭍을 오가는 생활방식 덕분에 성체 악어에게는 천적이 존재하지 않는다. 악어는 제 몸의 배가 되는 짐승도 압도하는 특유의 괴력까지 있다. 사자나 호랑이 같은 포식자들도 쉽게 사냥하지 못하는 물소, 기린, 얼룩말들도 단독으로 사냥한다. 흥미로운 것은 우리 문헌에서 악어를 매우 부정적인 동물로 '추족(醜族, 추악한 종족)'이라며 일본을 지칭하였다.

곰곰 뜯어보니 백 교수의 관상력이 이만하면 괜찮다는 생각이지만, 악어가 제 아무리 강해도 주술은 믿을 것이 못된다. 중국 역사에서 주술로 정권을 잡은 것이 바로 황건적이었다. 황건적은 동한의 부패한 상황을 보고 이렇게 외쳤다. "이 푸른 하늘은 분명히 병들었다. 이 푸른 하늘을 대신할 것이 바로 누런 하늘이다." 그렇게 머리에 황건(黃巾, 누런 두건)을 두르고 창검을 들었으나 실패하였다. 이 무리의 최고 수령인 장각(張角)과 두 아우 장보와 장량은 오로지 부수(符水, 부적을 그려 물그릇 위에 태워서 환자에게 먹이면 병이 낫는다고 함)를 그리고 주문을 외는 법밖에 몰랐기 때문이다. 악어상과 주술만으로는 혹세무민(惑世誣民)의 난세일 뿐이다.

014 무대뽀 광복절 경축사와 박수 18번!

站

대통령의 제78주년 광복절 경축사에 청중들이 박수를 '18번' 보냈단다. 전제조건부터 거짓이요, 논점일탈이다. '거짓'이란, 광복절이 건국일이란 데 있다. 건국일은 대한민국 상해 임시정부 수립일인 1919년 4월 11일이다. 『대한민국관보』 제1호에 게재한 '대한민국 헌법' 전문에 "유구한 역사와 전통에 빛나는 우리들 대한국민은 기미 3·1운동으로 대한민국을 건립하여 세계에 선포한 위대한 독립정신을 계승하여 이제 민주독립국가를 '재건(再建)'함에 있어서"로 시작한다.

'대한민국헌법 전문' 말미에 '대한민국 국회의장 이승만' 이름 석 자가 있다. 이 날이 1948년 9월 1일이고 관보에는 '대한민국 30년 9월 1일 수요일'이라 명기해 놓았다. 즉 1948년 8월 15일은 '건국일'이 아니라 '재건일'임을 이승만도 분명히 한 것이다. 이런 분명한 기록조차 모르고 국민들 앞에서 어찌 '건국일' 운운 거짓을 말하는가.

'논점일탈'이란, 주제를 벗어났거나 각 단락의 주제, 혹은 단락 안에서 주제가 마구 뒤섞였다는 말이다. '주제를 벗어났다'는 것은 상황을 제대로 파악하지 못했다는 뜻이고 '단락 안에서 주제 섞임'은 통일성과 일관성도 없이 횡설수설한다는 뜻이다. 글을 대충 따

라가 보니 ① 독립운동은 건국운동, ② 북한의 가난과 궁핍, ③ 공산 전체주의 세력, ④ 정부 자랑, ⑤ 한미동맹과 일본의 중요, 여기까지는 그래도 대략 정리해 보겠다. 그 뒤는 기여 외교, 담대한 구상, 세일즈 외교, 첨단 과학 기술, 부동산 시장의 정상화, 약자 복지, 이권 카르텔, 킬러 규제, 과학 기술 혁신, 융합형 인재, 교권 존중 따위를 마구잡이로 써 넣으니 중구난방이 따로 없다. 여기에 '자유'라는 고상한 단어를 27번 썼으나 국민을 감시와 처벌하겠다는 협박성 글이요, 경축사에 경축이 없는, '무대뽀(むてっぽう: 無鉄砲, 일본어다) 경축사'다.

"흙 다시 만져보자/ 바닷물도 춤을 춘다/ 기어이 보시려던/ 어른님 벗님 어찌하리. 이 날이 사십 년/ 뜨거운 피 엉긴 자취니/ 길이길이 지키세/ 길이길이 지키세/"〈광복절 노래〉 1절(정인보 작사, 윤용하 작곡)이다. 광복을 기념하는 노래답다. 일제 강점기 독립운동은 뜨거운 피 엉킨 자취였고 그 시절을 잊지 말고 길이길이 이 나라를 지키자 한다. 광복절 기념사는 이렇듯 일제 식민지에서 우리가 해방된 날이 주제여야 한다. 대통령의 경축사라면 일제에게 나라를 되찾은 감동과 다시 한 번 일본 제국주의 역사를 되새기고 우리 정세를 톺아보아 세계 속에서 대한민국의 미래를 그리는 축사여야 한다.

그러나 광복절을 '건국일'이라는 궤변으로 시작한 글에서 일본에 관한 내용은 두어 문장에, 그나마 사실과 부합하지도 않는다. 일본이 우리와 '보편적 가치를 공유'하고 '공동의 이익을 추구'하며 '안보와 경제의 협력 파트너'로서 '미래지향적으로 협력하고 교류'한다고 하였다. 이 글을 낭독할 때 일본 총리 기시다는 이 날이 전승일(戰勝日)인양 'A급 전범을 합사한 야스쿠니 신사'에 여봐란 듯이 공물을 보냈고 각료·국회의원들을 참배시켰다. 우리와 전 세계에 얼마나 포악한 짓을 한 저들인가. 중국 외교부 대변인은 이러한 행태를 강력 비판하였다.

그래도 나은 문장은 "공산전체주의를 맹종하며…" 운운이다. 일본에겐 한 마디도 못하면서 한 마음으로 기뻐해야 할 자국민에게 제 성에 차지 않는다고 '감시와 처벌의 대상이니 조심하라'는 협박성 발언을 한다. 가증스럽게 '자유'라는 말을 27번씩이나 쓰며.

위 문장은 이렇게 바꾸는 게 옳다. "윤석열 전체주의를 맹종하며 조작선동으로 여론을 왜곡하고 자유 사회를 교란하는 반국가세력들이 여전히 활개치고 있습니다."

이런 무대뽀 경축사에 박수를 십팔번 쳤단다. '십팔번(十八番: おはこ)' 역시 일본어다. 일본에 대한 무대뽀 찬가를 '18번'으로 열창하든 저희들끼리만 자유롭게 했으면 한다. 제 국민들을 향해 화난 얼굴로 도리질하지 말고. 목숨 걸고 '자유'를 쟁취한 이 나라 국민들은 결단코 눈 하나 깜빡하지 않는다.

015 대한민국, 군중심리가 작동하는 최면에 걸린 황홀한 상태

站

[1화] 가끔씩 찾는 순댓국집에서 일이다. TV에서는 잼버리에 대한 뉴스가 나왔다. "잼버리, 대한민국 위기 대응 역량 보여주고 있어." 여가부 장관 입에서 기함할 만한 명대사가 나왔다. 그렇지 않아도 불편한 국민들의 가슴에 기어코 비수를 꽂고야 만다. 세계 청소년 들을 위험에 빠뜨린 장본인이 눈 하나 깜짝 않고 그들에게 '대한민 국의 위기 대응 역량'을 보여주고 있단다.

대회를 주관하는 여가부 장관의 이 한 마디로 '2023 새만금 제25 회 세계스카우트잼버리 대회' 성패는 결정되었다. 어떻게 이 정부 인사들은 한결같이 "죄송합니다" 다섯 글자를 모르는지 이해 불가 다. 이어 화면은 잼버리 대회가 파행되는 데도 대통령은 휴가를 가서 횟집을 찾는다는 보도로 넘어간다. 독선적이고 비도덕적이며 공감능력이 현저히 떨어지는 행태이다.

[2화] "점입가경이로군! 쩝!" 내 옆자리 허름한 차림의 내 나이쯤 되 보이는 사내가 소주잔을 입에 털어 넣으며 하는 혼잣말이다. '왜 이런 일이 다반사로 일어나는 것일까?' 하는 생각을 하다가 기 록적인 폭우로 수해를 입은 충남 공주·청양, 충북 오송을 국민의힘 지도부가 찾은 장면이 떠올랐다. 당 대표와 동행한 인사가 여기까

지 찾아온 당 대표에게 박수를 쳐주자고 한다. 그런데 진짜 박수를 치는 것이다. 30도를 웃도는 찌는 더위, 도로에 깔린 진흙과 물웅덩이, 침수된 집, 폭우가 휩쓸고 가 전쟁터처럼 폐허가 된 마을 주민에게 박수를 유도하는 정치인과 이에 응하여 박수를 치는 주민의 모습은 기이하다 못해 괴기스러웠다.

정치인이 떠나는 뒤로 한 주민이 들릴 듯 말 듯 한 목소리로 "사진이나 찍으러 왔나" 하였다. 이 말이 그렇게 어려운가? 국민이 주인인 민주주의 국가이다. 당당히 말을 못한 이유는 정치인들의 위신이 자신보다 높다고 생각해서가 아닐까. 판단력과 비판정신의 부재이다.

[3화] '이상민 행정안전부 장관에 대한 탄핵심판 청구가 재판관 전원 일치로 기각'되었다. 이날 헌법재판소 대심판정에서 선고를 듣던 이태원 참사 유가족은 참았던 눈물을 터뜨렸다. 기각 선고 직후 유가족의 기자회견 중 극우단체 회원이 유가족을 향해 "이태원은 북한 소행"이라 외치고, "이렇게 좋은 날!"이라는 노래를 부르며 유가족을 조롱하는 일이 벌어졌다. "사진이나 찍으러 왔나." 목소리는 적었고 "이렇게 좋은 날!" 목소리는 컸다.

남의 불행 앞에서 하는 비이성적이요, 반사회적인 폭력 행위임을 저들이 모를 리 없다 그런데도 아무렇지도 않게 하는 이유를 굳이 찾는다면 자기 행위가 옳다는 맹신에서 나왔으리라.

[4화] 엊그제 택시를 탄 운전기사님과 이런저런 이야기를 하게 되었다. 나이는 70세쯤 되어 보였지만 성량이 굵고 신수가 훤해 보였다. 현 대통령을 지지한다며 그 믿음이 대단했다. "요즘 사람들은 기다

대한민국, 군중심리가 작동하는 최면에 걸린 황홀한 상태　55

릴 줄 모른다"고 "1년 정도 갖고 어떻게 평가를 하냐"며, "지금은 잘 몰라 그렇지 곧 정치를 잘 할 거"란다. 어떻게 그렇게 단정 짓느냐 물으니 "나는 책을 많이 읽고 정치에 관심이 많다"고 하였다.

귀가 번쩍 뜨였다. 요즈음 누가 책을 읽는가. 듣던 중 반가운 소리라. 그래 물었다. "아! 책을 많이 읽으시는군요. 요즈음은 무슨 책을 읽으시나요?" 기사님은 갑자기 나를 흘낏 쳐다보더니 "그걸 뭘" 하였다. "아니, 그냥 궁금해서 그럽니다. 책을 많이 읽는다 하시고 또 정치적인 신념도 강하셔서 물어 본 것입니다." 기사님은 불쾌한 듯이 말했다. "허, 거참. 뭘 그런 걸 자세하게 꼬치꼬치 묻는 겁니까?" 대화는 거기까지였다. 이 분이 책을 읽었을 리 없다. 책 읽는 이라면 저러한 단언, 과장과 편협하고 과민한 행동을 하지 않는다.

[5화] 오늘 나온 대통령 지지도는 흔들림 없이 여전히 35%를 유지한다. 그가 정치를 잘하고 못하고는 아무런 상관없다. 저 사람에게 끝없는 신뢰를 보낼 뿐이다. 이른 바 확증적 편향이요, 불변의 신념이요, 단순함이다.

1화에서 5화까지 어떠한 공통점이 있을까? 연관성이 없는 것 같지만 분모는 현재 우리 대한민국 사회라는 공통점으로 이 나라 어디서나 보는 흔한 풍경이다. 분명 대한민국은 선진국에 진입한 나라이고 국민은 눈과 귀가 있고 이성으로 판단할 텐데, 왜 이러한 현상이 일어나는 것일까? 혹 이러한 모습이 우리가 군사독재를 거치며 '개인'보다는 '군중', '광장'보다는 '밀실' 문화에 익숙해서 그런 것이 아닐까 한다.

샤를마리 귀스타브 르 봉(Charles-Marie Gustave Le Bon, 1841~1931)

의 『군중심리학(Psychologie des foules)』을 다시 읽어본다. 그는 프랑스의 의사, 심리학자, 사회학자, 철학자, 과학자이다. 시간적 거리도 한 세기요, 공간·문화적으로도 다르지만 사회와 군중에 대한 그의 분석은 21세기인 지금, 대한민국으로 끌어와도 전혀 이질감이 없다.

르 봉은 단언한다. "개인이 모여 군중이 되면 개인으로 존재하는 때처럼 이성적으로 추론하지 못한다." 개인보다 군중 성향이 강할 때 비이성적이고 불합리하게 행동하는 이유가 여기 있다. 르 봉은 군중심리의 특성으로 "충동성과 과민성, 이성적 추론 능력의 부족, 판단력과 비판 정신의 부재, 단순하고 과장된 감정" 따위를 들며, "군중의 일원으로 한동안 깊이 관여한 개인은 군중이 발산하는 열기나 우리가 알지 못하는 다른 원인으로 말미암아 특별한 상태에 놓인다"고 하였다.

우리는, 특히 60세 이상은 역사적으로 일본 제국주의, 이승만 독재, 박정희·전두환의 군사독재를 거치면서 개인보다는 군중으로서 잘 훈육되었다. '개인'을 강조하는 민주주의 보다는 전체주의에 더 가까운 게 사실이다. 이것이 오늘날 대한민국의 기성세대에 작동하는 힘이라는 것을 인정하지 않을 수 없다. 『군중심리』에는 또 이런 말도 보인다.

"당선될 수만 있다면 과장된 공약을 남발해도 괜찮다. 유권자는 공약에 박수를 칠 뿐 얼마나 지켰는지 알려고 하지 않는다."

"흑색선전으로 상대에게 타격을 주되 증거를 찾아 제시할 필요는 없다."

"군중의 지도자는 대부분 사상가가 아니라 행동가다. 미래를 내다보는 혜안이 없고, 앞으로 갖출 가능성도 무척 낮다."

음울한 해석이지만 우리 현실과 지근거리에 있다. 그는 "엘리트

집단도 예외 없이 정신적으로 무척 열등"하다고 한다. 군중은 '논리'가 아니라 '감정'으로 판단하기 때문이라며 군중심리가 작동하는 사회를 "최면에 걸린 황홀한 상태와 매우 유사"하다고 비유한다.

016 "너무 겁이 없어요" 하는 거 보면

站

　'후쿠시마 오염수 방류 개시' 오늘 하루만 200~210t, 내년 3월까지 보관 오염수 2.3% 방류할 계획이다. 일본 어민도 반발하고 중국은 일본산 수산물 수입을 전면 금지했다. 우리 국민도 85% 반대하나 대한민국 정부만이 찬성하고 '조기 방류' 운운까지 보도된다. "와, 한국 완전 망했네요." 美 석학, 조앤 윌리엄스 캘리포니아주립대 명예교수가 깜짝 놀라 머리 쥐어뜯은 이유는 바로 한국의 합계출산율이 0.78명(지난해 기준)이라는 얘기를 듣고서다. 반대로 '자살률 OECD 1위'이지만, 이 정권엔 고민하는 정책 플랜이 없다.

　'대통령의 장모가 구속'되고 '양평고속도로 김건희 게이트'가 뉴스를 채워도, 처남이 '양평 공흥 특혜, 사문서 위조·공무집행 방해'로 기소되어도, 대통령실은 오불관언(吾不關焉)이다. 이를 '부작위(不作爲, 마땅히 해야 할 일을 하지 않는 행위)'라 할지, '아무 말도 없으면 아무 일도 없다'로 이해해야 할지 모르겠다. 국민 85%가 반대하는 이명박 시절 언론탄압 장본인 이동관을 방송통신위원장에 임명했다. '윤석열의 이동관'으로 좀비처럼 살아나는 모습에서 '히틀러의 괴벨스'란 망령이 떠오른다.

　'수원지검은 야당대표를 다섯 번째 소환 신경전'을 벌인다. 400여 번 가까이 압수수색을 했다 하니 기네스북에 오를 만하다. 언필칭

'[비올 때까지 기도를 해] 비올 확률 100% 인디언 기우제'에 도전하는 검사들의 '검찰 공화국'답다. 이태원과 오송 지하차도에서, 국민이 떼죽음을 당해도 궤변을 일삼고 잼버리 파행 주무 장관이 회의 중 사라지는 등 기행을 벌인다. 대낮에 흉악범죄가 벌어졌다고 무장한 특공대·장갑차가 도심에 등장하고 군에서는 채상병 사건을 조사하다 해괴한 '항명 사건'이 불거졌다. 불과 1년여 만에 '무뢰(無賴), 무식(無識), 무지(無知), 무도(無道), 무치(無恥) 5무의 사회'가 되었다. 대한민국 민주주의 종언(終焉)을 목도하지만 30% 군중은 '가스라이팅'이라도 당한 듯 정신적 공황 상태다.

'용산 어린이 공원'에선 대통령 부부 사진 도안 5종을 나눠주고 아이들에게 색칠놀이를 시켰단다. 등골에 전율이 흐른다. '어린이의 지상낙원'이라 선전하는 전제왕권국가 북한과 일란성 쌍둥이다. 과거를 모르는 일본에게도, 동해를 일본해로 부르겠다는 미국에게도, 우방국이라 침묵하면서 자국민들에게는 '공산당'을 외치며 폭언을 퍼붓는다. 급기야 공산당이라며 육사교정에 있던 독립영웅 홍범도·김좌진·지청천·이범석 장군과 신흥무관학교 설립자 이회영 선생 흉상을 철거하고 그 자리에 일제 만주군 출신 백선엽 장군 흉상을 검토 중이란다.

말끝마다 '자유'지만 정치적으로 정신적으로 대한민국에서 자유가 사라졌다. "프리(free, ① 자유로운, ② …이 없는)란 단어는 신어(新語)에 여전히 존재하지만 이 말은 다만 '이 개는 이가 없다(This dog is free fromlice)'나 '이 들판에는 잡초가 없다(This field is free from weeds)'란 말에서 사용되는 뜻만 가졌을 뿐이다. '정치적으로 자유로운(politically free)'이란 말은 옛날 뜻으로 더 이상 쓰이지 못하기 때문이다." 조지오웰(George Orwell, 1903~1950)의 디스토피아 소설 〈1984

년〉에 나오는 내용이 '한국판 〈2023년〉 현실'이 되었다.

또 '법치'를 내세우지만 1997년 중국 공산당 15차 전당대회 강령에 넣은 '의법치국(依法治國, 법으로 나라를 다스린다)'이란 유령이 떠오른다. 법학을 전공하고 공산당 입당 시험에서 9수(修)를 했다는 그, 시진핑(習近平)은 이 넉 자로 2013년부터 지금까지 독재정치를 이어간다.

"과거에 어떤 정권도 이런 짓을 못했습니다. … 안 그렇습니까? 대통령 임기 5년이 뭐가 대단하다고. 너무 겁이 없어요. 하는 거 보면." 2021년 12월 29일, 국민의힘 윤석열 대선 후보 어록을 주섬주섬 챙겨 본다.

017 분노하라! 그래야 1+1=100, 1000, 10000, …이 된다

站

"1 더하기 1을 100이라는 세력과는 싸울 수밖에 없다!" 잔뜩 성난 목소리로 주먹을 휘두르며 하는 말이다. 국민의힘 연찬회에서 후쿠시마 오염수와 관련해서다. 순간 오염수 방류에 반대하는 70~85%의 국민들이 '적대세력'이 되어 버렸다. 8월 29일 국무회의에선 각 부처 장관들에게 점잖게 얘기한다고 되지 않는다며 "전사(戰士)가 돼 싸워야 한다"고 주문했단다. 도대체 누구를 위한 전사란 말인가? 교육부에서 벽초(碧初) 홍명희(洪命熹, 1888~1968) 선생이 북한으로 넘어 갔다고 『임꺽정』을 가르치지 말라더니(인천신문, 2023.06.26 참조) 이번에는 국방부에서 독립영웅 여천(汝千) 홍범도(洪範圖, 1868~1943) 장군이 공산당이라며 흉상 퇴출이란 모욕을 가한다. 나란히 육사 교정에서 생도들을 격려하던 김좌진·지청천·이범석 장군과 이회영 선생 흉상은 안 보이는 곳으로 치운단다. 이 정부 들어 이런 작태가 거의 나날이다.

오죽하면 군사법원에서 대통령이 그렇게 까지 격노했다며 청구한, 해병대 전 수사단장 박정훈 대령 구속영장을 기각하였다. 상명하복을 생명으로 하는 군사법원조차 더 이상 비정상적인 행태를 좌시하지 못한 듯하다. 대통령 취임 후 1년 3개월 동안 기시다 총리와 7번, 바이든 대통령과 8차례 정상급 회담을 가졌으나 야당 대표

와는 단 1차례 만남도 소통도 없다. 국내에 산적한 문제가 쌓였는데도 정책은 없고 대통령 시행령과 폭력적인 언사만으로 군림하고 통치하려 든다. 이러니 '국내 정치'는 증발해 버렸고 국민들의 탄식이 곳곳에서 터져 나오는 '분노 유발 사회'가 되었다. 급기야 야당 대표가 분노하며 "무능 폭력 정권에 항쟁"을 선언하고 무기한 단식에 들어갔다. 40여 년 전, 군사독재 시절에나 보던 일이다.

"분노를, 오, 여신이여, 아킬레우스의 분노를 노래하소서!" 유럽 문학 최고 최대의 서사시, 호메로스의 『일리아드』는 여신(뮤즈)에게 이렇게 분노를 명령하는 장면으로 시작한다. '분노'는 서구 기록 문학에 등장하는 첫 번째 단어요, 인간은 분노하는 존재인 '호모 이라쿤두스(homo iracundus, 분노하는 인간)라는 말이다. 분노를 유발하는 것은 폭력에서 비롯되었다.

'한국학교정신건강의학회'의 연구조사에 따르면 "학폭 피해자들의 90%가 우울·불안 장애에 시달리며, 이 가운데 63%는 성인이 되어서도 이 증상이 계속된다"고 한다. 이는 "전쟁, 폭행, 납치 등 충격적 사건을 경험한 뒤 지속적으로 공포감과 압박감을 느끼는 정신장애"와 같단다. 학폭으로 인한 증세는 나아가 불특정 대상을 상대로 한 폭력으로 나타나게 된다. 그렇기에 학자들은 부당하고 불의한 폭력에 저항하는 방식으로 분노가 적절하게 표출되어야 한다고 말한다. "분노를 제 때 표출하지 않은 학폭 피해자 90%가 바라는 건 공개석상서 사과 받는 것"(조선일보, 2023.03.16 기사 참조)이라는 보도도 이와 유사하다.

마치 학폭(學暴)을 당하듯이 우리 국민은 이 정부의 국폭(國暴)을 당하고 있다. "슬픔도 노여움도 없이 살아가는 자는 조국을 사랑하고 있지 않다." 러시아 문학가 니콜라이 네크라소프(1821~1878)의 말이다. 슬픔과 노여움은 분노의 원천이다. 독립 영웅들의 대일본 항쟁도, 우리 민주주의도 모두 이 분노로부터 시작되었다. 프랑스의 레지스탕스이자 사회운동가인 스테판 에셀(1917~2013)은 『분노하라』에서 "분노가 너희를 자유케 하리라!" 외쳤다. 분노할 것에 당당히 분노할 때, 거대한 역사의 흐름이 되고 그 흐름이 우리를 더 많은 정의와 자유로 이끈다.

상수(常數, 변하지 않는 수) 1과 상수 1이 만나 2로만 그치는 것은 어린아이 산수책에 나오는 바보의 산숫셈이다. 물방울 1과 물방울 1이 합치면 1이요, 아버지와 1과 어머니 1이 만나면 3도 4도 된다. 즉 1과 1은 무한 변수(變數, 변하는 수)가 된다는 말이다. 이에서 시너지 효과가 나왔다. 1과 1, 이 두 개가 만나 더 잘 되는 것을 시너지효과(synergy effect: 상승효과)라 한다. '시너지'는 '함께 하다' 뜻의 그리스어 시네르고스(syn-ergos, συνεργός)에서 나왔다. 우리가 함께 분노할 때 1+1=100, 1000, 10000, ⋯이 되어 세상을 바꾼다.

018 노예들의 천국과 주인들의 지옥

站

"술 잘 먹고 욕 잘하고 에테(주색잡기에 빠짐)하고 싸홈 잘하고…" 우리 민요의 〈심술타령〉이라도 불러야 할 듯하다. "전사가 돼 싸우라!"는 대통령 한 마디에 각료들이 심술이 낫는지 하는 말과 행동이 궤변(詭辯)이요, 폭언(暴言)이요, 기행(奇行)이다.

"대한민국 국민 5000만 명이 모두 주권자로서 권력을 행사한다면 대한민국은 무정부 상태로 갈 수밖에 없다." 김영호 통일부 장관의 말이다. 한덕수 국무총리는 '헌법 제1조 1항이 무엇이냐?'는 질문에 1조 2항을 얼버무린다. 대한민국 헌법 제1조 1항은 "대한민국은 민주공화국이다. 2항은 대한민국의 주권은 국민에게 있고 모든 권력은 국민으로부터 나온다"이다. 대한민국 최고위층 한 명은 이 뜻을 해석 못하고 국정 총체를 아우르는 총리는 이 문장을 외우지 못했다. 알고 궤변을 늘어놓고 알고 모른다 하였으면 국민 기만이요, 모르고 말하였고 모르고 말 못하였다면 무식도 저런 무식이 없다.

단식 중인 야당 대표가 대한민국 헌법을 유린하는 통일부 장관의 발언을 지적하며 '명백한 전체주의적 사고라며 책임을 묻겠다'고 한다. 총리 역시 헌법 제1조 1항을 모를 리 없다. 요즈음 저돌적인 파시즘으로 국정을 유린하는 대통령의 "싸우라!"는 한 마디가 생각나 그런 게 아닌가. 이것이 도대체 백주대낮 대한민국 국회의 대정부 질문에서 일어나는 일이라고 누가 믿겠는가? 오만함과 야만성으로 무장한 이 정부는 주인이라도 된 듯, 국민을 노예처럼 하찮은 존재로 여긴다.

어느 사이 국민은 못대가리가 되었다. 망치를 든 사람에게는 못대가리만 보인다던가. 대통령이 쥐어 준 '윤석열 표 전체주의 망치' 하나씩 들고 국민을 못대가리 치듯 한다. 여당 대표 김기현은 뉴스타파 보도 내용이 싫다고 "사형" 운운한다. 경악할 일이다. 국민이 잠시 위임해 준 권력을 잡은 자들의 작태치고는 지나치게 고약하다. 그래 이런 세상을 그려본다. 저들이 국민이 되고 국민이 저들이 되는 세상을 말이다. 그러면 이렇지 않을까?

"우리 조상들은 잔혹한 주인들을 견디지 못하고 그리스를 떠나 이곳에 정착했습니다. 주인들로부터 받은 모욕에 한이 맺힌 나머지 우리들이 제정한 최초의 법은 우연이나 난파로 이 섬에 오게 된 주인들을 죽이고 나서 모든 노예들을 자유롭게 해방시키는 것입니다. … 우린 복수하는 대신 당신들을 교정합니다. 우린 더 이상 당신들의 목숨을 원하지 않고 그대들의 야만성을 없애려 합니다. 우리는 당신들을 노예로 만들어 불행을 몸소 체험하게 하지요. 당신들로 하여금 우리가 오만하다는 생각이 들도록 수치심을 주어 과거의 오만을 뉘우치게 하는 겁니다."

18세기 프랑스 대표적인 극작가 마리보(Pierre de Marivaux, 1688~1763)의 〈노예들의 섬〉(1725)에 나오는 '트리블랭'의 대사이다. 트리블랭은 노예이다. 〈노예들의 섬〉은 사람들이 불의의 사고로 낯선 섬에 도착해 신분의 역전을 경험한다는 내용의 희곡이다. 노예들의 공화국에 난파하여 들어온 주인들은 노예로 신분이 전락하고, 노예

출신은 주인이 되는 일종의 '노예들의 천국이자 주인들의 지옥'이다.

『플루타르크 영웅전』을 보면 그리스를 구한 영웅 테미스토클레스(Themistocles)가 정치에 발을 들여놓으려 할 때, 그의 아버지가 바닷가에 버려진 난파선을 가리키며 이렇게 말한다. "정치가는 민중이 한 번 버리면 저 난파선과 같은 꼴이 된다." 정치권력이란 게 민심의 바다에 떠 있는 배 한 척에 지나지 않는다. 민심이 요동치면 난파하고 만다. 그때 저 '노예들의 섬 표류기'를 쓸지도 모르니 삼가 조심할 일이다.

019 말세이구설치천하!

站

엊그제 지인과 대화, "내가 저 사람들 무서워서가 아니라…" 그는 연신 옆자리 사람들을 신경 쓰며 분명 '아니라' 하였다. 하지만 그의 말과 행동에서 이 정권에 불편한 목소리 내는 게 두렵다는 것을 읽혔다. 내 글을 읽은 또 한 분은 이런 말을 하였다. "거 따뜻한 글 좀 써봐." 내 글을 읽는 데서 온 불편함을 드러낸 조언이지만, 역시 말 속에는 무엇인가 암울한 기운이 맴돌았다. 그것은 민주주의의 상징인 사상과 언론의 자유를 통제 당하고 있다는 반증이다. 용산에서 연신 쏘아 올리는 검찰과 막말을 통한 '윤석열 식 공포정치'가 우리를 이렇게 만들었다.

그런 글을 쓰고 싶다. 훈훈하고 행복한 글, 아름답고 여유가 넘치는 글을 말이다. 하지만 현재 대한민국이 그러한가. "이 새끼들이"와 "쪽팔려서"로 시작된 막말 잇기가 끝이 없다. "문재인 모가지 따는 건 시간 문제", "이승만·박정희는 성경 속 모세", "전두환 12·12로 나라 구해", … 개각하랬더니 '개악'을 한다. 국방장관으로 지명된 자의 막말 수준이 이렇다.

또 어떤 자리에 지명된 한 사람은 "찍지마! 이 새끼야"의 주인공이란다. 끌어들이는 사람들이 하나같이 행태가 만무방이요, 귀접스런 인사들로 꼭 저와 비슷한 똥감태기들이다. 성현(成俔, 1439~1504)은

『부휴자담론』에서 이렇게 끼리끼리 비유를 "마치 개와 개가 어울리면 개집으로 끌고 들어가고 돼지와 돼지가 어울리면 돼지우리로 끌고 들어가는 것 같다(如狗與狗友而引之廁 豕與豕友而引之圊)" 한다.

나는 '실학(實學)'을 중심으로 연구하는 학자요, 학생들을 가르치는 선생이며, 글 쓰는 작가요, 언론인이다. 어찌 이런 '말세이구설치천하(末世以口舌治天下, 어지러운 세상에 입과 혀를 마구 놀려 천하를 다스리려는 풍조)'에 등 돌리고 창호문살에 우려든 아침 햇살 같은 글을 쓰겠는가.

실학자 정약용(丁若鏞 1762~1836) 선생은 글(시)이란 "아름다운 것은 아름답다 하고 미운 것은 밉다 하며 선을 권장하고 악을 징계하려는 뜻이 없다면 시(글)가 아니다(非有美刺勸懲之義非詩也)" 한다. 글이란 시대의 공민(共悶, 함께하는 고민)을 아우르고 인간으로서 아름다운 공명(共鳴, 함께하는 울림)을 펴는 정론(正論)이어야 한다는 말이다. 말 한 마디, 글 한 줄로 막힌 것을 소통케 하고 시무(時務, 그시대에 다급한 일)에 대해서는 북극성과 가늠쇠 역할 하라는 다짐장이다.

대한민국 헌법 제8조는 정당제를 규정한다. 그 ③항에 "정당은 법률이 정하는 바에 의하여 국가의 보호를 받으며"로 그 자격을 명시하고 있다. 현재 야당 대표가 이 정부의 실정(失政)에 항거하며 단식 19일차에 병원으로 긴급 이송되었다. 그러나 사이비 언론은 어제(9.18) '이 시각 주요 뉴스'에서 자막조차 안 띄웠다. 여당에선 조롱과 악담만 골라 퍼붓는다. 대통령실에서는 '정치 현안에 대해서 언급하지 않는 게 바람직하다'며 논할 가치조차 없단다. 대통령은 '통치만 하고 정치는 안 한다'는 말로 들리니 차라리 막말조차 그리울 판이다.

이런 이야기가 있다. 한 연못에 힘센 붕어와 약한 붕어가 살았다. 먹이 욕심 때문에 서로 미워하고 싸우다 결국 약한 붕어가 죽고 말았다. 힘센 붕어는 좋아했지만 얼마 후, 죽은 약한 물고기 살이 썩고 물이 더러워지자 힘센 붕어도 죽어 버렸다. 대화가 사라진 이 나라 여당을 보며 떠 오른 이야기다.

정치가 이러니 '상생, 대화, 상식' 같은 말은 사라지고 '정치혐오, 검찰독재, 공포정치, 공산당, 사형, 괴담…' 따위 '막말 세상'이 되어 버렸다. 대통령과 여당이 야당을 파트너로 인정 안 하면 1당 독재가 된다. 여기에 검찰의 마구잡이 작태, 언론 탄압과 손바닥 왕(王)까지 연결시키니 히틀러의 나찌당과 무엇이 다른가. "하이! 히틀러!" 이 것을 "하이! 윤틀러!"로 바꾸어 보려는 듯하다. 말세이구설치천하! 글도 버겁다.

020 '정의'란 더 강한 자의 이익에 지나지 않는다
站

2023년 9월 21일, 국회에서 '헌정 사상 처음, 세 가지 사건'이 일어났다. 한덕수 국무총리 해임건의안이 통과됐다. 하지만 국무위원의 해임건의안은 '건의'일 뿐 구속력이 없다. 독불장군인 현 대통령이 받아들일 리 없다. '헌정사상 국무총리 해임건의안' 통과라는 정부 실책 경고성 기록으로 만족해야 한다.

'현직 검사에 대한 탄핵소추안'이 통과됐다. 대법원이 서울시 공무원 간첩 조작 사건 피해자 유우성 씨를 재판에 넘긴 것과 관련해 '안동환 검사가 공소권을 남용했다'고 판결하였다는 이유에서다. 대법원 판결로 안 검사의 위법이 세상에 증명됐지만 아무런 제재도 없이 검사직을 이어가고 있는 데 대한 정당한 탄핵이다. 이로써 안 검사는 곧바로 직무가 정지됐다. 수십 년간 무소불위 검사들의 행태에 대한 입법부의 경종이니 만시지탄(晚時之歎) 쯤으로 보면 된다.

마지막으로 현 제1 야당 이재명 더불어민주당 대표에 대한 체포동의안이 찬성 149표, 반대 136표, 기권 6표, 무효 4표로 가결됐다. 헌정사상 '야당대표 체포동의안'이 처리된 것은 처음이다. 헌정사상 처음으로 일어난 세 가지 사건 중 가장 크다. 이에 따라 이 대표는 9월 26일 법원에서 구속영장 실질심사를 받을 예정이다. 0.73%

로 승리한 윤석열 정권의 열차는 무뢰, 무식, 무지, 무도, 무치, '5무(無)'로 무장하고 굉음을 내며 치달리고 있다. 이 열차를 멈출 제1야당은 당분간 혼란을 겪을 수밖에 없다. 더욱이 실정(失政)에 대항하여 22일째 단식 투쟁 중인 당 대표에게 소속 의원 29명이 가결표를 던졌다. 가결 이유가 우습게도 '법'과 '정의' 운운하지만 '이 대표 체제에서 자신들이 공천 받지 못할 것'이기 때문이란 추론이 가장 합리적이다. 정치권력 헤게모니에는 네 편 내 편조차 없으니, 비열한 이 나라 검찰들보다도 그 추함이 더하다. 제 '당 대표에게 모질게 하듯 여당의 5무 정치에 대항하면 이 나라가 얼마나 좋아질까?' 하는 생각마저 든다.

이 대표 체포동의안 가결을 보며 트라시마코스(Thrasymachos)가 주장하는 '정의(正義)'와 '권력(權力, 특히 국가나 정부가 국민에게 행사하는 강제력)'이 떠올랐다. '권력을 갖지 못한 자가 법을 지키며 정의롭게 살겠다는 것은, 곧 강자인 지배자의 이득에 종사하는 것'이란 말이다. 트라시마코스는 고대 그리스 철학자로 플라톤의 저서 『국가론(The Republic)』에 등장하여 소크라테스와 정의에 대해 열띤 토론을 펼친 인물이다.

그는 "정의란 강한 쪽의 이익밖에는 아무 것도 아니다"(『국가론』, 338c)라며 '지극히 천진스런 소크라테스님'의 순수한 정의론을 통박한다. 소크라테스는 정의를 '인류에게 해를 끼칠 수 없는 절대 선(善), 지혜이며 덕(德)'이라 주장하였기 때문이다.

"정의란 더 강한자의 이익"이라는 트라시마코스의 말의 졸가리를 따라가 본다. "정부마다 자기의 이익을 위해서 법을 만들죠. … 이런 법들을 만듦에 있어서, 그(권력자)들 자신에게 이익이 되는 것이 국민들에게는 곧 정의로운 것이 된다고 선언하지요. 그러고 그

것을 벗어난 사람은 범법자요 부정한 사람으로 처벌을 합니다. …
즉 강자에게 이익이 되는 일이 정의로운 일이라는 결론을 낳게 합
니다."(338e~339a)

저 시절 소크라테스가 그렇듯 이 시절 우리도 트라시마코스의
견해에 동조하지 않는다. 선한 자를 이롭게 하고 악한 자를 해롭게
하는 것이 정의이고 권력이어야 하기 때문이다. 그러나 정적(政敵,
정치에서 대립 관계인 사람) 제거를 위한 '현 제1 야당대표 체포동의안
가결'을 보며 '법이란, 결국 정치권력에 의해 만들어지는 명령'이요,
'정의란, 더 강한 자의 이익'이라는 트라시마코스의 주장에 고개를
끄덕거릴 수밖에 없다.

021 윤석열의 서사와 이재명의 서사

站

"윤 대통령 부친 반야용선 태운 연기 '용의 입 모양' 화제"라는 제하의 '뉴시스' 기사를 읽으며 고소를 금치 못했다. '반야용선 태우는 행사'는 49재 마지막 날 위패와 새 옷 한 벌, 평소 소지품 따위를 넣은 종이로 만든 반야용선(般若龍船, 망자가 타고 간다는 배)을 태우며 극락왕생을 비는 의식이다. 그런데 '연기가 마치 구름 속 용의 입으로 들어가는 형상을 연출하였고 이는 윤 옹 혼의 기운이 용(대통령)의 입으로 들어가듯 윤 대통령에게 마지막 기(氣)를 불어넣어 주며 국태민안을 기원하고 있는 의미'라 운운해서다.

이 나라 대통령이 바뀌고 1년하고도 몇 개월 동안 듣도 보도 못한 일을 하 겪었다. 이제는 이런 기사까지 등장하니, 몇 백 년 전, '서사시대' 뒷골목을 거니는 듯하다. 그래 문학 이야기 좀 하련다. 문학은 서정, 서사, 극이라는 세 개념에서 출발한다. 그 중 인간의 삶에서 가장 다양한 기능을 수행하는 게 '서사(敍事)'이다. 서사는 구체적으로 역사 기록물에서 신문의 사건기사, 소설, 개인의 일기까지 모두 포함하며 그 구조는 '이야기 형식'이다.

이야기는 시나브로 시간이 흐르며 남을 만한 것만 남고 모두 연기처럼 사라진다. 이 '남은 이야기' 중, 한 줄기는 '역사'가 되고 한 줄기는 '문학'이 된다. 위의 기사가 전하는 윤 대통령과 부친의 서사는 가관(可觀)이다. 이미 대통령으로서 승자의 역사가 된 윤 대통령의 기이한 말과 행동, 쇠껍데기를 쓰고 도리질하는 격으로 써낸 추앙에 가까운 어용 언론기사까지 주섬주섬 모으니 문학으로서 가히 '신화급 서사'(?)이기 때문이다. (연구자들이 이를 인정할지는 모르겠다.)

이렇게 생각해보니, 윤 대통령이 그렇게 싫어하는 이 대표의 서사가 궁금하다. 며칠 전, 제1야당 이재명 대표의 체포동의안이 국회를 통과하였으나 법원이 기각하였다. 헌정 사상 최초이다. 기각 분석은 난분분하다. 기각 결정 세 가지 이유를 찾는 데서부터 여당 대변인의 "법원이 개딸에 굴복"했다는 저질의 논평, 사법부에 대한 비난, 급기야 수구단체가 판사를 고소까지 하였다. 아무튼 이재명 서사 또한 한 줄기는 분명 대한민국 정치사의 역사가 되었다.

그런데 문학으로서 이재명 서사의 한 줄기가 매우 흥미롭다. 우리 문학에 보이는 '영웅서사'와 겹쳐 보여서다. 영웅서사는 둘로 나뉜다. 우선 '고귀한 혈통의 영웅서사'이다. 'A. 고귀한 혈통, B. 잉태나 출생이 비정상적, C. 탁월한 능력, D. 고아가 되어 죽을 고비를 겪음, E. 구출·양육자를 만나 죽을 고비에서 벗어남, F. 자라서 다시 위기에 부딪침, G. 위기를 투쟁으로 극복하고 승리자가 됨.' 이런 작품으로는 '주몽', '탈해', '홍길동' 등을 들 수 있다.

또 하나는 '비천한 혈통의 영웅서사'이다. '아기장수는 가난하고 비천한 집안에서 태어났지만 비범한 능력을 지녔다. 그 능력으로 인해 멸문을 당할까 두려워한 부모에게, 혹은 관군에게 비극적 죽임을 당한다.' 천한 집안에서 태어난 비범한 아이는 흔히 민간에서는 역적이 될 징후로 여겼다. 현실의 안위만을 좇는 의식 없는 민중들은 자신에게 해가 돌아올 것이 두려워 하늘이 내린 새 세상을 열 영웅 제거하는 데 힘을 보탰다. 이 서사의 행간엔 자신들의 영웅을 수용하지 못한 민중의 통렬한 자기반성이 더하여 비장미까지 흐른다. 이런 작품으로는 전국에 산재한 '아기장수 전설'과 '온달' 등이 있다.

이 대표의 어려서 가난, 프레스에 눌린 팔, 사법고시 패스와 행정가로서 능력, 검찰의 집요한 압수수색, 대통령 선거 패배, 구속영장 청구와 기각 따위를 보며 그의 문학적인 서사가 어떻게 전개될지 궁금하다. 정치인으로서 이 대표의 목표는 분명하다. 과연 이 대표는 모든 난관을 극복하고 'G'에 이를 것인지, 아니면 '아기장수 서사'처럼 비극적인 전설로 끝날지 아무도 모른다. 그의 서사는 우리의 서사처럼 오늘도 진행 중이기 때문이다.

022 필론의 돼지와 디케의 눈물

站

　민심을 전달 못하는 언론은 언론이 아니다. '강서구청장 보궐 선거, 야당이 17.15%p 격차로 예상 밖 낙승'이 주는 의미를 새기며 이 글을 쓴다. "형광등 100개 켜놓은 아우라" TV조선이 박근혜 전 대통령을 묘사한 말이다. 엊그제 이 '참(站)'에 "윤 대통령 부친 반야용선 태운 연기 '용의 입 모양' 화제'라는 제하의 기사를 읽으며 고소를 금치 못했다"는 글을 썼는데, 또 이와 유사한 기사가 뜬다. "예술의전당 깜짝 방문 한동훈 장관 대박"이란 서울신문 기사다.

　"머리부터 발끝까지 차려입고 나타난 그의 등장에 공연장이 술렁였고, … 한 장관은 연예인 못지않은 뜨거운 인기를 자랑했다."

　"관객들이 '한동훈 봤느냐', '대박이다'라며 웅성댔기 때문이다."

　"평소 국회에서 의원들의 말을 토씨 하나 안 놓치고 적극적으로 상대하는 모습 그대로 … 사진 요청 멘트를 어느 하나 놓치지 않고 응대하며 … 분홍색 프로그램북을 손에 꼭 쥔 한 장관은 … 어떤 시민은 '조각 같다'며 감탄하기도 했다."

　더 이상 인용하기 민망하여 이만 줄인다.

　요즈음 외국 언론의 한국발 기사는 혹독하다. '네이처'는 "한국 R&D예산 삭감, 대통령이 말 바꿔", '디플로매트'는 "한국 돈만 내고 미국에 할 말 못해" … 따위, 한국이 세계 뉴스의 조롱거리가 되고 있다. 프랑스 '르몽드'는 김건희 씨를 '콜걸(call girl)', '워싱턴포스트' 는 '빨래 건조대(clotheshorse)'라고 비아냥거리고 바이든 대통령 기자 회견문에서 윤 대통령을 'Yoon'이 아니라 'Loon(Crazy person: 정신 나간 사람)'으로 표기하였다. 미국 시사주간지 '뉴요커'(9월 30일자)는 '한국의 걱정되는 민주주의 침식(The Worrying Democratic Erosions in South Korea)'이란 칼럼에서 이 정부에서 벌어진 검찰의 뉴스타파 사무실과 JTBC 사무실에 대한 압수수색, 야당 정치인에 대한 보복 등을 지적한다. MBC 임현주 기자의 자택 압수수색에는 "이번 혐의는 한국 법무부장관의 개인정보를 다른 언론인에게 전달한 혐의"라는 구체적 사항까지 명시하고 '대한민국은 검찰공화국'이라 개탄한다.

한국 민주주의가 침식되고 법치가 무너지는 이런 상황에, 주무부 처 책임자인 법무부장관을 다룬 저것이 언론기사인가? 조선 왕조 시대에도 '법귀행 부재각 유기제 엄기령(法貴行 不在刻 裕其制 嚴其令, 법의 귀함은 행하는 데 있지 가혹한 데 있지 않으니 제도는 관대하고 법령 은 엄격히 한다)'라는 12글자를 수령들로 하여금 체득케 하였다. 또 관리라면 '법불아귀 승불요곡(法不阿貴 繩不撓曲, 법은 귀한 자에게 아 첨하지 않고 먹줄은 굽은 것을 따라 휘지 않는다)'이란 8자를 마음에 새겼다. 모두 법의 폐단을 막기 위해서다.

그러나 현재 대한민국 법무부장관이란 자가 검찰공화국을 만든 장본인으로 방자한 태도로 법을 유린하며 공직자의 품위유지 의무 위반, 국회의원 능멸, 정치 중립 위반, 인사검증 실패, 피의사실 유 포, 압수수색 공포… 등 파면이나 탄핵사유가 차고 넘쳐 차마 눈뜨 고는 못 볼 형국이다.

그러나 우리 (기레기, 혹은 레거시) 언론은 마치 폭풍우 들이친 배 에서 인간들이 우왕좌왕 난장판인 저 한쪽, 한 돼지가 유유히 죽을 먹는 형국이다. 헬레니즘 철학자 필론(Pilon)은 그 돼지를 보며 말한다. "현자는 저 돼지처럼 흐트러짐이 없어야 한다!" 우리 언론은 저런 현자인양, 법치주의 국가 대한민국이 파괴되는 데도 흐트러짐 없이 '찬(讚)한동훈가(歌)'를 부른다.

　법을 지키는 정의의 여신이 디케(Dike)이다. 정의의 여신상은 한 손에 저울을, 다른 한 손에는 칼을 쥐고 있다. 저울은 개인 간 권리 다툼 해결을, 칼은 사회 질서를 파괴하는 자에 대한 제재를 의미한다. 또한 두 눈을 안대로 가리고 있다. 이는 정의를 실현하기 위해서 어느 쪽에도 기울지 않는 공평무사한 자세를 의미한다. 하지만 '필론의 돼지들'로 인하여, 저 '디케의 안대'가 훼손되는 법 정의를 보며 흘리는 눈물 가리개가 된 듯하다.

023 '언어의 옥(獄)'으로 그리는 '당신들의 오발탄 천국'

站

"마작시해조(麻雀是害鳥, 참새는 해로운 새다)!" 1955년 1당 독재 모택동이 현지지도 중 한 교시(敎示)다. 중국 전역에서 마작(참새) 박멸운동이 전개되었다. 참새는 평시에 해충을 잡아먹지만 추수기에 곡식을 쪼아 먹어 생산량을 감소시킨다는 이유에서다. 58년 한 해 동안만 2억 1천 마리가 학살되었다. 참새가 사라지자 해충이 폭발적으로 증가하여 곡식을 갉아먹었다. 급기야 2천만~4천만 명의 아사자가 발생하였고 소련에서 20만 마리 참새를 공수해서 해결한다. 권력 가진 자의 말 한 마디에 갇힌 결과가 얼마나 무서운지를 보여주는 예이다. 이것이 바로 '언어(문자)의 옥'이다.

4만 년 전 우리의 선조, '지혜로운 인간'이란 뜻의 호모사피엔스가 이 지구에 살아남게 된 딱 한 가지가 이유가 바로 '언어' 덕분이었다. 그 언어가 옥(獄)에 갇히는 순간, 인간은 인간으로서 '지혜'를 잃고 멸망한다. 지혜는 인간의 '양심'과 '윤리'라는 두 축으로 지탱한다. 저들의 조상, 17세기 전제황권의 청나라엔 '문자의 옥'이란게 있었다. 권력층은 중앙집권을 강화하기 위해 지식인의 사상을 탄압하고 언론을 옥에 가두었다. 그들만의 멋진 신세계, 일사불란한 통치체계, 절대권위를 유지하는 그들만의 나라를 위해서였다. 정권에 저항하는 이들은 자살을 명받거나 참수 당했다. 그 후손까지도. 그러나 결과적으로 이 언어의 옥이, 양심과 윤리가 없는 지혜가 사라진 사회로 만들고, 나라를 멸망으로 이끌었다.

2023년, 중국도 아닌, 국민이 주인인 민주국가 대한민국에서 대통령의 "싸우라!"는 한 마디 교시로 나라 전체가 '언어의 옥'이 되었다. 대통령이 '카르텔'하면 곳곳마다 '카르텔 타파!'가 난무한다. '이념' 과 '공산당'하면 모두가 '공산당 타도!'를 외치고 '이 새끼!' 하면 여기저기서 기괴한 '막말행진곡'을 불어댄다. 또 말끝마다 '법! 법!' 하니, 제멋대로 법 잣대를 들고 제 뜻과 다른 국민을 잠재적 범죄자로 재단한다. 여기저기 구속영장과 압수수색영장이란 법망이 쳐지고 언론은 이를 전달하기 바쁘니, '언론의 옥' 병참기지가 따로 없다.

국감장에서 피감기관장인 서울중앙지검장은 야당 대표 수사 관련 질문에 "사건 한 건 한 건 모두 중대사안이고 구속사안"이라고 목소리를 높인다. 영장청구가 기각되었는데도 반성은커녕 되려 질의 의원을 꾸짖으니, 대한민국 헌법 제27조 제4항 '무죄추정의 원칙'은 사문화(死文化)되었다. 보통 민주국가에서 법은 국민을 보호하고 지켜 주는 정의의 보루라고 여긴다. 아니다. 이 나라 대다수 국민들은 언어의 옥에서 저 법망에 걸리지 않기 위해 양심과 윤리를 버리고 실어증에 걸렸거나 자기검열에 빠졌다. 그렇게 '그들만의 멋진 신세계, 검찰공화국'이 만들어졌고 '좋은 지도자'를 뽑고자 고심한 국민투표는 '오발탄'이 되어 버렸다.

강서구 보궐선거 대 패배 후, 우스꽝스런 짓은 도를 더한다. '응석받이 이준석' '비명횡사 당하기 전 결행'이란 당 내분이 끓더니, 17일 그들만의 리그 국민통합위원회 만찬장에서 대통령이 "국민은 늘 무조건 옳다" 했다고 마치 큰 깨달음이라도 얻은 양 대대적인 선전을 해댄다. (의대 정원을 늘린다고도 하니 귀를 의심케 한다.) 지금

까지 1년 5개월이 지나도록 대통령 예행연습을 했고 이제야 '양심'
과 '윤리'란 게 생겼단 말인가.

"양심이란 손끝의 가십니다. 빼어 버리면 아무렇지도 않은데 공연
히 그냥 두고 건드릴 때마다 깜짝깜짝 놀라는 거야요. 윤리요? 그건
나이롱빤쯔 같은 것이죠. 입으나 마나." 이범선(李範宣, 1920~1982)의
『오발탄』 대사이다. 소설 속 저들은 '오발탄'이 안 되기 위해 손끝에
가시를 박고 빤쯔를 입는다. 이 땅의 권력자들이 그리는 '멋진 신세
계, 당신들의 천국'은 어떤 나라인가? '언어의 옥'에 갇힌 나라라면
'당신들의 오발탄 천국'일지언정 '우리들의 천국'은 아니다.

024 당나귀 정권, 감당 못하면 짐을 내려놓으시지요

站

이태원 참사 1주기를 앞두고 이 글을 쓰는 심정이 참담하다. 지난 20일, 국감장에서 '대통령 의전비서관의 딸인 초등학교 3학년 ㄴ양이 2학년 후배에게 전치 9주의 상해를 입혔으나 학급 교체 처분을 받는 데 그쳤다'는 폭로가 있었다. 이 보도가 나오자 비서관은 당일 사직서를 제출했고, 대통령실은 몰랐었다며 곧바로 수리했다. 이 상황을 보며 마치 '당나귀 정권'같다는 생각이 든다. 아무리 꾸짖어도 들을 줄 모르고 하는 짓이 너무 어리석기 때문이다.

당나귀에게 미안하지만 동서양을 막론하고 당나귀는 대체로 어리석은 동물로 희화된다. 〈호랑이 껍질을 쓴 당나귀〉를 비롯하여, 〈노래하는 당나귀〉·〈소금 짐을 지고 가던 당나귀〉·〈검주(黔州)의 당나귀〉 등도 모두 그렇다. 이 중 〈호랑이 껍질을 쓴 당나귀〉는 당나귀가 호랑이 껍질을 뒤집어쓴 이야기다. 그러니 다른 동물들이 모두 무서워 슬금슬금 피하였다. 그런데 무심코 당나귀가 소리를 질러 그 정체가 드러나고 모두에게 비웃음거리가 되었다는 내용이다. 이 우언이 주는 교훈은 어리석고 졸렬한 사람들이 실제보다 대단하게 보이려 하나, 그것이 헛된 짓이라는 꾸지람이다. 영어 속어인 '바보, 똥고집쟁이, 꼴통' 등을 가리키는 말인 수탕나귀인 Ass(애스) 혹은 Jackass(잭애스)도 이에서 비롯되었다.

잘못 되었으면 정신을 바짝 차리고 수습해야 옳다. 대통령 의전 비서관의 딸 폭행은 단순한 사표수리로 끝날 사건이 아니다. 대한민국 사회의 일그러진 자화상이 그대로 드러났기 때문이다.

첫째, 사건 처리 과정에서 부당한 영향력 행사가 있었다는 점이다. 이 학교폭력이 발생한 것이 지난 7월 18일이다. 그리고 이달 5일 학폭위에서 '학급교체' 처분을 내렸다. 처분은 '고의성·심각성·지속성·반성정도·화해정도' 등 5개 평가 지표(각 지표당 0~4점)에 따라 정해진다. ㄴ양은 2주 간 3차례 폭행을 하였다. 이런 상습적 폭행에도 학폭위 '지속성'이 1점이란다. 3개월 동안이나 이 사건이 알려지지 않았던 이유까지 더하면 보이지 않는 권력이 작동한다는 합리적 추론이 가능한 부분이다.

둘째, 대통령실에서 알았으면 감춘 것이요, 몰랐다면 무능이다. 이런 일을 담당하는 공직기강비서관실도 따로 있다. 대통령비서실 의전비서관의 딸 학폭을 어떻게 모를 수 있는가? 사건이 일어난 지 3개월이 경과하도록 대한민국 최고 정보를 갖고 있는 대통령실에서 몰랐다는 게 말이 되느냐는 의문이다. 더욱이 사건을 처리한 임태희 경기도교육감은 국민의힘이요, 이명박 대통령 시절 청와대 대통령비서실장까지 지낸 사람이다.

셋째, 부모의 어이없는 태도이다. 초등학교 3학년 딸이 2학년 여학생을 화장실로 데려가 리코더와 주먹으로 때려 전치 9주의 상해를 입혔다는 것은 전대미문(前代未聞)의 끔찍한 가해이다. 그런데 가해자 엄마는 딸의 행동이 후배에 대한 '사랑의 매'라 하고 카톡에 윤석열 대통령과 남편이 함께 찍힌 사진을 올려놨다. 남편의 지위를 이용하여 피해자에게 위압을 가하는 못된 제 2의 가해이다. 도저히 보통 상식을 갖은 부모라면 못할 인면수심(人面獸心)의 행태이다.

이런데도 대통령실은 "이는 공직자로서 지위가 진상 조사 등 이후 절차에 영향을 줄 가능성 자체를 원천 차단하는 선제적 조치"라며 대통령이 무슨 단안이라도 내린 양 호들갑을 떤다. 일단 당사자를 대기 발령시켜 놓고 사건을 면밀히 조사해 처리해야 옳지 않은가.

　이 정부 출발부터 지금까지 감당 못하는 짐을 지고 위태위태하게 가는 '당나귀 정권'을 보는 것도 지친다. 감당 못하면 짐을 내려놓는 게 낫다. 호랑이 껍질을 썼다고 당나귀가 호랑이가 되지 않는다. "누군가 한 사람이 '당신은 당나귀'라고 하더라도 개의치 말라. 그러나 두 사람 이상이 당신을 당나귀라 하거든 스스로를 위해 미리 안장을 사 두어라." 『탈무드』에 보이는 말이다.

025 '세상에 존재하지 않는 것'만 존재하는 야후(Yahoo)의 세계

站

아일랜드 작가 조나단 스위프트(Jonathan Swift, 1667~1745)의 〈걸리버 여행기〉에는 '세상에 존재하지 않는 것'이 있다. '사악한 말'이다. 걸리버가 찾은 휘넘국의 '휘넘'은 '말(horse)'이다. 이 말이 '말(talk)'을 하는 이성적인 존재로 그려진다. 이 나라에는 악, 거짓말, 질투, 시기, 악담 따위 사악한 말이 없다. 휘넘들은 '사악한 말'을 하는 야만인을 '야후'라 한다. 야후는 매우 무식·추악·비열·뻔뻔한 종족으로 바로 '인간'이다.

엊그제 국민의힘 대표가 김포를 서울에 편입시키자고 말했다. (천공 배후?) 상대적으로 절차가 단순한 '의원 입법'을 통해 경기도 김포시의 서울 편입 문제를 다루기로 한 국민의힘은 '전담 기구' 출범 카드까지 꺼내 들었다. '메가시티'에 교통 운운 하면서, 하지만 내년 총선을 대비해 표를 얻으려는 고육책인 것은 세 살 먹은 아이도 안다. 메가시티는 도시로서 경쟁력이 부족할 때 외곽을 넓혀 경제적 활력을 꾀하는 것으로 동경이나 베이징 등이 해당된다. 서울은 이와는 정 반대이다. 김포에서 출근 운운하나 그렇기로는 고양시나 부천이 더하다.

서울특별시가 되면 땅값과 집값이 오를 게 불 본 듯 뻔하다. 김포시를 편입하면 주변 위성도시들이 가만히 있겠는가. 이를 야당이 막으면 표를 얻지 못하게 될 것이고 또 선거가 끝난 뒤 법률 운운하며 유야무야로 끝나도 누가 뭐라 할 것인가. 저들로서는 묘수인 듯하나 국민들을 '물질이란 비열한 욕망의 미끼'로 표를 얻어 보자는 심보이니 참으로 고약하기 짝이 없다. 국토균형 발전을 입안할 틈도 모자라거늘, 저런 자들을 여당의 정치인이라 믿고 이 나라에서 사는 국민들이 가슴 아프다. 문제는 이 뉴스가 국가의 난제들을 뒤덮는다는 점이다.

'채상병 수사 사건', '양평 고속도로', … 따위 각종 게이트는 물론. 민주 국가에서 상상조차 못할 '대통령 명예훼손'이란 이유로 언론인을 압수수색한다. 검찰을 내세운 언론 탄압이다. 경제 수준은 참혹하다. 가계와 기업의 빚(신용)이 올 2분기 기준 국내 총생산의 약 2.26배 수준까지 불었다. 올 상반기(1~6월) 무역수지는 약 35조 9157억 원 적자이다. IMF가 선정한 주요 208개국 중, 200위로 아프리카는 물론 북한(109위)보다도 순위가 낮다. 세계 5위가 어느 날 일어나 보니 이렇게 되었는데, 오늘도 아침부터 자유, 가짜뉴스 타령이다.

민생은 위기에 빠졌고 국민의 삶은 휘청거린다. 그러나 대통령은 93개국 142회 정상회담을 한다며 해외 나들이에 국고를 물 쓰 듯 한다. 249억 순방비용에 예비비 329억까지 578억, 여기에 프레스센터 설치비 88억까지 더하면 합 666억이다. 의미 없는 'MOU체결'을 위해서인가? 아니면 해외순방 기네스북 등재를 위해서인가? 정부가 편성한 내년도 연구개발(R&D) 예산은 25조 9천억 원, 올해보다 16% 줄였다. 부처별로는 교육부가 1조 7천억여 원, 올해보다 60% 감액되었다. R&D 예산은 미래 먹거리를 창출하는 예산이다. 전쟁을 치르는 국가에서조차 건드리지 않는다. 여기에 서민 예산은 줄이고 독도 예산까지 깎으면서 불요불급한 용산대통령실, 국정원, 검찰 따위와 권력 주변 특활비는 무려 2조나 늘렸다.

노인 빈곤율과 청년 자살률, 최저 출산률과 청년 일자리 부족은 더욱 심각하다. 가계 빚은 천정부지로 늘고, 부자 감세로 세수가 주니 IMF가 국가 부도를 경고할 정도이다. 이런데도 아랑곳없이 '경제보다 이념'이라 하고 타도 공산 전체주의를 외친다. 더하여 친미, 친일이 도를 넘어 러시아와 중국을 배척하며 9.19남북군사합의까지 파기하려드니 신냉전체제가 이 땅에 전운까지 감돌게 한다. 그런데 이를 해결해야 할 여당이 저런 선거놀음이나 하고 보수 언론은 이에 맞춰 김포 집값이 올랐다는 보도를 대서특필한다. 2023년 11월 대한민국은 '세상에 존재하지 않는 것'이 날마다 존재하는 야후의 세계가 되어 버렸다.

026 진 꽃은 또 피지만 꺾인 꽃은 다시 피지 못한다

站

"어려운 서민들을 두툼하게 지원해주는 쪽으로 예산을 좀 재배치를 시키면 '내년 선거 때 보자, 아주 탄핵시킨다' 이런 얘기까지 나온다. 그래서 제가 '하려면 하십시오. 그렇지만 여기에는 써야 됩니다'라고 말했다." 이 나라 대통령이 서울 마포구 한 북카페에서 주재한 21차 비상경제민생회의 모두 발언에서 건전재정 기조에 기존의 입장을 재확인하며 한 말이란다.

이 나라 헌법상 지위가 대통령이란 자의 말이라 어떻게 이해해야 할지 모르겠다. 더욱이 어려운 서민들을 두툼하게 지원해주는 쪽으로 예산을 좀 재배치하는 데 누가 '탄핵' 운운한단 말인가. 실상 이 정부는 내년 서민주거 예산과 고용유지 지원금, 일자리안정 기금 등 잘 드러나지 않는 예산을 전액 또는 대폭 삭감했다. 장애인과 저소득층 일자리를 제공하는 사회적 기업에 대한 지원도 줄이려 한다. 도대체 한 나라 대통령으로서 국가 예산을 아는지 모르는지조차 모르겠다. 혹, 강서구 보궐 선거 뒤, 제 발 저려 한 말이 아닌가 싶다.

'탄핵(彈劾)'은 대통령, 국무위원, 법관 등의 고위 공무원이 저지른 위법 행위에 대하여 국회에서 소추(訴追, 특정 사건의 재판을 요구하거나 탄핵을 발의하는 일)하여 처벌하거나 파면하는 것을 말한다. 이미 우리는 박근혜 대통령을 파면해 보았다. 2017년 3월 10일 오전 11시, 헌법재판소는 재판관 8명 전원 일치 의견으로 박 대통령에 대한 파면 결정을 내렸다. 이정미 헌법재판소장 권한대행은 이날 대통령 탄핵심판 선고에서 "피청구인 대통령 박근혜를 파면한다"는 주문을 확정했다. 이 정부의 폭정에 대항하여 지난 4일 오후 5시 서울 시청역−숭례문 앞 대로에서 '윤석열 퇴진 촛불대행진 겸 11월 촛불문화제'가 열렸다. '제63차'라 한다. 이 정도면 이미 현 정부의 실정을 바라보는 국민들에게 '탄핵'이란 말이 멀리 있지 않은 듯하다.

조선왕권 사회에서도 2번의 탄핵이 있었다. 인조반정과 중종반정이다. 중종반정은 1506년 연산군을 몰아내고 이복동생인 진성대군(晉城大君: 중종)을 왕으로 추대한 사건이고 인조반정은 1623년 서인이 광해군을 몰아내고 능양군(綾陽君: 인조)을 왕으로 옹립한 정변이다. 이를 '반정(反正)'이라 한다. 반정은 '본디의 바른 상태로 돌아가게 한다'는 의미이니, 나쁜 임금을 폐하고 새 임금을 대신 세우는 일이다. 이는 부당한 권력에 굴복치 않으려는 백성들의 의지에서 비롯되었다. 중국에서는 이를 '선양방벌(禪讓放伐, 황위를 다른 이에게 물려주거나 황제를 쳐 바꾸는 일)이라 했다. 역성혁명(易姓革命)을 인정하는 사상이다.

야당은 언론과 검찰로 헌법질서를 교란하는 수장인 이동관과 한동훈 탄핵을 논의한다. 이런 경우를 선조들은 '핵주(劾奏)'라 하였다. 핵주는 '관리의 죄를 탄핵하여 임금이나 상관에게 아뢴다'는 뜻이다. 여당은 "탄핵 중독 금단현상"이라지만, 『조선왕조실록』에 탄핵을 치면 무려 4000여 항목에 이르는 기사가 뜬다. 그만큼 탄핵이 많았다는 뜻이다. 탄핵은 사실 그렇게 어려운 것도 아니고 법률로도 명백히 규정된 국민들의 권리이다. '대한민국 헌법 제65조'는 이 탄핵을 명시하고 있으며 제헌헌법에서부터 지금까지 흔들림 없이 명문화 되어 있다.

안타까운 것은 '탄핵'이든, '핵주'이든, '반정'이든, '선양방벌'이든, 이런 말이 사람들의 입에 오르내리는 것을 보면 현재 국민들의 삶이 피폐한 절망의 시대를 산다는 뜻이다. 1960~70년대 엄혹했던 박정희 시절 이발소와 버스에 걸려 있던 시 구절이 있다. "삶이 그대를 속일지라도 슬퍼하거나 노하지 말라!"는 푸시킨의 시이다.

그러나 우울한 날을 견디면 기쁨의 날이 오는 게 아니다. 슬퍼하거나 노해야 세상은 바뀌고 내일의 희망을 품는다. 국민들이 탄핵을 말하는 것은 '절망을 희망으로 바꾸겠다는 의지의 표현'이다. 희망이 없으면 꺾인 꽃이다. 진 꽃은 또 피지만 꺾인 꽃은 다시 피지 못한다.

027 KBS 쿠데타(?), 그리고 사마귀와 두꺼비의 시간

站

왜 이럴까? 민주국가에서 임명한 관리들이 어떻게 국민주권을 이렇게 유린(蹂躪, 남의 권리나 인격 등을 침해하여 짓밟음)하는지 이해 불가이다. 민주주의 상실의 시간을 산다. KBS 사장으로 온 자가 11월 13일 취임 첫날 선무당처럼 칼춤을 춘다. 전날인 12일에 본부장, 센터장, 실국장, 부장급 등 72명 인사를 전횡(專橫)하더니 다음 날엔 KBS 메인 뉴스를 비롯한 주요 뉴스 앵커들을 전면 교체하였다. 심지어 진행자들은 시청자(청취자)들에게 작별 인사도 못하고 통보를 받은 경우도 있었다. 대표적인 시사 프로그램 '더 라이브'는 '고려 거란 전쟁' 재방송으로 대체 편성됐다.

이러더니 14일엔 뜬딴지같이 '대국민 사과'를 하였다. 이해 간다. KBS는 국민들의 세금으로 움직이는 공영방송으로서 권력을 감시하고 비판하는 견제 기능도 민주 언론 발전에 기여한 공정성도 별로 없다. 오히려 '기레기 언론(기자+쓰레기라 함)'들과 어깨동무하고 작금의 편파적이고 기울어진 운동장이 된 한국 언론 환경에 일조하였다. 여기에 방만한 경영도 지적치 않을 수 없다. 하지만 이 정권의 언론관과 낙하산에 매달아 투하한 KBS 사장의 폭력적인 행동과 대국민 사과가 가히 '졸렬한 쿠데타급(?)'이라 모골이 송연하다. 정론조차 보도 못하는 KBS라지만 그래도 한 나라의 공영방송이기 때문이다.

어떻게 국민들이 번연히 눈을 뜨고 지켜보는 대명천지에 안하무인처럼 작태를 벌이는가. '방송편성의 자유와 독립'이란 방송법 제4조를 침해한 행위이기에 후일 분명 법적 조치가 따를 게 분명하다. 현재 우리 동맹국의 주요 언론들마저도 대한민국의 언론행태를 질타하고 있다. '뉴욕타임스' 같은 경우, 주요 언론사와 기자에 대한 압수수색 등을 언급하며 이 정부가 검찰과 규제기관을 동원해 언론을 탄압하고 있다는 보도를 보지도 못했는가. 전국언론노동조합 KBS 본부의 "박민 사장은 임명 직후부터 공영방송의 독립성과 제작 자율성을 파괴하고 있다"고 기자회견을 열고 "법적 책임 물을 것"을 분명히 한 것은 그래서 정당하다.

"친애하는 애국동포 여러분, 은인자중하던 군부는 드디어 금조(今朝) 미명(未明)을 기해서 일제히 행동을 개시하여 국가의 행정·입법·사법의 삼권을 완전히 장악하고 이어 군사혁명위원회를 조직하였습니다. … 대한민국 만세! 혁명군 만세!" 1961년 5월 16일(화) 새벽 5시, KBS 첫 방송은 5·16쿠데타 '혁명공약' 낭독으로 시작하였다. 군사정권을 알리는 서막이었다.

제2공화국은 무너졌고 박정희 정권 18년 독재체재가 이렇게 시작되었다. 이 정권이 방통위원장을 비롯한 저런 무례한 인사들을 내세워 언론만 장악하면 독재가 가능하다고 생각하는지 모르겠다. 그러나 우리 국민들은 박정희뿐 아니라 전두환도 이겨냈다. 겨우 3년밖에 안 남은 권력으로 이 대한민국에서 후일을 어떻게 감당하려는지 모르겠다.

한국 민주주의의 거대한 수레바퀴는 오늘도 굴러간다. 이 정권의 하는 짓을 보면 꼭 이 수레바퀴를 막으려는 사마귀 꼴이다. 제나라

장공(莊公) 일행이 사냥을 나가는데, 작은 사마귀 한 마리가 앞을 막고 마치 수레를 세우라는 듯이 다리를 쳐들었다. 『회남자』「인간훈편」에 보이는 당랑거철(螳螂拒轍)이란 고사이다. 장공은 그래도 그 어리석음을 기꺼워하여 수레를 돌려 피해 갔다지만 이 나라 국민은 분수도 모르고 설치는 사마귀를 그대로 둘 리 없다.

또 『사문유취 전집』 권2 「천도부」에 보이는 당나라 노동(盧仝)의 〈월식시(月蝕詩)〉에 "신의 마음에 한 치의 비수가 있으니 요망한 두꺼비의 창자를 갈라 버리렵니다(臣心有鐵一寸 可刳妖蟆癡腸)"라는 구절도 있다. 여기서 달은 종묘사직을, 두꺼비는 간신이나 역적을 비유한다. 이 나라 역사로 보아 사마귀와 두꺼비의 시간이 흐른다. 그 상실의 시간이―.

028 '9·19 남북 군사합의 파기'는 누구를 위해서인가?

站

윤 대통령이 '9·19 남북 군사합의 일부 효력 정지(1조 3항)'를 재가하였다. 1조 3항은 군사분계선 상공에서 모든 기종의 비행을 금지한다는 조항이다. 이유는 북한이 군사정찰위성을 쏘아 올려 그렇다고 한다. '9·19 남북 군사합의'는 2018년 9월 19일 3차 남북정상회담에서 대한민국 대통령과 조선민주주의인민공화국이 합의한 판문점선언 이행을 위한 군사 분야 합의서 공동선언의 산물이었다.

'9·19 남북 군사합의'는 한반도에서 군사적 긴장 상태를 완화하고 신뢰를 구축하는 것이 항구적이며 공고한 평화를 보장하는 데 필수적이라는 공통된 인식에서 출발하였다.

그 내용을 보면 '1. 남과 북은 지상과 해상, 공중을 비롯한 모든 공간에서 군사적 긴장과 충돌의 근원으로 되는 상대방에 대한 일체의 적대행위를 전면 중지하기로 하였다"로 시작하여 "5. 남과 북은 상호 군사적 신뢰구축을 위한 다양한 조치들을 강구해 나가기로 하였다"로 끝맺으며 각 항에 세부적인 군사합의를 넣었다.

우리 군에 따르면 북한이 '9·19 남북 군사합의'를 지키지 않은 것이 여러 차례 된다고 한다. 그렇다고 이 합의를 깨면 우리에게 무슨 이익이 있나? 1950년 6·25전쟁이 1953년 정전협정으로 멈췄지만, 이것이 곧 전쟁의 '완전한' 종결을 의미하지 않았다. 또 정전

협정은 '일체의 적대적 행위를 중단한다는 내용을 담고 있는 군사 협정'이지만 이 또한 완전히 지켜지지 않았다는 것은 우리 국민 모두 안다. 그렇다고 남북 그 어느 쪽도, 군사정권 시절에도 이 협정을 깨자는 발상조차 하지 않았다. 전쟁을 억제하는 '형식적 효력'이 있기 때문이다.

'9·19 남북 군사합의'도 같은 이치다. 그래도 이런 협정이 있으니 서로가 어느 정도 침략 행위를 제어하는 게 사실이다. 또 '9·19 남북 군사합의' 이전 보다 이후가 분명 더 한반도 평화에 이바지 하고 있는 것도 분명하다. 작은 국지전이 나비효과가 되어 남북 간 긴장감이 돌면 우리에게 좋은 게 무엇이 있나. 당장 국민들이 동요하고 불안감은 증폭되며 주가는 곤두박질치고 국제무대에서 국가 신용도는 하락한다.

뻔한 결과였다. 북한은 23일, 9·19 남북군사합의 파기를 선언하고, 합의에 따라 중단된 모든 군사적 조치를 즉각 복원하겠다는 성명을 발표했다. 이 정부 들어 "헌법을 준수하고 국가를 보위하며 조국의 평화적 통일과 국민의 자유와 복리의 증진 및 민족문화의 창달에 노력"한다는 대통령 선서는 가뭇없이 사라진지 오래다.

손자의 『손자병법』 '모공편(謀攻篇)'에 우리가 잘 아는 전법이 있다. '모공'이란 '모리(謀利, 꾀를 써 이를 취함)란 전략이다. '모공'에는 벌모(伐謀)와 벌교(伐交)란 전술이 있다. 벌모는 적의 계획을 미리 알아 공격하는 것이요, 벌교는 외교를 통하여 적을 고립시키는 일이다. 싸움보다 주변국과 외교전을 하라는 말이다. 손자는 '대체로 전쟁하는 방법은 적국을 온전한 채로 두고 굴복시키는 것이 최상의 방법이'라며, "이런 까닭으로 백번 싸워 백번 이겨도 좋고 좋은 게 아니다. 싸우지 않고 적을 굴복시키는 게 좋고 좋다(是故百戰百勝

非善之善者也 不戰而屈人之兵 善之善者也)"라 한다. 직접 전쟁은 승리해도 인명과 재산 피해가 너무 커서이다.

이번 아펙(APEC)에서 중국과 미국은 4시간, 중국과 일본은 1시간 정상회담을 하였다. 대한민국 대통령은 어디 있었는지 모르겠다. "미·중에 무시당한 윤석열 식 편향 외교…한반도 평화외교 흔들"이란 한겨레(2023.11.20) 기사가 현 상황을 말해준다. '오징어게임'에도 전략과 전술이 있다. 그런데 전 세계 유일의 분단국가 수장에게 '모공'이 언감생심(焉敢生心)이 되어 버렸다. 이래저래 생각해보니, 혹 군사정권처럼 남북한 군사대립을 국정에 이용해 그 불안감으로 표를 얻자는 꼼수가 아닌지? 9·19 남북 군사합의 파기는 누구를 위해서일까?

029 대한민국 언론의 자화상, 이래도 되는 건지요?

站

"제가 이 자리에 있어 보니까···", "대통령이 되면은 국민들 생각을 먼저···", "남북문제 제가 나서야···" 이게 도대체 어느 나라 대통령의 배우자가 할 소리인가? 하지만 이를 보도하는 언론을 찾기 어렵다. 대부분 언론은 '2030 부산 세계 박람회 유치 실패'를 보도한다. 그것도 '졌지만 잘 싸웠다'는 식의 '아큐식 정신 승리법'이다. 1차 투표 결과 부산 29표, 사우디아라비아 리야드 119표였다. '29 : 119!' 5744억을 썼는데 광고홍보 영상이며 PT조차 치졸하다는 평가이다. 그런데 공영방송인 kbs는 이길 줄 알고 공연팀까지 준비했단다.

발표 며칠 전, 언론은 윤 대통령이 나서서 대한민국이 사우디와 엇비슷하다는 보도를 내보냈고 국민들은 가슴을 졸이며 늦은 밤까지 개표를 지켜봤다. 국민의 세금으로 운용되는 공영방송, 대한민국 유수 언론의 취재능력이 이 정도 수준이란 말인가. 나아가 이는 국가 정보능력의 한계이기에 한숨만 나온다. 큰 스코어로 졌지만 이에 대한 자성의 목소리는 보이지 않는다. 심지어 전 정부 탓을 하는 여당의 말을 그대로 내보내는 언론도 있다. 조선일보는 칼럼에서 엉뚱하게 "한동훈 장관, 장관 자리 내놓으면 달라져야"를 내보냈다. 우리 언론의 현실을 적나라하게 보여주는 장면이다.

더욱 큰 문제는, '2030 부산 세계 박람회 유치 실패'가 아니다.

대통령의 배우자가 '지난해 9월 서울 서초구 아크로비스타 지하에 있는 자신의 코바나컨텐츠 사무실에서 최재영 목사에게 300만 원 상당의 명품 파우치를 받았다'는 영상이다. 이 영상은 국기문란 행위이기에 그 파급력이 큰 데도 대다수 언론은 이를 애써 외면하고 있다. 해당 보도는 이미 27~30일, 나흘이나 유튜브채널 스픽스와 서울의 소리를 통해 알려졌는데도 말이다.

'몰래 카메라', '함정 보도' 운운 하지만 국민의 알 권리 차원에서 충분히 방송 가치가 있는 내용이다. '그것이 알고 싶다'와 같은 취재 방식일 뿐이다. 이동식 단속 구간이 아닌 곳에 갓길 과속 단속 카메라 설치 행위, 톨게이트나 사거리 모퉁이에 숨어 있다가 안전벨트 미착용 단속, 사거리 안 보이는 곳에 숨어서 캠코더로 꼬리 물기 촬영 등… 몰래 카메라를 이용한 함정 단속이지만 대한민국 운전자라면 모두 합법적이란 것을 안다.

'몰래 카메라'와 '취재 윤리', '함정 단속' 등을 들먹이며 보도하지 않는 것은 기자로서 자기 부정이며 언론으로서 기능 상실이다. 기자나 언론이 사익이 아닌 공익 차원에서 취재를 한 것은 외국의 법 사례에서도 합법적이다. 국민의 알권리 차원에서 정당한 공적인 행위이기 때문이다. 심지어 '독수독과이론(毒樹毒果理論, 위법하게 수집된 증거(독수)에 의하여 발견된 제2차 증거(독과)의 증거능력은 인정할 수 없다는 이론)'까지 들고 나온 기사를 보면 가히 코미디급이다. 이 법은 형사소송법상의 수사기관에 관한 증거법칙일 뿐이기 때문이다.

"돈 주면 표 줄게 FIFA 집행위원 '함정 취재'에 덜미"라는 기사(문화일보, 2010.10.18)도 있다. 2018년과 2022년 축구월드컵 개최지 투표가 50여일 앞으로 다가온 가운데 투표권을 가진 국제축구연맹

(FIFA) 집행위원이 '표'를 대가로 기금투자를 요구하는 장면이 함정취재에 걸려든 보도이다. 영국 '선데이타임스'의 경우이지만 이는 정당한 언론의 취재 행위로 인정한다. 물론 취재 대상자들은 법률에 의해 혹독한 처벌을 받았다.

문제는 대통령 부인에 대한 경호 시스템이 뚫렸고 명품을 받았다는 중대한 사실에 있다. 이는 김영란법, 알선수재, 뇌물, … 수사, 특검까지 거론할 만한 중대 사항으로 국정농단으로까지 연결되는 행위이다. '박근혜 대통령과 최순실 국정농단' 행위와 무엇이 다른가? 이 모든 게 언론 보도 대상이다. 이 나라 언론의 부끄러운 자화상이다. 대한민국의 언론에게 묻는다. '이래도 되는 건지요?'

030 '국위민탄'에 '가한인고'라

站

"하던 지랄도 멍석 펴 놓으면 안 한다." 『표준국어대사전』에 나오는 속담이다. 꼭 이 속담 격이다. 기네스북에 오른다며 수백억 국민 세금을 쓰며 해외를 나가 이곳저곳을 기웃거린다. 아랍에미리트 두바이에서 지난 5일(현지시각) '제28차 유엔기후변화협약 당사국 총회(COP28)'가 열렸다. 우리가 사는 지구의 기후위기에 함께 대응하자는 세계적인 협약이다. 지구 환경 생태계를 보존하지 않으면 공멸을 당하기 때문이다. 무려 세계 137개국 정상이 모이는 자리이다. 그런데 눈을 아무리 씻고 찾아봐도 안 보인다.

유엔기후변화협약의 굵직한 논의를 보면 '2022년까지 모든 국가 온실가스 감축목표(NDC) 의무 제출, 2025년까지 선진국이 개도국에 지원 2배(5,000억 달러 규모), 2030년까지 메탄 배출량을 2020년 대비 30% 이상 감축. [108개국 선언] 2030년부터 산림－토지 이용 및 황폐화 금지. 개도국은 2040년 이후 금지. [137개국 선언] 2040년까지 무공해 자동차로 100% 전환. [22개국 선언] 2040년까지 석탄 사용 단계적 감축' 등이다.

더욱이 2015년 파리기후협약에 따라 세계 각국은 탄소배출량을 대폭 감축하여야 하는 상황이다. 우리나라에서도 2015년 국무회의에서 2030년 탄소배출 전망치 대비 37%를 추가로 감축하기로 확정하였고 외교부에서도 공표하였다. 전 세계가 재생에너지에 국가의 사활을 걸고 있는 셈이다. 그 중 하나가 태양광발전이다. 태양광발전은 재생에너지 중 햇빛을 이용하여 전기에너지로 변환하는 방법이다. 일단 화력 발전보다는 여러모로 친환경적이다. 태양광도 제작 또는 처분 과정 때문에 환경파괴 논란에서 완전히 자유롭지는 않으나, 발전하는 도중에는 대기오염 등으로 인한 전반적인 환경파괴가 거의 없다는 게 학계의 중론이다.

태양광발전은 현재 전 세계적인 미래 산업임이 분명하다. 기후변화협약을 통해 어떻게든 화석연료를 줄이기로 한 만큼 시장수요는 커질 수밖에 없으니, 산업 성장곡선이 치솟는 게 현실이다. 문재인 정부에서 이를 중점 정책으로 밀어붙인 이유도 여기에 있다. 하지만 윤석열 정부는 이런 세계적인 추세와 반대로 가고 있다. 한때 2만 개나 되던 시공업체가 2~3천 개로 줄었다는 기사가 그것을 증명한다.

오로지 능한 것은 검찰을 동원한 정적 죽이기요, 언론을 동원한 정권 찬양이요, 국민과 어깃장 놓는 발언에, 불요불급한 부부동반 해외 나들이뿐이다. 세계 언론이 조롱하는 보도를 써도 오불관언이다. 후일 역사는 '석열지일월 건희지건곤(錫悅之日月 建希之乾坤, 석열의 세월에 건희의 세상)'을 어떻게 기록할까? 국태민안(國泰民安, 나라는 태평하고 국민은 살기 편함) 가급인족(家給人足, 집집마다 넉넉하고 사람마다 풍족함)은커녕, '국위민탄(國危民歎, 나라는 위태롭고 백성은 탄식함)에 가한인고(家貧人苦, 집집마다 빈한하고 사람마다 괴로워함)'가 아닐까.

그래 저 이가 엊그제 저러 이러한 이들을 불러다 놓고 잔치를 했다기에 〈춘향전〉에서 이몽룡이가 변사또 생일잔치에 불렸다는 시 한 수나 읊조린다.

"금준미주 천인혈(金樽美酒 千人血, 금 술통의 맛좋은 술은 만백성의 피요)이요, 옥반가효 만성고(玉盤佳肴 萬姓膏, 옥 소반에 담긴 맛있는 안주는 만백성의 고름이라)라. 촉루낙시 민루락(燭淚落時 民淚落, 촛농 떨어질 때 만백성 눈물 떨어지고)하고, 가성고처 원성고(歌聲高處 怨聲高, 노랫소리 높은 곳에 원망소리 높아라)라."*

*이 시는 본래 명나라 장수 조도사(趙都司)의 작품이다. 그가 광해군 시대 조선에 와서 정사가 어지럽고 백성이 곤궁함을 지적한 시이다. 〈춘향전〉의 시는 이 시를 일부 변개한 작품이다. 『연려실기술』 제21권 '폐주 광해군 고사본말', 조경남의 『속잡록』, 이수광의 『지봉유설』 등에 보인다.

031 인정(仁政), 천하는 천하 사람들의 천하이다

站

"천하는 한 사람의 천하가 아니고 곧 천하 사람의 천하입니다. 천하와 이로움을 함께하는 자는 천하를 얻으나 천하의 이로움을 독점하는 자는 천하를 잃습니다. 하늘에는 계절이 있고, 땅에는 재화가 있습니다. 이 모두 천하 사람들과 함께하는 게 인정(仁政, 어진 정치)입니다." 낚시꾼 강태공(姜太公)이 주나라 문왕(文王)에게 하는 말로 『육도삼략』「문도」에 보인다.

이 말을 듣고 문왕은 "우리의 태공이 당신을 기다린 지 오랩니다" 하였다. 태공은 '조상이 기다리던 사람'이란 의미로 태공망(太公望)이다. 문왕은 즉시 태공을 태공망이라 칭하고 스승으로 추대하였다. 태공은 뒤에 문왕의 아들인 무왕(武王)을 도와서 은(상)나라 주왕을 멸하고 천하를 태평성대로 이끌었다. 이 태공이 바로 강태공이라 불리는 여상(呂尙)이다.

이때 강태공이 문왕을 기다리며 강가에 드리운 낚시 갈고리에는 미늘이 없었다. 곧은 낚시였다. '강태공의 곧은 낚시질'이란 큰 뜻을 품고 때가 오기를 기다린다는 뜻으로 쓰인다. 이 나라 어딘가에는 저런 인재가 있다. 미늘에 꿰어 물고기를 잡는 낚시꾼이 아닌 곧은 낚시로 큰 뜻을 품고 때가 오기를 기다리는 강태공들 말이다.

정부에서 소폭 개각을 한다 하는데 반응들이 시원찮다. 그 나물에 그 밥이요, 도토리 키재기다. 하나같이 검사 출신이거나 전 정부 관료, 혹은 구시대적 사고를 지닌 깜냥도 안 되는 인사들이다. "치득부서 혁원추(鴟得腐鼠 嚇鵷鶵, 썩은 쥐 얻은 올빼미가 원추새를 보고 겁먹다)"라는 『장자』「추수」편 이야기가 떠오르는 이유다. 소인들은 관직이나 부귀공명을 귀중히 여기지만 군자는 이를 '썩은 쥐'처럼 하찮게 여긴다는 이야기다.

혜자(惠子)가 양(梁)나라 재상이 되고 장자(莊子)가 그를 만나러 가며 일어난 일이다. 혜자의 측근이 이를 알고 혜자에게 고했다. "장자가 오면 분명히 그대의 재상 자리를 탐할 것이오." 이를 들은 혜자가 장자를 잡으려 사흘 밤낮 나라 안을 샅샅이 뒤졌다. 그러자 장자가 혜자를 찾아가서는 이 '썩은 쥐(부서) 이야기'를 들려준다. 장자가 들려 준 이야기는 이렇다.

"남방에 있는 '원추(鵷鶵, 봉황의 일종)'가 북해로 날아가는데, 이 새는 오동나무가 아니면 쉬지도 않고, 대나무 열매가 아니면 먹지도 않으며, 단술 같은 샘물이 아니면 마시지도 않지요. 이때 '치(鴟, 올빼미)'가 '부서(腐鼠, 썩은 쥐)'를 물고 있다가 유유히 날아가는 원추를 보고는 제가 가지고 있는 썩은 쥐를 빼앗길까봐 꿱! 소리를 질렀다오."

개각 운운은 이렇고. 저 위의 강태공과 무왕이 멸망시킨 은나라 왕이 바로 주색을 즐기고 가혹한 형벌로 백성들의 원망을 산 폭정과 폭군의 대명사인 주왕(紂王)이다. 그는 충간을 하는 신하 비간(比干)을 "성인은 심장에 구멍이 일곱 개 있다던데 어디 보자"며 배를 갈라 죽였다. 또 죄 없는 재상 구후(九侯)와 악후(鄂侯)를 죽이고, 서백(西伯, 후일 주나라 문왕)까지 가두자 제후들이 곳곳에서 반란을 일으켰다. 이 주왕의 여인이 바로 탄불 위 기름칠한 구리기둥에 죄인을 매달리게 하고는 떨어져 타죽는 것을 보고 "깔깔" 웃었다는 달기(妲己)이다.

강태공의 말은 이렇게 이어진다. "인지소재 천하귀지(仁之所在 天下歸之, 인정이 있는 곳이라야만 천하의 마음이 돌아가는 것입니다)." '인정'이란, 즉 한 사람의 천하가 아닌, 천하 사람의 천하일 때 이루어진다. 바쁜 경영인들을 불러 병풍처럼 세워놓은 '떡볶이 먹빵', '땡윤 뉴스', '호화로운 빈손 해외 나들이', '검찰 독재', '정적 죽이기'에는 인정이 없다. 『맹자』 「이루 상」에 "진실로 인정에 뜻을 두지 않는다면, 종신토록 근심하고 치욕을 받으며 마침내 죽음의 길로 떨어진다(苟不志於仁 終身憂辱 以陷於死亡)"는 서슬 퍼런 경계를 새겨보아야 한다. 한 해를 돌아보는 섣달 열나흘, 때 아닌 겨울비는 온종일 추적일 듯하다.

032 허명(虛名)의 시대, 다리 아래서 원을 꾸짖는다?

站

견리망의(見利忘義), '이로움을 보자 의로움을 잊다'라는 말이다. 이맘때면 등장하는 게 '교수신문'이 뽑은 올해의 사자성어다. 견리 망의는 출세와 권력이라는 이익을 얻기 위해 정의를 버렸다는 의미 이다. 정치인으로서 고위 공직자로서 공익을 추구해야 하거늘 사익 에 눈이 먼 행동을 하는 이들을 지적하는 성어이다. 다음이 '잘못한 놈이 도리어 매를 든다'는 적반하장(賊反荷杖)이란다.

세 번째가 '피리를 불 줄도 모르면서 피리 부는 악사들 틈에 끼어 인원수를 채운다'는 남우충수(濫竽充數)였다. 남우충수는 남곽취우 (南郭吹竽)라고도 한다. 제나라 선왕이 우(竽: 피리)를 좋아하여 악사 3백 명을 두었는데, 그 중에 남곽(南郭)이 슬쩍 끼었다. 남곽은 피리 를 전혀 불지 못했지만 악사들 틈에서 흉내만 내며 국록만 축냈다. 선왕이 죽고 아들이 즉위하여 한 사람씩 연주를 시켰다. 남곽은 허명(虛名)만 지닌 채 자리를 차지하고 있는 것이 탄로 날까 두려워 도망쳤다. 『한비자(韓非子)』「내저설(內儲說)」에 보인다.

허명(虛名, 헛된 명성)! 그렇다. 가히 허명의 시대이다. 남곽과 같은 허명을 지닌 자들이 설치는 세상이다. 나부터 반성해 본다. 교수 집단이 선택한 저 고상한 사자성어가 정녕 저들의 잘못을 따끔하게 꾸짖는 것일까? 개개인으로서는 정권과 권력에 자발적인 복종의 맹세를 하거나 비굴하게 자기검열을 하느라 할 말을 못하고 쓸 글 못 쓰는 이들이 더 많지 않은가. 이러니 옳고 그름이 뒤섞여 참과 거짓을 가릴 수 없는 사이비(似而非)들의 세상이 되어 버렸다. 물론 이 사이비 세상을 만드는데 나 역시 일조하고 있다는 자괴감이 들어 가슴이 서늘해진다.

이 시대 대한민국을 이끈다는 이들, 자칭 지식인이라는 이들 중에 저 허명에서 자유로운 사람이 몇이나 되겠나. 이름만 장관이고, 국회의원이고, 대통령이고, 교수이고, 지식인이고, 언론인이고, 성직자고, … 깜냥도 안 되는 이들이 모두 허명만 믿고 설치는 세상이다. 돌멩이에 불과한 연석(燕石)을 옥구슬처럼 여기고 쥐를 말린 포인 서석(鼠腊)을 옥덩이라며 중히 떠받드는 꼴이다. 이러니 현 법무부장관을 여당 비대위원장으로 모시자며 '이순신과 12척의 배 운운'하는 따위 코미디급 보도들이 오늘도 너저분하게 떠돈다.

그래, 어느 고등학생의 말이 교수들이 뽑았다는 저 고상한 사자성어보다 2023년 대한민국을 일목요연하게 정리해주는 듯해 인용해 본다. 그 고등학생이 꼽았다는 윤석열 대통령의 업적 네 가지는 이렇다.

우선 자타가 공인하는 우리나라 최고의 서울대 법대 수준이 저 모양이란 걸 몸소 보여주어 서열화된 학벌 인식을 약화시켰다.

둘째로 공익의 대표자라는 검사들의 민낯을 보았다. 국민의 기본권을 보장하고 공공의 복리를 도모하기는커녕 얄팍한 법 지식을 활용해 사회적 약자와 정적을 괴롭히는 자들이다.

셋째로 공산주의를 제대로 공부하였다. 아이들에게 공산주의는 교과서에서나 주마간산 격으로 만날 수 있는 낯선 이념인데 애꿎게도 홍범도 장군이 엮이며 학습 의욕을 불러일으켰다.

마지막으로 무엇보다 민주주의가 일순간 무너질 수도 있는 허약한 제도라는 사실을 일깨워준 게 윤석열 대통령의 최대 업적이란다.

　우리 속담에 "다리 아래서 원을 꾸짖는다"는 말이 있다. 직접 만나서 당당하게 말하지는 못하고 안 들리는 데 숨어서 뒷공론이나 한다는 뜻이다. 그 사람을 경멸하고 꾸짖고는 싶으나 대놓고 이야기하면 피해를 입을까 두려워, 듣지 않는 다리 밑에서 들떼놓고 빈정거리는 짓이다. 우리네(특히 지식인) 얄망궂은 한 품성을 적절히 담아낸 속담이다. 듣지 않는 데서 백날을 떠들어야 의미 없는 말놀음에 지나지 않는다. 바른 소리에 관한한 혀짤배기 반송장이요, 먼 장질만 해대는 나라에는 미래가 없다. 허명의 시대, 다리 아래서 원님만 꾸짖어서야 되겠는가?

033 방관자들의 시대를 꿈꾸며, "냄새가 선을 넘는다"

站

"방관자에게는 자신의 역사가 없다. 방관자는 무대 위에 있기는 하지만 연기자는 아니다. 방관자는 관중도 아니다. 연극과 그것을 상연하는 연기자의 운명은 관중에 의해서 좌우된다. 그러나 방관자의 반응은 자기 이외의 누구에게도 효력을 미치지 못한다. 그렇기는 하나 방관자는 무대 한쪽에 서서 연기자나 관중이 알아보지 못하고 지나치는 것을 본다. 게다가 그는 연기자나 관중과는 다른 견해를 가지고 본다. 그리고 그는 성찰한다. 성찰은 거울이 아니라 프리즘이다. 프리즘은 본 것을 굴절하여 비춘다." 미국의 사회생태학자 P. F. 드러커(1909~2005)의 『방관자의 시대』 서문 격인 '방관자의 탄생' 첫머리이다.

피터 드러커는 이미 8살 때 자신이 방관자가 될 수밖에 없었다며 한 아저씨와 대화를 써 놓았다. 그 아저씨는 남과 다른 견해를 말하는 피터를 한 구석으로 데리고 가 이런 점잖은 경고(?)를 한다.

"피터야! 네 의견이 정당할지도 모른다. 그러나 네가 친구들의 따돌림을 받게 될 것은 틀림없는 사실이야. 조금은 약게 굴거나 신경 쓸 필요가 있지 않겠니? 자기 눈으로 보고 자기 머리로 생각하는 것은 아주 좋은 일이지. 하지만, 느닷없이 뚱딴지같은 의견을 내세워 남을 놀라게 하는 것은 기특한 일이 못된다고 아저씨는 생각한단다."

우리는 유명인이건 무명인이건 간에 그 시대를 함께 살아간다. 그 자체로 그 시대의 무대에 서있지만 방관자에게 자신의 역사는 없다. 다만 남과 다른 견해를 갖고 '프리즘을 통해 굴절하고 성찰'할 줄 안다. 방관자는 자기 눈으로 보고 자기 머리로 생각한다. 세상일에 약게 굴거나 신경 쓰지 않는 사람들이 방관자의 말을 '뚱딴지같은 의견'으로 보고 따돌림할지라도.

방관자의 시선은 마치 박수근(1914~1965) 화백의 〈나목(裸木)〉을 보는 듯하다. 그림 속 나무는 잎이 지고 메마르고 비쩍 마른 가지만 남았다. 녹음이 우거진 산은 나뭇잎으로 덮여 있다. 잎이 지고 나목이 되면 성근 가지 사이로 비로소 산이 보인다. 이때 나무 자체만의 민낯이 을씨년스럽게 드러난다. 그것은 한 해를 살아낸 허허로움과 진실이다. 한 해가 저물 무렵이 더욱 쓸쓸한 것은 나목이 저러해서 그런가보다. 혹 어느 방관자는 저 나목을 보며 이렇게 올 한 해를 갈무리할지도 모르겠다.

"천도 시야! 비야!(天道 是耶非耶, 하늘의 도리는 옳은가! 그른가!)" 사마천이 성기를 잘리고 악취(惡臭) 풍기는 세상을 썼다는 『사기』의 저 말을 상기하며…. "국회에서 이 새끼들이 승인 안 해주면 바이든은 쪽팔려서 어떡하냐"를 용케 넘기며 시작된 2023년, 언론을 통해 본 나목의 성근 가지들이다. "이상민 또 거짓말, 희생자·유족 명단 은폐 의혹. 한동훈, 마약과 전쟁 선포. 천공, 대통령 관저도 정했나. 삼일절 기념사 국내에선 성토, 일본·미국은 반색. 김건희 주가 조작, 패스트트랙 오른 쌍특검법. 검찰 전성시대. 한반도 핵전쟁 위기. 특권 카르텔. 새마을 운동. OECD, 한국 성장률 전망 1.5%로 또 하향. …."

하반기로 넘어간다. "윤 대통령, 이념이 가장 중요. 새만금 잼버리 파행. 서울—양평 고속도로 백지화. 해병대 채상병 사망 사건, 일본 오염수 방류, 한국만 지지. 공산당 홍범도, 육사 퇴출. 이동관 언론 장악. 이재명 구속영장 기각. 대통령비서실 행정관 자녀 학폭에 이은 지드래곤·이선균 마약. 대통령 해외순방 기네스북. 여당, 강서구 보궐선거 참패. 검사 2명 탄핵. 119 : 29, 부산엑스포 참패. 땡윤 뉴스. 김건희 디올 명품백. … 쌍특검 통과 즉시 거부권 행사 선언. 군 정신교육 교재 독도 삭제, 영토분쟁 진행 중으로 기술."

그 중 "2023.12.27 [속보] 이선균, 차량서 숨진 채 발견, 마약 수사가 남긴 비극" 〈기생충〉에서 그의 대사가 떠오른다. "냄새가 선을 넘지…"

하지만 나목은 말라 죽은 고목(枯木)이 아니기에 동토(凍土)에서 봄을 기약하듯, 방관자들의 시대를 꿈꿔본다.

034 예(禮)·의(義)·염(廉)·치(恥)가 없으면 나라가 망한다

站

작년 이 '휴헌 간호윤의 참'란 마지막 글에 "내년은 올 해보다 더 나을 것이라고, 저 벗은 나목(裸木)이 영어의 땅에서 봄을 기약하듯이…" 하는 바람을 썼다. 그렇게 2024년 갑진년 '푸른 용의 해'를 맞았다. 1월 첫 주, 개인적으로는 누구나 한 해를 경영할 계획을 세우고 국가적으로는 나라 운명을 좌우하는 22대 국회의원 선거 첫 출발점이다.

그런 새해 벽두부터 나라가 소란스럽다. 이재명 더불어민주당 대표가 대낮에 흉기 피습을 당하였다. (살해 의도가 명확하게 드러났기에 이제 암살暗殺, 주로 정치적 견해에 의해 상대를 죽이려는 일로 바꾼다.) 생명에 지장이 없어 다행이지만, 문제는 한 나라 공당의 대표가 정치 테러를 당했는데 그 반응이 너무 다르다는 데 있다. 외신이 속보로 타전하고 'CNN'은 '한국 정치 양극화가 부른 참극'이라는 분석기사까지 내보낸다. 그런데 국내에서는 '행재낙화(幸災樂禍, 남의 재앙을 다행으로 여기고 즐거워함)'라도 보는 듯하다. 종이칼과 나무젓가락에서부터 재판 지연하기 위해서, 심지어 자작극이라는 가짜뉴스까지 나돈다. 현장범이고 변명문 8쪽이 있어도 경찰은 사흘이 지나도록 범행 동기조차 밝히지 않는다.

어처구니없는 게 또 있다. 지난 연말 국방부가 개편·발간한 장병

정신전력교육 기본교재에 "댜오위다오(일본명 센카쿠열도), 쿠릴열도, 독도 문제 등 영토 분쟁도 진행 중에 있어 언제든지 군사적 충돌이 발생할 수 있다"고 기술해 국민들의 분노를 샀다. 병사들에게 제 나라 영토를 '영토 분쟁 지역'이라고 교육하는 국방부가 세상에 어디 있나? 이 말만으로도 놀랄만 한데 국방장관이란 자가 과거 국회의원 시절에 "한일 간에 과거사, 독도 영유권 분쟁이 있는 건 사실이다"라 주장했다는 보도가 뜬다. 국가 안위를 책임지는 자의 말이기에 모골이 송연하다.

이뿐만 아니다. 청년들이 자해 등 극단적 선택을 하고 우울증이 가파르게 증가한다는 뉴스도 있다. 2022년 자해·자살 시도로 인한 응급실 이용이 무려 4만 3,000여 건이다. 이 중 20대가 1만 2,400여 건으로 가장 많고 10대가 7,500여 건, 30대가 6,000여 건이다. 10대와 20대가 46%로 거의 절반이다. 이를 '선진국병'이라 하지만 대한민국이 과연 선진국인지 의문이 든다. 빈부 격차는 나날이 벌어지고 삶은 피폐하며 신분 상승 사다리는 없다. 이런 절벽 같은 사회현상으로 인한 상대적 박탈감과 미래에 대한 좌절감이 청소년들에게서 희망을 앗아갔다.

나라를 이렇게 만든 가장 주범은 극한의 증오와 혐오를 부추기는 대립 정치다. 이 정부 들어 당정 간은 물론 여야 간 협치는 아예 없다. 검찰 주도의 폭력적인 행태는 비판적인 언론과 국민들에게 말 한마디도 자기 검열을 하게 만든다. 대통령 신년사는 '부패한 패거리 카르텔과 싸우라'는 철지난 이념을 내세워 좌우를 가른다. 이러니 300만 인천시민을 대표한다는 시의회 의장이란 자는 충성심에서인지 '5·18을 북한이 주도한 내란'이라 하고 가스라이팅이라도 당한 듯한 지지자들은 제 세상인 양 패거리 짓고 의견이 다르다는 이유로 공공장소든, 술집이든, 가리지 않고 "빨갱이!"라며 삿대질과 욕지거리를 해댄다. 마치 야만의 시대를 사는 거 같다.

"떳떳하면 사정기관 통해서 권력자도 조사받고 … 특검을 왜 거부합니까? 죄 지었으니 거부하는 겁니다." 이런 말로 대통령이 되었건만 '쌍특검(김건희·대장동)'에 거부권을 행사한다. 특히 김건희 특검은 국민 60%가 넘게 찬성하고 더욱이 가족이기에 이해충돌방지법에도 저촉되는 것을 번연히 알면서도 말이다. "무식한 삼류바보 데려다가" 운운이 아직도 귓가에 쟁쟁하다.

『관자(管子)』「목민편(牧民編)」에서 관중은 사유(四維) 중 "하나가 끊어지면 나라가 기울고 두 개가 끊어지면 나라가 위태로우며, 세 개가 끊어지면 나라가 뒤집어지고 네 개가 끊어지면 나라가 망한다" 했다. 사유란 국가를 유지하는 데 필요한 네 가지 벼릿줄로 예(禮, 예의)·의(義, 법도)·염(廉, 염치)·치(恥, 부끄러움)이다. 지금 이 대한민국에 저 사유가 몇 개나 남아 있을까?

035 이재명 대표의 서사(敍事)를 지켜 볼 이유

站

집단 린치(lynch, 정당한 법적 수속에 의하지 않고 잔인한 폭력을 가하는 일)가 따로 없다. 2년 동안 레거시 언론, 검찰, 여·야 가릴 것 없이 한 줌 권력이라도 쥔 자들은 힘을 모아 이재명 대표 악마화하는 데 치성을 드렸다. 0.7% 승자가 패자에게 가하는 잔인함의 극치는 국민의 한 사람으로서 보는 것만으로도 지치고, 괴롭고, 안쓰럽다.

"〈부산 강서, 이재명 대표 부산 방문 중 피습사건 발생〉(2보)/의식 있음. 10.27경 가덕도를 방문 후 차량으로 이동 중인 이재명 대표의 목 부위를 과도로 찌른 불상자(6~70대 노인)를—현장에서 검거 현장에서 지혈 중(의식 있으며, 출혈량 적은 상태)—소방, 목 부위 1cm 열상으로 경상 추정" 대한민국 총리실 산하 대테러 종합 상황실에서 배포한 문건인데 맞는 게 하나도 없다.

'도보로 이동 중'이었고 '흉기로 찌른'이고 '(60~70대 가량)'이며 '출혈량 많은 상태'요, '1cm 자상으로 중상'이다. 또 '출혈량 적은 상태, 목 부위 1cm 열상으로 경상 추정'은 적색으로 표시했다. 적색이 중요 부분이라면 '이재명 대표 부산 방문 중 피습사건 발생'이어야 한다. 이러니 '이재명 가짜 뉴스' 발원지는 '총리실 산하 대테러 종합 상황실'인 셈이다.

레거시(Legacy, 낡은·보수) 언론들은 현행범으로 체포된 김씨를 피습범, 습격범으로 칭한다. '피습(被襲)'은 '습격을 당하다'는 뜻이다. 김씨가 피습범이면 '김씨가 습격을 당했다'는 말인가? '피습범'이란 말 자체가 성립되지 않고 국어사전에도 없다. 습격범 역시 살해하여 검으로 목을 찌른 김씨를 지칭하기에는 지나치게 약하다. 일반적인 칼은 도(刀)로 외날에 곡선이며, 검(劍)은 양날에 직선인 살상무기다. 김씨가 사용한 것은 등산용 칼을 개조한 검류이다. '습격(襲擊)'은 갑자기 상대편을 덮쳐 친다는 의미의 전술 용어이니 '개발에 편자격'이다.

김씨는 테러범(terrorist, 정치적인 목적을 위하여 계획적으로 폭력을 쓴 사람), 암살(暗殺, 주로 정치적 견해에 의해 상대를 죽이려 듦) 미수범, 살인 미수범이 맞다. 김씨의 정치적 살해 의도("지금 윤석열의 긴급명령이 긴요한 절대절명의 순간", 매일경제, 2022.12.01 게시글 등)가 명확하기 때문이다. 그러니 피습범, 습격범은 언어를 통해 의미 부여를 약화하려는 얄팍한 꼼수이다. 이 정권에 밉보이지 않으려는 의뭉스런 속내이기에 고소를 금치 못한다.

10일, 경찰은 예상대로 '이재명 대표 피습 사건'이라 규정하고 수사결과를 발표하였다. 그러나 사건 경위도, 신상 공개도, 변명문도, 정당 소속도 어느 하나 밝힌 게 없는 '중 빗질하는 수사결과'였다. 신상 공개위에서 '신상 공개를 비공개로 한 이유도 비공개'라는 데는 어이를 상실한다. 'NYT'는 지난 3일 이미 '양극화된 한국에서 야당 대표에 대한 칼부림 공격이 충격을 주다'라는 제하의 기사에서 김씨의 나이(66세), 이름(김진성), 정보 일체를 공개했다.

필자는 이 '란'의 '윤석열의 서사와 이재명의 서사'(2023.10.10 참조)를 통해 두 사람의 '문학적인 서사(敍事, 이야기)가 어떻게 전개될지 궁금하다' 했다. "있는 사람들한테 세금 뜯으면 서민만 죽어!"

10일 '국민과 함께하는 민생토론회'에서 윤석열 대통령이 한 말이다. 세금은 국민의 신성한 '납세의 의무'이다. 세금을 냈는데 왜 서민이 죽나? 또 '뜯다'는 "불량배들이 업주들에게서 돈을 뜯었다"처럼 사용하는 비속어다. 문장 자체부터 모순이다. 한 나라 대통령 언어의 품격이 막걸리 서너 사발은 족히 퍼먹고 불쾌한 얼굴로 내뱉는 시정잡배 수준이다.

"심려를 끼쳐드려 죄송합니다. … 국민이 살려 준 목숨 국민만을 위해 살겠습니다." 1mm 차이로 목숨을 건진 이재명 대표의 비장하면서도 담담한 일성이다. '이재명의 서사가 진화하는구나. 어쩌면 우리는 김대중 대통령 이후 또 한 사람의 세계적인 지도자를 얻을지도 모른다'는 애잔하면서도 야릇한 흥분이 돈다. 이재명 서사를 지켜 볼 이유가 여기에 있다.

036 민주당 공천과 당나귀 팔러 가기

站

뜨거운 햇볕이 내리쬐는 여름날, 아버지와 아들이 당나귀를 팔러 간다. 부자(父子)는 땀을 뻘뻘 흘렸다. 그 모습을 본 농부가 비웃었다. "쯧쯧, 당나귀를 타고 가면 될 걸 저렇게 미련해서야." 농부의 말을 듣고 보니 정말 그랬다. … 아버지는 당장 아들을 당나귀에 태웠다.

그렇게 가는데 한 노인이 호통을 쳤다. "요즘 젊은 것들이란! 아버지는 걷게 하고." 아들이 얼른 내리고 아버지가 당나귀 등에 올랐다. … 여인들 말이 그럴 듯해 아버지는 아들도 당나귀에 태웠다. 아버지와 아들을 태운 당나귀는 힘에 부친 듯 비틀비틀했다. 그 모습을 본 젊은이들이 말했다. "불쌍한 당나귀 같으니. 이 더운 날 둘이나 태웠네." 말을 듣고 보니 또 그런 것 같았다.

이에 아버지와 아들은 당나귀 다리를 묶어서 기다란 막대기에 끼워 함께 짊어지고 갔다. 장터 입구 외나무다리에 이르렀을 때, 사람들이 이를 보고 웃고 떠들자 놀란 당나귀가 마구 발버둥을 쳤다. 묶고 있던 끈이 끊어지고 당나귀는 그대로 강물에 떨어져 떠내려갔다.

지금도 『초등국어4-2』 '3.생각하며 읽어요' 단원에 실려 있는 이야기다. (참고로 이 '당나귀 팔러 가기'는 프랑스 작가 라 퐁텐La Fontaine,

1621~1695의 『라 퐁텐 우화집』에 보이는 이야기다. 전 세계적으로 다양한 버전으로 퍼져 있다. 이솝 우화도 우리 전래 동화도 아니다. 참고로 우화寓話는 일본말이니, '우언寓言'인 우리말로 순화했으면 좋겠다.)

2024.04.10. 제22대 국회의원선거가 3개월 앞으로 다가왔다. 각 당은 사활을 걸고 총선에 임하고 있다. 여당인 국민의힘은 아예 '예비후보 검증'이 없다. 언론의 무조건 호응도 있지만 혹 무지한 언론(?)이 출마자를 지적이라도 할라치면 당당하다 못해 귀마개에 눈가리개까지 하고 자식처럼 감싼다. 그러니 출마할 사람은 누구든 출마한다. 이미 후보자 플래카드도 전국 곳곳에 걸렸다. 이로 보아 국민의힘을 좀 과찬하자면 줏대 있는, 정체성 있는 여당이 된다.

야당의 공천은 이와 사뭇 다르다. 꼭 저 '우언 꼴'이다. 위 이야기가 똥겨주는 것은 단순한 팔랑귀니 부화뇌동(附和雷同) 운운이 아니다. 주체성 상실이다. 뚜렷한 주견 없이는 남에게 끌려갈 뿐이다. 여당을 상대하는 야당은 독기가 있어야 한다. 막강한 권력을 쥔 여당을 상대해야 해서다. 민주당은 '선거후보자검증위원회'를 만든다, '예비후보 공천심사'를 한다, 본 심사 전부터 부산을 떤다. 검증 기준을 높이려는 소치지만 칭찬하는 언론 하나 없다.

그런데 결론이 우스꽝스럽다. '좀 민주당스럽다' 하는 후보들이 가을바람에 낙엽 떨어지듯 줄 사퇴를 한다. 언론에 이름 몇 번 오르내리면 여지없다. 마치 야당 공천권을 한국의 레거시(Legacy, 낡은·보수) 언론과 이를 받아쓰는 사이비 언론들이 쥔 듯하다. 오죽하면 우리 언론의 뉴미디어로 자처하는 더 탐사에서 "보수언론에 끌려다니는 민주당 밀실 공천심사/혁신세력은 문턱도 못 넘고 학살"이라 표제를 달까. 새로 영입한 인사들도 교수, 전문가 등 아쉬울 게 없는 기득권층이다. 사실 공천심사를 하는 이들조차도 그 나물에 그 밤이다. 어느 국힘 의원의 '민주당 의원 70%가 우리 당으로 와도 되지 뭐'라는 조롱, 새겨볼 일이다.

경험해 보지 않았는가. 180석을 밀어줘도 혁신은커녕 개혁의지도 없다. 정치의 질은 결코 '정치인의 질'을 능가하지 못한다. 『시경』 「소아」 '소민'에 "마치 집을 짓는데 행인에게 묻는 것과 같다. 이 때문에 결국 집을 짓지 못한다(如彼築室于道謀 是用不潰于成)"라는 구절이 있다. 작사도방(作舍道傍, 집을 지으려면 길가는 사람에게 묻지 마라)'이 여기서 나왔다.

"이 세상 사람 모두 만족시키려는 것은 미친 짓이야. 앞으로는 비난을 받든, 칭찬을 듣든, 누가 뭐라 하든, 나는 내 생각대로 하겠어." '당나귀 팔러 가기' 우언에서 후회하는 아버지 말이란다. 국운을 가르는 국회의원 선거이기에 『초등국어4-2』 '3.' 단원을 모든 이들이 읽고 생각하였으면 하는 바람이다.

037 언론, 우상에 도전하는 이성의 기록이어야

站

22일 23시쯤, 충남 서천 특화시장에서 큰 불이 나 점포 227개가 완전히 불탔다. 폭설에 온도까지 급강하고 더욱이 설 명절을 앞둔 시기이기에 상가 사람들과 지역민들의 걱정이 대단하다. 대통령도 국민의힘 비상대책위원장도 달려간 것을 보면 그 사태의 심각성을 미루어 짐작케 한다.

그런데 언론 보도는 이에 맞춰져 있지 않다. 〈화재 현장 달려간 尹·韓, 직접 대화로 갈등 '조기 진화' 공감대〉(연합뉴스), 〈尹대통령·한동훈 만났다…서천시장 화재 현장 함께 점검〉(중앙일보), 〈尹·한동훈, 서천시장 화재 현장 함께 점검…갈등 봉합 되나〉(TV조선), 〈윤 대통령, 한동훈과 나란히 서천 화재 현장 방문〉(JTBC) 따위가 표제어다.

기사는 사실과 진실을 구분해야 한다. 서천시장을 대통령과 여당 비상대책위원장이 찾은 것은 있는 사실이다. 그러나 진실은 큰 화재가 났고 이를 어떻게 수습할 것이며 국가 당국자들이 재해민을 만나지 않았다는 데 있다. 화재 현장에서 '尹·韓 대화 운운'이 웬 말인가. 마치 불구경만 하러 간 꼴이다. 기자라면 마땅히 사실에서 이러한 진실을 찾아 써야 한다. 있는 사실만 전달하면 그저 그런 3류 기자요, 있는 사실도 못 쓰면 기자가 아니요, 있는 사실을 왜곡하면 사이비(似而非, 비슷하지만 속은 완전히 다름) 기자이니 기자를 참칭(僭稱)한 셈이다.

지난 12일, '문화예술인 연대회의'(가칭)의 '고(故) 이선균 배우의 죽음을 마주하는 문화예술인들의 요구' 성명서 발표 기자회견이 있었다. 이 자리에서 가수 겸 작곡가 윤종신 씨는 언론에 일침을 가하였다. 그는 특히 KBS와 조·중·동을 '황색 언론', '사이버 렉카'라 칭했다. 황색 언론(黃色言論)은 옐로 저널리즘(yellow journalism, 원시적 본능을 자극하고 흥미 본위의 보도를 함으로써 선정주의적 경향을 띠는 언론)이다.

사이버 렉카는 사이버(cyber)와 렉카(wrecker)를 합친 말이다. 사이버는 언론 공간이요, 렉카는 고장 난 자동차를 수리 공장으로 끌고 가는 견인차다. 교통사고가 나면 주변에 있던 렉카들이 굉음을 내며 달리는 것을 본다. '황색 언론'이든, '사이버 렉카'든, 언론 윤리를 저버린 채 지나치게 자극적, 편향적, 선정적인 기사 작성하는 언론을 일컫는 모욕적인 용어다. 방송이 생업인 저 이조차 오죽하면 저러한 독기어린 발언을 할까. 그러니 펜대에 목숨 하나쯤은 걸어야 하는 도도한 기자들을 기레기로 조롱하는 것이 아닌가. 기레기는 이런 '정크(junk, 쓸모없는 물건, 폐물, 쓰레기) 기사'를 쓰는 '기자'와 '쓰레기'를 합성한 비아냥이다.

『불교사전』에 '십악(十惡)'이 있다. 몸과 말과 뜻으로 짓는 열 가지 죄악인데, 그 중 넷이 말과 관계된다. 망어(妄語, 거짓말이나 헛된 말), 악구(惡口, 남을 괴롭히는 나쁜 말), 양설(兩舌, 이간질하는 말), 그리고 기어(綺語, 교묘하게 꾸며 진실이 없는 말)이다. 우리가 평상시에 말하는 것도 이렇게 삼가고 삼간다. 기레기 언론의 민낯을 매일 접한다는 것은 시민으로서 괴로운 일이다. 더욱이 전 국민의 시청료로

움직이는 공영방송인 KBS가 '극우의 가치 좇고' '尹대통령 하청방송'에 '땡윤 뉴스'까지 무한 진화하고 "김건희 명품백이 대통령기록물"이라는 혹세무민 발언까지 버젓이 보도하는 것을 볼라치면 자음과 모음마저 남세스럽다 혀를 찬다.

이러니 국경 없는 기자회에서 발표한 '2023년 세계 언론 자유 지수'는 2022년 보다 4단계 추락한 47위이다. 아마 올 해는 더욱 떨어질 게 명약관화하다. 우리 언론인의 사표인 리영희(李泳禧, 1929~2010) 선생은 『우상과 이성』에서 이렇게 말했다.

"글을 쓰는 유일한 목적은 진실을 추구하는 오직 그것에서 시작되고 그것에서 그친다. … 그것은 우상에 도전하는 이성의 행위이다. 그것은 언제나, 어디서나 고통을 무릅써야 한다. … 그 괴로움 없이 인간의 해방과 발전, 사회의 진보는 있을 수 없기 때문이다."

038 진령군(眞靈君)을 통해 보는 김건희(金建希) 여사(女史)

站

고종 31년 갑오(1894) 7월 5일(기묘) '간신 민영준과 진령군을 효수하여 백성의 원통함을 풀어 줄 것을 청하는 전 형조참의 지석영의 상소'가 조정에 올라왔다. 송촌(松村) 지석영(池錫永, 1855~1935)은 우리가 잘 아는 종두법(種痘法: 천연두 예방법)을 보급한 의사이며 국어학자이다. 그가 상소를 올린 것은 민영준과 진령군 때문이었다. 잠시 130년 전, 저 시절로 가본다. 저 시절 역사를 뒤돌아보는 까닭은 지금 배울 게 있어서다.

"삼가 아룁니다. … 지금 백성의 병이 골수까지 깊이 들어서 제거할 힘이 없으니, 한번 해원설분탕(解寃雪忿湯, 원통함과 분함을 푸는 약)의 강한 약을 조제하여 쓰지 않는다면 비록 관중(管仲)과 제갈량(諸葛亮) 같은 술책이 있을지라도 반드시 화타(華佗)와 편작(扁鵲) 같은 명의의 치료 효과는 없습니다. 이것이 이른바 약이 매우 독하지 않고서는 그 병이 낫지 않는다는 것입니다."

선생은 백성들의 병이 깊으니 '강하고 독한 약'을 쓰라 한다. 글은 이렇게 이어진다. "우리의 형편으로 볼 때 진실로 위급 존망의 시기입니다. 이런 때에 믿을 것이라곤 오직 민심이니, 민심이 호응하면 어떤 일이든지 시도해 볼만 합니다. 민심을 돌리고자 한다면 우선 그들의 바람을 따라야 하니, 그 바람은 무엇이겠습니까. 우선 그들의 원통함을 풀어 주어야 하니, 그들의 원통함은 무엇이겠습니까. 잔학한 자에게 원통함이 사무치는 것이니, 잔학한 자 가운데 누가 최고이겠습니까.”

저 시절에도 민심이 가장 중요하다고 한다. 백성들이 원통한 이유는 두 사람의 전횡 때문이란다. 선생은 정권을 전횡하고 임금의 총명을 가리며, 백성들을 착취하고 오직 자신을 살찌우는 간신 민영준(閔泳駿)을 지목했다. 이 민영준이 후일 민영휘(閔泳徽, 1852~1935)로 개명한 이다. 그는 민 왕후의 외척으로 일제강점기에 병조판서, 이조판서, 한일은행 은행장 등을 역임하였으며 일본으로부터 자작 작위를 받은 정치인이요, 친일반민족행위자다.

또 한 사람은 진령군이다. 선생은 ‘신령스러움을 빙자하여 임금을 현혹시키고 기도를 핑계로 국가의 재산을 축냈으며, 중요한 자리를 차지하여 농간을 부리고 지방수령들과 왕래하며, 화와 복으로 백성을 무함(誣陷, 없는 사실을 그럴 듯하게 꾸며서 남을 어려운 지경에 빠지게 함)하고 총애로 세상에 방자하다’며 요녀(妖女) 진령군(眞靈君)을 꼽았다. 선생은 “거세인민지욕식기육자(擧世人民之欲食其肉者, 온 세상 사람들이 그의 살점을 먹고 싶어 하는 자)”라고까지 극언을 하였다.

민 왕후와 진령군이 만난 것은 고종 19년(1882) 임오군란 때였다. 왕후 민씨(閔氏)는 충주로 피신하였고 이곳에서 자칭 관우(關羽)의 신녀(神女)라는 이씨 노파를 만난다. 이 노파가 궁으로 돌아가는 날을 맞추자 이때부터 민 왕후는 모든 것을 이 노파에게 의지했다. 늘 자신의 곁에 두고 북관왕묘(北關王廟, 서울시 성북구 동소문동에 있었던 북묘)를 지어 거처하게 하고는 ‘진령군(眞靈君, 참으로 신령한 분)’이라는 최상급의 호까지 내려주었다. 이러니 진령군이 민 왕후를 믿고 굿을 한다며 국고를 탕진해도 거스르는 자가 없고 사대부

들 중 '어머니'니 '누님'이니 부르는 자들까지 생겼다. 진령군은 권력을 이용하여 벼슬자리를 파는 일까지 서슴없이 했고 북관묘는 매관매직의 소굴이 되었다. 나라 정사는 무너지고 국가 재정이 탕진되었으나 대신들도 권력에 눌려 누구하나 이를 꾸짖지 못했다.

고종 30년(1893)에 이를 보다 못한 강개한 선비 수파(守坡) 안효제(安孝濟, 1850~1912)가 「청참북묘요녀소(請斬北廟妖女疏, 북묘의 요녀 참수하기를 청하는 상소)」를 올렸다. 그때서야 조정과 재야의 인사들도 안효제의 상소에 호응하였다. 그러나 고종은 나라에 해독을 끼친 원흉이요, 백성에게 패악을 행하는 진령군의 죄를 묻지 않고 보호하였다. 오히려 진령군의 가자(假子, 양자로 들인 가짜 아들) 등의 사주로, 상소문을 받아 올린 승지 박시순은 유배되고 수파는 추자도로 귀양을 보냈다. 이때 수파가 상소 마지막에 쓴 "모두 두려워 감히 입을 열어 목을 베라고 청하지 못하니, 어찌 조정이 한심하다 하지 않겠습니까?"라는 말을 새겨보아야 한다.

그 일 년 뒤, 지석영 선생이 올린 상소에도 고종은 "상소를 보고 잘 알았다. 참작할 점이 있다" 할 뿐이었다. 선생의 상소는 갑오개혁(甲午改革, 흥선대원군이 김홍집 등과 민 왕후를 축출하고 개혁을 꾀한 사건)과 맞춰져 있었지만 민영준은 살아남아 부귀영화를 누리고 천수까지 다했다. 요녀 진령군의 죽음도 기록에 보이지 않는다. 조선이 쇠망의 길로 들어선 것은 분명하였다. 이로부터 얼마 뒤인 1910년 조선은 일본에게 국권을 강탈당하였고 백성들은 망국민으로서 처참한 삶을 살아야만 했다.

요즈음 영국 로이터통신·가디언·BBC·파이낸셜타임스, 일본 산케이·주간 후지, 아르헨티나 인포바에, 칠레 라테르세라 등 세계 언론은 한국의 '김건희 여사 가방 수수' 상황을 전하기에 바쁘다.

세계 최대 영문 일간지인 '타임스오브인디아'는 '마리 앙투아네트에 비유된 한국의 영부인'을, '월스트리트저널(WSJ)'은 '2200달러 디올 핸드백이 한국 여당을 뒤흔들다(A $2,200 Dior Handbag Shakes South Korea's Ruling Party)' 기사를 내고 "한국인 대다수는 이 의혹을 조사해야 한다고 생각하는 것으로 나타났다"고 하는 보도를 내보냈다. 이렇게 세계적인 뉴스거리가 되었지만 대통령은 '김건희 여사 도이치모터스 주가조작 의혹 특검법'에 거부권을 행사했다. 대다수 언론은 보도를 금기시하며 정권의 눈치만 보고 있다. 130년 전, 진령군에서 김건희 여사를 새겨보아야 하는 까닭이 여기에 있다.

2024년 2월 대한민국, 민심은 흉흉하고 백성들의 삶은 고통스러운데도 '해원설분탕'을 조제하지 않는다. 국가가 국가의 책무를 방기할 때, 백성들의 일상은 피폐해지고 '복지국가(福祉國家, 좋은 건강, 윤택한 생활, 안락한 환경들이 어우러져 누구나 행복을 누리는 나라)'도 멀어진다.

질문해 보자. 국민 대다수의 삶을 보자면 이 시절이, 조선 말 저 시절보다 낫다고 할 만한가? '0.7명, 저출산 전 세계 1위', 'OECD 국가 중 청소년·노인 자살률 1위', 대한민국 복지의 현주소이다. 국가는 가급인족(家給人足, 집집마다 삶이 풍요로움)의 복지사회를 위해 해원설분탕을 조제하고 국민들이 시원하게 그 탕을 한 사발씩 쭉 들이킬 날을 기대해 본다.

039 후흑학(厚黑學)의 시대, 우리는 어떻게 살아야 하는가?

站

필자는 마라톤을 한다. 10년을 거뜬히 넘어섰다. 42.195km를 달린다는 것은 꽤 고통을 수반하지만, 마라톤을 하는 이유는 기록이 정확히 운동량에 비례해서다. '비례', 살아가며 노력에 비례보다는 '반비례'를 더 많이 보았다. 노력한 만큼 응분의 대가가 주어지는 세상이 아니다. 심지어 배움조차도 그렇다. 그렇게 배우고 배워도 실력도 인격도 늘지 않는다. 이를 유전적 소인으로만 풀어낼 수 없다. 정의, 도덕, 예의, 사회문화 따위가 국가 시스템이라는 환경적 인자들과 소통을 해야만 작동되기 때문이다.

이 땅에서 살아가며 반비례의 법칙을 일상처럼 목도한다는 것은 꽤 고통을 수반한다. 늙었으나 어른이 아니니 늙은이요, 교수지만 지식인이 못 되니 지식장사꾼이요, 언론인이라지만 진실을 모르니 기레기요, 대통령·국회의원·장관이라지만 지도자가 아니니 탐관오리요, 재벌이지만 베풂을 모르니 수전노일 뿐이다. 저들은, 저들만의 패거리를 짓고, 물질만 추구하며, 갖은 욕심을 부리고, 예의를 모르는 마음으로 단단히 무장한 불한당들처럼 설쳐댄다.

현 정부 들어 대통령은 양곡관리법, 간호법, 노란봉투법, 방송3법, 쌍특검법(대장동 50억 클럽·김건희 여사 도이치모터스 주가조작 의혹 특검법)에 이어 9번째로 '이태원 참사 특별법'도 거부권을 행사했다. 대한민국 헌정 사상 가장 단시일 내, 가장 많은 거부권이다. 민주주의 근간인 국회의 입법권을 무너뜨리는 삼권분립의 붕괴이다. 최고위층에서 이러니 국론은 분열되고 민주주의는 후퇴한다. 무뢰(無賴), 무식(無識), 무지(無知), 무도(無道), 무치(無恥)의 '5무(無)시대'라는 말도 일리 있다.

객관적인 지표 또한 이를 증명한다. 국제투명성기구(TI)가 30일, '2023년 국가별 부패인식지수(Corruption Perceptions Index, CPI)' 조사 결과를 발표했다. 평가 대상 180개국 중 국가 청렴도 1위는 덴마크(100점 만점에 90점)였고 핀란드(87점), 뉴질랜드(85점), 노르웨이(84점), 싱가포르(83점) 순이었다.

한국은 63점으로 32위였고 전년보다 순위가 한 단계 떨어졌다. 한국의 순위 하락은 2016년 청탁금지법 시행 이후 7년 만이다. 그 중요 요인은 정치(지금은 특히 권력)·경제·언론이 야합하는 엘리트 카르텔 형 부패가 핵심원인이다. 한국투명성기구는 "부패인식지수가 상승 추세를 멈추고 하락한 것은 사회 전반의 반부패 노력에 차질이 발생하고 있다는 경고등이 켜진 것"이라고 평가했다.

『후흑학』(이종오)이란 책을 보며 이런 세상을 꽤 요령 있게 정리했다는 생각이 들었다. '후흑'은 얼굴이 두텁다는 '면후(面厚)'와 마음이 시커멓다는 '심흑(心黑)'을 합성한 말이다. 번역하자면 '뻔뻔함'과 '음흉함'이다. 중국 역사를 쥐락펴락한 이들이 대부분 '후흑'이란 두 자로 통하더란 말이다.

저자는 그래 '후흑학(厚黑學)의 시대'를 받아들이자고 한다. 불교에서 이 세상을 감인세계(堪忍世界, 참고 견디며 살아가야만 하는 세계)라 부르는 이유를 저기에서도 찾는다.

우리는 수많은 시련 끝에 촛불혁명을 이룬 민주국가이다. 그러나

2024년, 아직도 이 땅에서 반비례의 법칙을 일상처럼 목도한다. 우리는 어떻게 각자도생(各自圖生, 제 각기 살길을 도모함)을 해야 하나? 후흑학의 시대, 당신은 오늘을 어떻게 살아내는가?

*춘추전국시대 이래 역대 문헌 중 3대 기서(奇書)로 많은 중국 사람들은 당 제국 중엽의 조유(趙蕤)가 쓴 『장단경(長短經)』과 명 제국 말기의 이탁오가 쓴 『장서(藏書)』 및 『분서(焚書)』, 청 제국 말기의 이종오(李宗吾)가 쓴 이 『후흑학』을 들고 있다.

040 억지 춘향의 세상에 본 'KBS 단독 인터뷰'

站

요즈음 영국 로이터통신·가디언·BBC·파이낸셜타임스, 일본 산케이·주간 후지, 아르헨티나 인포바에, 칠레 라테르세라 등 세계 언론은 한국의 '김건희 여사 가방 수수' 상황을 전하기에 바쁘다. 세계 최대 영문 일간지인 타임스오브인디아는 '마리 앙투아네트에 비유된 한국의 영부인'을, 월스트리트저널(WSJ)은 '2200달러 디올 핸드백이 한국 여당을 뒤흔들다(A $2,200 Dior Handbag Shakes South Korea's Ruling Party)' 기사에 "한국인 대다수는 이 의혹을 조사해야 한다고 생각하는 것으로 나타났다"는 보도를 내보냈다.

이렇게 세계적인 뉴스거리가 되었다. 여기에 대통령은 '김건희 여사 도이치모터스 주가조작 의혹 특검법'까지 거부권을 행사한 터다. 제 아무리 무뢰(無賴), 무식(無識), 무지(無知), 무도(無道), 무치(無恥)의 '5무(無)'로 무장한 강심장이라도 총선이 코앞이다. 30% 그들만의 지지로 간신히 버티고 있는 정부로서는 레임덕을 걱정해야 한다. 여기에 국내 여론도 '김건희 여사 가방 수수'에 조금씩 용기를 내어 보도하고 곧 설날이다. 그렇게 언론 단속을 했지만 이제 '디올 핸드백 사건'은 이러저러 전 국민이 다 안다. 설 밥상머리가 신경 쓰일 수밖에 없으리라.

하지만 워낙 실수가 많은지라 기자회견은 두려울 터, 고육지책

묘수가 'KBS 단독 인터뷰'였다. 그것도 며칠 전 녹화하여 깎고 다듬어 밤 10시, 시민들이 곤히 잠자리 들 때 방송을 하였다. 그렇다 해도 '김건희 여사 가방 수수' 문제는 기자가 묻지 않을 수 없고 답변을 피할 수도 없다. 국가 중대사이기에 TV를 켰다. 서두를 떼는 목소리와 얼굴에서 늘 보던 폭력적인 기운이 안 보였다. 쳇머리도 흔들지 않았다. '사과'를 하려나 보다 했다.

그러나 기자의 질문부터 궤변이었다. "조그마한 백이죠" 그러더니 '디올 핸드백(Dior Handbag)'을 '파우치'라 한다. 자막에도 "최근 김건희 여사의 파우치 논란"이라고 뜬다. '백'이 조그마하지 큰가? 또 대통령 부인이 받았으니 단순 '논란'이 아닌, 김영란법에 저촉되는 '수수(收受, 무상으로 금품을 받음. 또는 그런 일. 형법에서, 수뢰죄 및 장물죄 따위를 구성하는 요건이 된다.) 사건'이다.

더욱이 '파우치(pouch)'는 자잘한 소품들을 별도로 담을 수 있도록 작게 만든 화장품 백, 안경 백, 소품 백, 비닐 주머니 따위를 말한다. 즉 핸드백 안에 넣고 다니든 게 파우치다. 수백만 원을 호가하는 '디올 핸드백'이 졸지에 몇 천 원하는 '파우치'로 전락하였다. 목에 칼이 들어와도 펜 하나를 믿어야 하는 기자가, 그것도 국민들의 세금으로 운용되는 공영방송 기자의 눈치로 버무려낸 언어순화렷다. 치기어린 '언어순화'라 보기에는 대한민국 국격의 문제요, 밤잠을 잠시 미루고 이를 보고 있을 국민들은 아예 안중에도 없는 방자한 행위이기에, 그 사특(邪慝)함이 더욱 요사(妖邪)스럽다. 잇는 질문도 그렇다. '검증되지 않은 사람이', '대통령 부인에게 접근' 운운한다.

답변은 더욱 가관이다. "매정하게 끊지 못해", "박절하게 대하기 어려워서", 그래 '아쉽지만 국민들이 오해하지 마시라'가 답변의 종결이다. 기자는 이제 한 술 더 뜬다. "여당에서는 정치공작의 희생자" 운운하고 답변 역시 이제는 힘을 받아 '몰래 카메라를 들고와'와 '정치공작'으로 끝을 맺는다. '사과'를 기대했던 백성들은 이번 설차림에 과일전이나 찾아야겠다.

'수석침류(漱石枕流, 돌로 양치질하고 흐르는 물로 베개를 삼는다)'라는 말이 있다. 어찌 돌로 양치질하고 흐르는 물로 베개를 삼겠는가. 저런 이치 닿지 않는 말을 주고받으며 힘없는 백성들은 이를 잘 새겨듣고 오해하지 마라 단도리를 한다. 뜬금없지만, 변사또의 엉터리 수청 이유를 들은 춘향이 원치 않지만 어쩔 수 없다는 '억지 춘향의 세상'이 바로 여기인 듯하다.

041 〈벌거숭이 임금님〉과 KBS 대담

站

"어느 나라에 무능하고 새 옷만 좋아하는 사치스러운 임금이 있었다. 어느 날 세상에서 가장 아름다운 옷감으로 세계 제일의 옷을 만들 줄 안다는 두 재단사가 나타났다. 황제는 기뻐하며 그들에게 거액의 돈을 주며 그 옷감으로 옷을 만들어 오라 했다. 재단사는 그 옷감은 '관리가 될 능력이 없거나 구제불능의 멍청이'에게는 안 보이는 옷감이라고 했다."

맞다! 우리가 잘 아는 덴마크의 한스 크리스티안 안데르센(Hans Christian Andersen, 1805~1875)이 지은 〈벌거숭이 임금님〉이다. 이 동화의 원제는 'Kejserens nye Klæder(황제의 새로운 옷)'이다. 일본에서 '裸の王様(벌거숭이 임금님)'으로 번역한 것을 우리가 그대로 직수입했다. 우리 동화에서는 '멍청한 사람 눈에는 안 보인다'가 '착한 사람 눈에만 보인다'로 바뀌었다.

14일, 덴마크·독일 대통령 공식·국빈 순방 연기를 발표했다. 방문 나흘을 남겨 두고 일방적으로 초청국에 통보한다는 것은 국가 간 큰 외교 결례이다. 하 괴이한 일이기에 이해가 안 된다. 문득, 안데르센 동화가 생각난 이유다. 자, '멍청이 임금'은 그대로 두자. '구제불능 멍청이'에게 안 보이는 옷감으로 옷 만든다는 '재단사'가 꼭 우리 언론 같다. 대표적인 게 '대통령과 KBS 신년 대담'이다.

녹화라는 비판을 인식해서인지 7일 저녁 10시에 했던 방송 말이다.

방송 후, 아니나 다를까. 대담 진행자 박장범 앵커의 김건희 여사 명품백 수수 의혹을 축소시키는 듯한 '파우치' 운운 질문 등, '권언 유착'에 '최악의 방송 참사'라는 비판까지 나왔다. 또 이 KBS 직원이 아닌 외주PD에 의해 은밀하게 군사 작전하듯 제작했다는 폭로도 나왔다. KBS 구성원들조차도 공영방송이 국영방송으로 전락했다며 치욕적이라 자기비하를 한다.

더욱이 '파우치' 운운이 무슨 잘못이냐는 진행자를 조롱하듯이 'BBC'는 다음 날인 2월 9일 〈한국: 대통령 '디올백 스캔들'은 정치공작이라고 말하다(South Korea: 'Dior bag scandal'a political manoeuvre, president says)〉라는 제하의 기사를 내보냈다. 이 기사에서 "윤씨는 이런 행위가 '유감스럽다'는 짧은 사과에 그쳤다", "국내 언론이 '디올백 스캔들'이라 명명한 이번 사건에 대한 그의 첫 발언은 시민들을 실망시키고 야당의 분노를 일으켰다"라는 기사를 송출했다.

이런데도 KBS는 설날인 10일 9시 30분, 몰염치하게도 〈KBS 특별대담 대통령실을 가다〉를 재편성해 전 국민의 밥상머리에 올려놓았다. 공영방송의 정의는 '영리에 목적을 두지 않고 공공의 복지를 위해 행하는 방송이며 공공성과 공익성을 프로그램 편성의 기본 이념으로 삼는다'이다. 그렇기에 시민들로부터 징수하는 수신료로 월급을 받고 프로그램을 운용한다.

우리 국민들을 '착한 사람 눈에만 옷이 보인다'는 말을 믿는 '구제 불능의 멍청이'로 여겨서인가? "벌거숭이 임금님!"이라 해야 하거늘, 오히려 그 옷이 좋고 맵시 있다 추켜세우는 꼴이다. 그러니 벌거숭이 임금은 제가 관리 될 능력도 없는 구제불능 멍청이 벌거숭이인지도 모른다.

권력을 감시하고 견제·비판하는 기능을 수행해야 할 언론이 권력과 공생, 혹은 부역하는 괴기한 현상이다. 이러한 기이한 현상을 '묘서동처(猫鼠同處)'라 한다. 고양이가 직분을 망각하고 쥐와 동거한다는 뜻이다. 종종 법을 집행하는 사람이 법을 위반한 사람의 잘못을 용인하거나 덮어주는 것, 또는 같은 편이 되어 함께 나쁜 짓을 저지르는 것을 비유하기도 한다.

언론은 사회를 지키는 파수꾼이어야 한다. 언론이 사회의 최후 보루로서 카랑카랑 서슬 퍼런 붓대를 세울 때 세상은 정의롭고 사람이 살만한 세상이 되기 때문이다. "벌거숭이 임금님!"이라는 말조차 하지 못하는 언론은, 말씀 언(言) 쓰는 언론이 아닌, '엎드릴 언(偃) 자' 쓰는 언론(偃論)이요, 기록할 기(記) 쓰는 기자가 아닌 '속일 기(欺) 자' 쓰는 기자(欺者)일 뿐이다.

042 독일과 덴마크 국빈·공식방문 취소, 소설을 욕보이지 말라

站

　'13회 출국·15개국 순방·578억 비용' 2023년도 대한민국 대통령의 외국 출장 기록이다. 이런데 독일과 덴마크 국빈·공식방문을 나흘 남겨 놓고 취소하였다. 기네스북에 등재한다며 그렇게 외국 나들이를 좋아하더니 이게 웬 일인가? 공적인 순방 취소 이유는 밝히지 않았다. 대통령실 한 관계자가 14일 "여러 요인을 검토한 끝에 연기하기로 결정했다"가 전부이다. 언론에 '윤 대통령이 국내 민생 현안에 집중하기 위해 결단을 내린 것', '의대 정원 확대 발표에 따른 의료계 집단행동 가능성 대비', '총선을 50여 일 앞두고 민생 일정을 늘리려는 의도', 여기에 '북한 도발' 운운이라는 보도가 여기저기서 나온 종합이다.

　이미 방문 준비를 위한 일행은 떠났고 양 국가에서도 맞을 채비를 하느라 들어간 '수고와 경제비용'을 합치면 어림셈치기조차 어렵다. '수고와 경제비용'은 차치하고 유례없는 국가 간 결례이기에 추측성 기사들이 난무한다. 그 중 '김건희 여사 명품 가방 수수'가 유독 많았다. 함께 가자니 부정 여론이 크고 혼자 가자니 그렇고 하여 여부를 결정치 못하다 나흘 전에 최종적으로 순방 취소를 결정한 것이 아니냐는 기사이다. 이를 두고 대통령실에서 "소설 중의 소설"이라고 반박하였다.

아니다! 소설에는 이런 터무니없이 황당한 이야기를 쓰지 않는다. '소설'을 모욕하지 말라. 문학 장르인 '소설'은 이럴 때 쓰는 어휘가 아니다. 요절한 학자 김현(1942~1990) 선생은 『분석과 해석』에서 "이 세계는 과연 살만한 세상인가? 우리는 그런 질문을 던지기 위해 소설을 읽는다"고 하였다. 작은 이야기지만 '소설(小說)'은 그렇게 큰 세상 이야기인 '대설(大說)'을 꿈꾼다.

예를 들어보자. 연암(燕巖) 박지원(朴趾源, 1737~1805)의 단편소설 〈민옹전〉은 당시 조선의 대설을 꿈꾸며, 자칭 지도자들이라 일컫는 세력자들을 "종로를 메운 게 모조리 황충!"이라는 서슬 퍼런 문장으로 몰아붙였다. 그 부분은 이렇다.

"메뚜기들은 조그만 벌레이니 조금도 걱정할 것은 없지. 내가 보니 종로 거리를 메운 것은 모두 황충이야. 키는 모두가 칠 척 남짓이고 머리는 검고 눈은 반짝이는데 입은 커서 주먹이 들락거리지. 웃음을 지으면서 떼로 다니니 발꿈치가 닿고 엉덩이를 잇대고는 얼마 남지 않은 곡식을 모조리 축내니 이 무리들과 같은 건 없을 게야. 내가 이것들을 잡아버리고 싶은데 커다란 바가지가 없는 게 한스럽다네."

나라에서 메뚜기가 창궐하여 백성들이 애써 키운 벼를 갉아먹으니 이를 잡아들이라 한다. 그러자 소설 속 주인공인 '민옹(閔翁)'은 메뚜기가 아닌, 황충(蝗蟲)을 잡으라 한다. 성종 7년(1476년)의 기록을 보면 중국 당태종(唐太宗, 재위 626~649)이 이 '황충'을 날로 먹었다는 흥미로운 내용이 있다. 중국에서 당태종은 안시성 싸움에서 양만춘에 의해 애꾸눈이 된 그가 아니다. 나라의 기틀을 놓은 훌륭한 군주이다. 그가 지었다는 『정관정요(貞觀政要)』라는 책은 정치학 교재처럼 읽혔다. 이 당태종이 메뚜기 떼가 들이닥치자 백관들을 모아놓고 "백성은 곡식을 생명으로 하는데, 네가 곡식을 먹으니 차라리 내 폐장을 파먹어라!" 외치며 황충을 날로 씹어 삼켰다고 한다. 이 무슨 뜻인가? '황충이 바로 탐관오리'라는 말이다. 그러니 황충 같은 짓을 하면 너희들의 폐장을 내가 씹어 먹겠다는 뜻이다. 이게 '소설'이다.

"2025년 의대 정원 2000명을 늘린다"는 정부의 포고문이 나왔다. 국가복지를 위해 의대 정원 늘리는 것은 당연히 찬성한다. 하지만 어떻게 갑자기 한 해에 의대 정원을 2000명 늘리나? 교수진이며 그 교육시간과 교육공간은 어떻게 확보하는지 아무런 계획도 없이 말이다. 선거 즈음, 표를 얻기 위해 갑자기 발표한 졸속행정이다. 진정 국민을 위해서가 아닌 것쯤은 개·돼지가 아닌 다음에는 다 안다. 이에 즉각 의사들은 총파업을 결행했다. 하지만 누가 이길까? 당연히 정부가 이긴다. 사망자라도 한 사람 나오면 게임은 종결된다. 그 책임이 정부가 아닌 의사에게 돌아가기 때문이다. 지금도 기울어진 운동장이 되어 버린 언론들은 〈"의사가 이긴다고? 보여주겠다."…윤 대통령의 '인내' 끝나간다〉 이런 류의 협박성 기사를 제목으로 뽑아낸다. '대통령이 사라지자 대통령 지지율이 올랐다'는 어처구니없는 통계 보도도 보인다.

소설에는 '나흘을 남겨두고 국가 간 약속을 파기'하는 일이나 '의대 정원 2000명 증원', '사라진 대통령 지지율 반등' 따위가 없다. '소설'은 저런 괴상하고 기이하고 허황한 세상을 그리지 않는다. '이 세계는 과연 사람이 살 만한 세상인가'를 써야 하기 때문이다.

043 2024년 2월, 대한민국 버전의 〈해리슨 버거론〉

站

"텔레비전 프로그램이 갑자기 뉴스특보로 바뀌었다. … 모든 아나운서가 그렇듯 이 아나운서도 심각한 언어장애가 있었기 때문이다. 게다가 극도의 흥분상태를 가누지 못하고 거의 30초 가까이 '시청자 여러분'이라는 말을 하려고 애만 썼다. 아나운서는 결국 포기하고 뉴스 원고를 한 발레리나에게 넘겼다." 미국의 풍자 작가 커트 보네거트 2세(Kurt Vonnegut Jr, 1922~2007)의 〈해리슨 버거론(Harrison Bergeron)〉이란 단편소설의 한 부분이다.

'언어장애'가 있는 아나운서가 원고 한 줄 읽지 못해 생뚱맞게 마이크를 발레리나에게 넘긴다. 뒷부분을 보자. "발레리나가 뉴스특보를 읽었다. … 그녀는 곧 자신의 목소리에 대해서도 사과를 해야만 했다. 여자 목소리치고는 불공평하게 아름다웠기 때문이다. … '죄송합니다. ….' 그녀는 당황한 표정으로 사과한 뒤, 이번엔 철저히 무미건조하고 평범한 목소리로 바꾸어 다시 뉴스 원고를 읽었다. '14세의 해리슨 버거론이 방금 탈옥을 감행했습니다.' 그녀는 끽끽거리는 쇳소리로 계속 말했다."

〈해리슨 버거론〉은 하향 평등이 실현된 디스토피아(dystopia, 암흑세계)를 그린 공상과학소설이다.

하향 평등을 만든 주범은 바로 미디어(media, 정보를 주고받는 매체로 TV 등)를 통한 가스라이팅(Gas-lighting, 사람들의 심리를 교묘히 조작해 지배력을 강화하는 세뇌행위)이다. 평균 이하인 사람은 미디어만으로도 멍청이가 된다. 문제는 좀 똑똑한 사람들이다. TV만으로 안 되니 평등관리국에서 법으로 '정신 장애용 핸디캡 라디오(mental handicap radio)'를 귀에 끼도록 했다. 그러고는 다른 생각을 못 하게 매 20초마다 갖가지 날카로운 잡음을 송신했다.

남들보다 훨씬 머리가 좋은 '조지'의 목둘레에는 이 라디오 외에도 47파운드 무게의 '평등 유지용 주머니'까지 매달려 있었다. 이 조지의 아들 '해리슨 버거론'은 아버지보다도 더 똑똑하여 '비정상'이라는 이유로 감옥에 갇혔다. 이 해리슨이 탈옥을 감행한 것이다.

"서기 2081년, 만인은 마침내 평등해졌다." 이렇게 시작된 〈해리슨 버거론〉의 결말은 어떻게 끝날까? 해리슨은 평등관리국 국장의 이중 총신이 달린 10mm구경 소총에 맞아 즉사한다. 그것도 아버지 조지와 어머니, 그리고 전국의 시청자들이 보는 TV화면 속에서, 그러나 모든 사람들은 해리슨이 죽는 것을 보면서도 잊는다. 보통 사람들과 그 이하는 원래 잊고, 좀 똑똑한 이들은 평등관리국에서 '정신 장애용 핸디캡 라디오' 잡음만 더 올리면 되기 때문이다.

2024년 2월 23일, 대한민국 평등관리국에서 보낸 뉴스특보가 송출된다. "YTN '관계자 징계', KBS·SBS·TV조선·MBN은 '권고', 채널A는 행정지도인 '의견제시', MBC에는 중징계인 과징금 의결!" "국회에서 이 새끼들이 승인 안 해주면 바이든(날리면?)이 쪽팔려서 어떡하나"라는 보도에 대한 방통위 결정이다. 1심 법원이 '윤 대통령의 발언이 음성감정에서도 확인되지 않을 정도로 명확하지 않지만, MBC의 보도는 허위'라고 외교부 손을 들어주었기 때문이란다. 방통위는 '우리에게 3심까지 무죄추정의 원칙은 없다'며 여당6: 야당1로 표결했다.

"조국 가(家) 멸문지화: 김건희 가(家) 부귀영화", "법카 의혹 2년 수사, 2번 소환, 압수수색 120번, 10만 4000원 김혜경 여사 기소: 22억 도이치모터스 주가조작·서울양평고속도로 노선 변경·300만 원 디올백 수수 김건희 여사 수사 0건", "2023년 208개국 중, 세계무역수지 한국 200위(2021년 18위, 북한 109위), 선거용 의대 3000명 증원, 입틀막 대통령 경호, …: 뉴스특보! 대통령께서 국민들 위해 민생토론회 개최! 전국 13회 순회 중, 그린벨트해제·재건축완화·상위1%종부세감세·상속세완화…"

〈해리슨 버거론〉이 2024년 대한민국 버전으로 바뀌었다. 검찰평등관리국에서 무엇을 잘못 눌렀는지, 잡음이 섞여 나오는 데 이렇기 때문이다. "모든 인간들은 법 앞에 평등하다. 그러나 어떤 인간들은 더욱 평등하다!"

044 메시아 증후군과 진정한 기생충 찾기

站

22대 국회의원 선거일이 40여 일 앞으로 다가왔다. 여당은 김건희 여사 방탄용 '회전문 공천'을, 야당은 '시스템 공천'을 한단다. 당연히 여당은 지역만 바꾸고 언론도 너무 호의적이라 조용한 듯 보인다. 반면 야당은 의원·당직자들 다면평가 등으로 하위 10%니, 20%니 하며 말들이 난분분하다. 탈당하고, 농성하고, 모멸감을 느낀다며 떠들고, 그 표현도 다양하다. 하지만 공천을 못 받은 자들의 말과 행동이 지나치게 눈살을 찌푸리게 한다. 그래도 국회의원 선서를 한 이들이 아닌가. 권력을 잃었다고 고의춤을 여며 잡고 종종거리는 모양을 보며 '아! 개혁이 물 건너간 이유가 여기 있구나!'를 이제야 깨닫는다.

가만 사연을 들어보면 말 따로 나 따로요, 국민은 없고 저만 있다. 모멸감을 느낀다며 하는 말도 이치에 맞지 않으니 말이 말도 아니요, 헛 씹는 말만 줄 이을 뿐이다. 마치 당연히 내 것인데 도둑이나 맞은 것처럼 말하는 것을 보면 꼭 '메시아증후군(자기가 최고라는 과대망상증)'에 걸린 듯하다. 저런 이에게 내 소중한 주권행사를 했다 생각하니 배신감조차 든다.

"나는 헌법을 준수하고 국민의 자유와 복리의 증진 및 조국의 평화적 통일을 위하여 노력하며, 국가이익을 우선으로 하여 국회의원의 직무를 양심에 따라 성실히 수행할 것을 국민 앞에 엄숙히 선서합니다." 국회의원 선서이다. 국회의원은 선출직 공무원으로 임기 4년을 부단히 노력해야 한다. 끊임없이 변하는 세계 속에서 입법기관으로서 법률을 발의, 개혁·혁신하고 수정·보완해야 하기 때문이다. 더욱이 대한민국 국회의원은 1인당 약 18만 명의 시민을 대변하는 대의기관(代議機關)이다. 막강한 특권을 누리는 것도 이 때문이다.

그런데 한 당에서 하위 10~20%라면 억울해하기 전에 자신이 국회의원으로서 이 나라 민주주의를 위해 직무를 성실히 수행했는지? 태업은 없었는지? 반성부터 하는 게 먼저 아닌가. 마치 땅따먹기 놀이라도 해 얻은 국회의원 특권을 뺏긴 듯한 모양새는 영 꼴불견이다.

"이 나라 자체가 잘못되었기 때문이죠. 양심에 따라 투표하는 정직한 의원에게 보상하지 않고 쥐 같은 자들에게 보상하죠. 제자리만 보전하면 나라도 팔아먹을 자들에게요. 실수하지 마세요. 이 쥐들이 미국 민주주의의 진정한 기생충입니다."〈미스 슬로운(Miss Sloane)〉이란 영화에서 엘리자베스 슬로운(제시카 차스테인 분)의 대사이다.

이 영화는 총기소지 권리를 규정한 수정헌법 2조를 규제하려는 슬로운과 지키려는 총기소지 옹호론자들 다툼을 그렸다. 미국 수정헌법 2조는 영국과 대치할 때, 미국인들의 자주권 행사에 필요한 법이었다. 이미 200여 년이 지나 폐기될 법안이지만 이권이 얽혀 있다. 정치인들이나 총기 판매상은 '카르텔'을 형성하여 이 '이권(기득권)'을 지키려 한다.

슬로운은 '총기 규제 법안'을 통과하게 만들려는 로비스트다. 그

니는 결국 총기 소지 권리를 축소하는 로비에 성공한다. 실화를 바탕으로 한 영화이기에 한 개인의 신념이 법을 개혁했다는 사실에 경의를 표했고 꽤 긴 여운을 가졌다. 브라운은 로비스트로서 윤리를 어긴 자신을 '기생충'으로 모는 권력에 맞섰다. 그러며 슬로운은 자신이 '기생충'이 아니라, '자리보전만 하는 정치인, 당신들이야말로 진정한 기생충'이라고 당당하고도 차갑게 말한다.

선거철만 되면 국회의원 금배지를 달려 '말만 앞세우는 이가 많다. '말만 잘하면 천 냥 빚도 가린다' 해서인지 말로는 '천당도 짓고 사촌 기와집도 지어 준다'고 떠들어댄다. 오늘 국회 본회의에 '김건희 여사 특검법'과 '대장동 50억 클럽 특검법' 등 이른바 '쌍특검법'이 재표결에 부쳐진다. 벌써 언론에는 〈'與, 쌍특검법 반란표 셈법에도…최종 폐기 수순 현역 컷오프 0명' '최종 부결' 여유 있게 관망/野, 이탈 표 가능성에 '친명−비명 눈치싸움' 돌입〉이란 기사가 뜬다. 오늘 우리는 진정한 유권자로서 '기생충 찾기'를 해야 하지 않을까.

045 거부할 수 없는 선택을 강요당하는 자들과 망치

站 : 망치가 가벼우면 못이 솟는다?

"망치가 가벼우면 못이 솟는다." 윗사람이 위엄이 없으면 아랫사람이 순종하지 아니하고 반항하게 됨을 비유적으로 이르는 속담이다. "불가역적! 7854명 전공의 면허정지! 절차 돌입!" 오늘 우리 사회의 단면을 보여주는 보도다. 공권력과 이에 응전하는 의사협회의 전선이 점점 긴장도를 더한다.

동물은 삶을 생각하지 않아 생존하지만 인간은 생존하기 위해 삶을 생각한다. 이것이 인간으로서 의식이다. 다른 말로 철학이라 해도 좋다. 이 시절 의식 있는 대한민국 국민이라면 꼭 보았으면 하는 영화가 한 편 있다. 치로 구에라 감독의 〈바바리안〉이다. 2021년 개봉된 영화로 조니 뎁, 로버트 패틴슨, 마크 라이런스가 호연하였다. 이 영화는 2003년 노벨문학상 수상자 J. M. 굿시의 동명소설이 원작이다.

〈바바리안〉은 '야만'을 주제로 어리석음이 무엇인지, 정의가 무엇인지, 복종이 무엇인지, 그리고 의식이 없을 때 인간은 어디까지 악해지는지, 거부할 수 없는 공포를 강요당하는지를 잔잔하면서도 섬뜩하게 보여준다. 내용은 인간적인 치안 판사(마크 라이런스 분扮)가 거주하는 국경지역에 문명화된 제국에서 파견된 졸 대령(조니 뎁 분)과 그의 군인들이 들어온다. 그들의 임무는 '야만인(바바리안'

을 가려내고 섬멸하는 일이다. 졸 대령에게는 순순한 마음을 가진 원주민이 야만인으로 보였다. 졸 대령이 휘두르는 폭력에 원주민인 바바리안은 속절없이 당한다.

바바리안(barbarian)은 '이방인', 혹은 '야만스러운 자', '참고 듣지 못할 말을 하는 자'로 매우 경멸스러운 뜻이다. 실제 바바리안은 고대 로마제국 시대에 등장한 단어이다. 로마는 제국 주변에 사는 외부인을 야만족, 즉 바바리안이라 칭했다. 그러나 로마가 문명의 이기를 앞세워 잔인하게 주변국을 점령하여 노예국으로 만든 행위가 야만인지, 아니면 침공을 당한 사람들이 야만인지 역사가 증명하고 있다.

2024년 대한민국, 결코 민주주의가 작동하는 정상적인 국가라는 데 동의하기 어렵다. 로마의 바바리안 못지않은 '대한민국 바바리안'들이 우리 사회에 폭력을 가해서다. 이번 의사 증원 문제를 두고 행하는 정부의 행태만 해도 그렇다. 의사와 정부의 대립만이 아니다. 의사와 시민도, 전공의들도, 전공의와 교수도 갈라지고 시민들도 정부를 지지하는 쪽과 의사를 지지하는 쪽으로 나뉘어 삿대질을 해댄다.

의사증원은 반드시 해야 할 문제임에는 분명하다. 1998년 의대 입학정원은 3507명이었다. 그러다 2006년 3058명으로 줄어 현재까지 그대로 유지되고 있다. 줄어든 이유는 2000년 의약 분업 사태 당시 의사들 위로 차원이었다. 한국은 인구 1000명당 의사 수는 2.12명, OECD 평균인 3.69명보다 1.57명 적다. 의대 졸업생 수 또한 인구 10만 명당 7.2명으로 OECD 평균(13.2명)의 절반 수준이다. 증원 추진의 합리적 명분은 분명히 있다.

하지만 '문제는 선거철이 코앞인 지금 왜? 그것도 일시에 2000명을 증원하느냐?'이다. 내년 입학생이 3507명에서 5500명이 된다는 말인데 교육현장에서 이를 감당해 낼까? 과목은 다르지만 대학에 근무하는 내가 보기에도 불가능한 일이다. 더욱이 지금 의료대란이 일어난 것도 아니다. 한국은 OECD 중 수명 3위, 의료 격차 2위, 의료 제공 1위… 등 저비용 고효율의 의료 복지국가임에 틀림없다. (문제는 국민 1인당 외래진료 횟수(연간 17.2회)가 OECD 국가 중에서 가장 높은 등 의료 시스템 개선에 있다. 이는 의료인의 문제기에 더 이상 논하지 않는다.) 80% 국민들이 바라보는 의사들에 대한 곱지 않는 시선을 이용한 선거 전략이 아닌가 하는 강한 의심을 둘 수밖에 없는 이유다.

언제나 그렇다. 지금까지 이 의대 증원 문제를 두고 대학생 신분인 의대생과 이미 교수나 전문의로 활동하는 기성세대 사이에 낀 젊은 전공의들이 앞장섰다. 이제 전공의들에 대한 징계가 사실화되자 의대교수들도 집단행동을 하기 시작했다. 눈앞에서 제자들이 자격증을 박탈 받는데 번연히 보고 있을 스승이 어디 있겠는가. 국론은 더욱 분열되고 사태는 걷잡을 수 없이 커지는 것은 번연한 이치다.

다시 〈바바리안〉으로 돌아간다. 영화는 무엇이 문명이고 야만인지를 묻는다. 거부할 수 없는 선택을 강요받은 야만인, 그 바바리안을 없애겠다는 졸 대령이 들고 있는 망치, 망치를 든 졸 대령이 "야만인!"이라 망치로 내려치는 것에서 대한민국 정부가 집단이기, 특권의식, … 운운하며 "불가역적! 7854명 전공의 면허정지!"하는 행정명령이 엉키는 것은 나만의 생각일까?

〈바바리안〉 포스터에는 망치를 들고 있는 제국의 졸 대령 아래 이런 문구가 적혀 있다. "진정한 야만은 누구인가?" '망치가 가벼우면 못이 솟는다!' 마치 윤석열 정권은 이 속담처럼 권력의 힘으로 누르면 된다고 생각하는 듯하다. 그러나 '망치로 얻어맞은 놈 홍두깨로 친다'는 속담도 있음을 알아야 한다. 앙갚음은 제가 받은 피해보다 더 크기 마련이라는 말이다.

046 자기가 백성을 탄압한다고 말하는 독재자는 없다

站

"표현의 자유와 언론의 자유가 침해받는 일이 비단 가혹한 독재 국가만의 일이 아님을 보여준다." 여기서 '가혹한 독재국가'는 바로 대한민국이다.

지난 3월 7일 스웨덴 '민주주의다양성연구소(V-Dem)'는 2024 민주주의 보고서를 발표하였다. 해당 보고서에 한국을 "민주화에서 독재화(autocratization)로 전환이 진행되는 국가 중 한 곳"으로 적시했다. 윤석열 정권 2년 만에 무려 179개국 중, 자유민주주의 지수가 '문재인 정권 17위에서 → 28위 → 47위'로 30위나 추락하였다. 민주주의 지수 하락 항목들로는 성평등에 대한 공격, 전임 정권 및 야당을 향한 강압 조치, 언론 자유 훼손 등을 들었다. 무뢰, 무식, 무지, 무도, 무치, '5무(無)'로 무장한 검찰 독재 정권에만 화살을 돌릴 게 아니다. 더 큰 문제는 '민주주의다양성연구소'도 지적했듯이 바로 언론이다.

나라를 이렇게 만든 제1 원인은 대통령이지만 제 1부역자는 조·중·동을 비롯한 족벌·세습·수구 언론들이다. 윤석열 정권에 대한 일부 언론의 자발적 복종의 맹서는 대한민국을 독재 후진국으로 만들어 놓았다. 이태원 참사가 나도, 채상병 사건처럼 국기문란 사건이 나도, 서민 예산이 깎여도, R&D(연구 개발비) 예산이 줄어도,

부자와 대기업에 대한 감세조치를 해도, … 언론의 사명을 저버리고 '윤-한 비어천가'를 부르며 '아부의 미덕'을 숭배한다. 그러니 일부 국민들은 가스라이팅을 당하여 개소리(bullshit, 퓰리처상을 수상한 영국의 저널리스트 제임스 볼이 주장하는 사람들을 현혹해 세상을 지배하는 '가짜뉴스')를 언론이라 굳게 믿는다.

근대 중국 지식인인 귀모러(郭沫若, 1892~1978)가 쓴 '기러기가 거북에게 준 언론 자유'라는 우언(寓言, 우화는 일본말이다)이 있다. 그 이야기를 약간 각색해 보았다.

기러기가 백성들의 입을 막으며 나라를 제멋대로 통치하였다. 이에 거북이 몹시 분개하여 언론 자유를 쟁취하기 위해 목소리를 높였다. 기러기는 생각했다. '백성들이 모두 들고 일어나 나에게 반대하는 날이면 큰일이다. 더구나 거북이란 놈이 늘 군중을 선동하고 있지 않은가.' 어느 날 기러기는 좋은 방법을 생각했다. 기러기는 포고문을 내걸어 언론을 개방하며 자유를 준다고 선포했다.

그러고는 거북으로 하여금 대나무를 물게 하고 물오리 형제를 불러다 그 대나무 양 끝을 잡고 날아오르라 했다. 기러기는 거북에게 눈을 부릅뜨며 엄포를 주었다. "민주주의 언론이란 이런 것이다." 거북은 결사적으로 대나무를 악물고 허공에서 발을 버둥댔다. 거북은 우둔했지만 이치만은 알고 있었다. 입만 벌리면 즉시 떨어져 죽고 만다는 것을, 거북은 그렇게 '말 없는 거북'이 되었다.

이 우언은 부처님의 전생 이야기 중에서 '깟짜빠 자따까(Kacchapa-jātaka)'의 '말 많은 거북'에서 빌려왔다. 칫따꾸따산에 살던 거북을 히말라야 높은 곳에 사는 기러기들이 초대했다. 거북이 혼자서 오르지 못하기에 기러기들은 거북에게 막대기 가운데를 물면 자신들이 그 양끝을 잡아서 날아갈 것이라 했다. 기러기들은 거북에게 막대기를 놓치면 안 되니 절대 말하지 말라고 당부하였다. 기러기와 거북이 날아가는 기이한 모습을 본 마을 아이들이 쫓아가면서 거북을 놀렸다. 이에 격분한 거북은 아이들을 꾸짖고 욕하였다. 입에서 막대기를 놓친 거북은 베나레스 궁전 안뜰에 떨어져 등이 부서져 죽는다.

이 이야기는 말조심하라는 경계를 주지만 언론이라면 깟짜빠 자따까의 거북이가 되어야 한다. 자기가 백성을 탄압한다고 말하는 독재자는 없다. 언론이라 함은 골수에 박힌 나랏병을 고치려는 결기가 있어야 한다. 마음속에 부글부글 울분을 토해내듯, 도끼 하나 옆에 놓고 오두가단(吾頭可斷, 내 머리를 자르라) 각오로, 손등에 서슬 퍼런 정맥이 솟게 붓을 잡아 써야 한다. "당신이 독재자다!"라고, 등이 부서져 죽을 지라도, 그것이 바로 민주주의 언론의 사명이다.

047 '이상한 나라의 앨리스'가 주는 깨달음

站

〈이상한 나라의 앨리스〉, 영국의 옥스퍼드크라이스트처치대학 수학 교수인 루이스 캐럴(Charles Lutwidge Dodgson, 1832~1898)의 소설이다. 디즈니 애니메이션으로도 만들어져 우리에게도 잘 알려졌다. 이 작품은 어린 주인공이 꿈을 꾸는 내용을 담고 있지만 제목처럼 일상적인 규칙과 상식이 뒤섞인 환상적인 세계를 배경으로 이야기가 전개된다.

여기서 '이상한 나라'는 우리가 일상에서 경험하는 것과는 다른, 독특하고 놀라운 세계를 의미한다. 이 이상한 나라에서는 경험이나 논리가 통하지 않는다. 비논리와 불가능한 예측, 시간과 공간이 뒤섞이고, 동물들이 말을 하는 비현실적인 상황들이 벌어진다.

따라서 이 작품을 부조리 문학(不條理文學, literature of the absurd)으로도 보는 학자들도 있다. '부조리 문학'이란 인간 존재의 무의미성, 의사소통의 차단, 인간 의지의 무력함, 인간의 야수성과 비생명성, 즉 인간의 부조리한 세계를 보여주는 문학이란 뜻이다. 윤석열 정권이 들어서며 대한민국이 마치 저 이상한 나라가 되어 버린 느낌이다.

대통령실 황상무 시민사회수석이 특정 언론을 지목하여 "MBC는 잘 들어. … 허벅지에 칼 두 방이 찔렸다"고 말했다. 40여 년 전

사건으로 언론을 겁박하는 행태이다. 채상병 사건의 당사자로 공수처 수사를 받고 있는 이종섭 전 국방부장관을 호주대사로 임명하였다. 장관을 지낸 이를 하위직 대사로 임명하여 출국을 시켰다. 그것도 공수처 허락을 득했다고 하지만 공수처는 그런 적이 없다는 성명을 냈고 호주 언론은 이를 대서특필하였다. 여기에 입틀막 정권, 검찰 공화국, 추락하는 언론지수, 민주화지수, … 독재국가라고까지 전 세계 언론에 떠돈다.

그래, 이 나라를 이렇게 만든 지도자 윤석열과 한동훈의 '신언서판'을 짚어보려 한다. 신언서판은 당나라 관리 선발의 네 가지 표준이다. 『당서』「선거지」에, "사람을 뽑는 법이 네 가지 기준이 있다. 첫째는 신(身)인데 풍채가 늠름하게 생겨야 하고, 둘째는 언(言)인데 말을 정직하게 잘 해야 하며, 셋째는 서(書)인데 글씨를 바르게 써야 하고, 넷째는 판(判)인데 문리가 익숙해야 한다"고 하였다.

이를 풀이하면 몸은 바른 자세이며, 말은 옳은 말이요 글씨는 반듯하고 판단력은 논리적이어야 한다는 말이다. 이 네 가지 척도를 우리 또한 관리 선발이나 사람 평가의 기준으로 삼았다. 이렇게 선발되거나 평가된 이들을 인재이니, 동량이니, 학자이니, 선비라 하여 백성들의 지도자로 삼았다.

정신의학에서는 사람을 한 가지 면으로 판단하면 미숙하다고 본다. 또 연구에 의하면 의사전달효과의 약 55%는 몸짓, 표정, 시선에 의존한다. 즉 비언어적 요소가 가장 크고 음성과 억양이 38%, 7%만이 실제 말한 내용이라 한다. 이를 보면 지금도 신언서판이 꽤 설득력이 있는 사람 평가 기준으로 손색없다. 이 전통이 우리의 몸에 젖어 하나의 문화로 면면이 현재까지 내려오며 품격 있는 사람을 가리는 전형으로도 인정한다.

한 나라 지도자들이요, 30~36% 대중의 절대적 지지를 받는 저이들을 신언서판에 맞추어 본다. '신'부터 보면, 한 사람은 걸음새도 뒤뚱거리며 고개를 자주 두리번거리고 기차 안에서 좌석에 구두 신은 발을 올리는 등 예의범절이 엉망이며 행짜가 몸에 밴 듯 너볏하지 못하다. 한 사람 역시 머리를 들까불고 키높이 구두를 신었는데도 사진을 찍을 때면 까치발까지 해대 나이에 비해 설익은 듯하며 웃음이 얄망궂다.

'언'은 한 사람은 비논리적이며 종종 우격다짐을 하며 사용하는 어휘가 투박하고 즉흥적이요, 명령조다. 한 사람은 얄밉상스럽고 엇된 것이 빈정거리는 투며 스타카토(Staccato, 길이를 줄여 짧게 연주하라는 기호. 단조로운 선율에 변화를 주거나 특정 부분에 강조를 주는 음악용어) 어법을 이제 익히는지 부자연스럽고 엉뚱한 대답으로 얼더듬어 '동훈서답'이란 별칭도 만들어졌단다.

'서'를 보자면 한 사람의 글씨는 좀 초등학생처럼 덩둘해 보이고 한 사람은 들쭉날쭉한 것이 정돈된 서체는 아니다.

'판'은 두 사람 모두 정치인으로서 학점을 주자면 'F'이다. 백성이 이 나라의 주인인 것을 모르기 때문이다. 왕조시절에도 '천하에 두려워할 대상은 오직 백성뿐'이라 하였다. 대한민국헌법 1조 ②항은 '대한민국의 주권은 국민에게 있고, 모든 권력은 국민으로부터 나온다'이다. 그런데 두 사람 모두 '옳다 아니면 그르다', '맞다 아니면 틀리다'라는 단순한 2치적 사고로 세상을 판단한다. 견해가 다른 상대의 말을 경청하지 않고 외골수로 자기주장만 고집하며 무조건 내 말은 옳고 저쪽은 틀리다고 한다. 이는 확증적 편향에 지나지 않는다.

이렇듯 우리의 사람 평가 기준과 분명 엇박자를 빗는데도 콘크리트 지지층이 있고 대한민국의 미래를 이끌어 나가는 지도자라는 사실이 경이롭기까지 하다. 이를 한국인의 사람 평가 기준이 바뀌고 있다는 예요, 지도자상이 바뀌는 증거란 점으로 이해해야 하나? 내 깜냥으로 이해하기 어렵기에, 2024년 내가 이상한 나라의 앨리스가 된 듯하다. 월트디즈니사에서 만든 '이상한 나라의 앨리스'에는 이러한 대사가 나온다. "당신이 과거를 바꿀 순 없다. 그러나 나는 그것을 통해 배울 수는 있다고 믿는다(You cannot change the past, but I daresay you might learn from it)." 난 오늘 무엇을 깨달아야 할까?

048 안동답답이와 밭두덕 두더지의 언어관을 바꾸자

站

선거철인데 언어는 없고 저만 잘났다는 거짓 허튼소리만 난무한다. 마치 집단 최면이라도 걸린 듯하다. 이태원 참사, 채상병 사건 은폐, 양평고속도로 의혹, 명품백 뇌물수수, …. 지적을 해도 변명으로 일관한다. 세상이 그렇게 2분법으로 나뉘었다. 맞다 아니면 틀리다, 선 아니면 악, 좋으냐 아니면 싫으냐, 할래 아니면 말래, 이러니 나와 다르면 모두 적이다. 극우 아니면 극좌이다. 대화가 될 리 없는 소통부재의 갈라치기 사회가 되었다.

그 이유를 생각해본다. 첫째는 이 정부의 책임이니, 더 운운하자면 글자만 아까워 략(略)한다. 둘째는 근거 없는 자신감이다. 모두가 다 내가 알고 있다는 강한 자신감을 보인다. 자신의 주장 근거를 나름 내세우지만 대부분 어디에서 보았거나 들었다는 눈동냥, 귀동냥뿐이다. 흥미로운 것은 자신이 보았거나 들은 것에 맹목적인 신뢰를 보낸다. 마치 파리 8대학 프랑스문학 교수이자 정신분석학자인 피에르 바야르의 『읽지 않은 책에 대해 말하는 법』이라도 읽는 듯하다. (이 책은 '책을 읽었다고 독서한 게 아니고 안 읽었다고 비독서도 아니니, 네가 창조적으로 읽어보라(?)'는 정통 독서를 뒤집어 본 아리송한 독서에 관한 책이다.)

이렇듯 제목만 본 것을 가지고 아는 체 하는 이들이 태반이다.

'책 한 권 읽은 사람이 책 한 권도 읽지 않은 사람보다 더 무섭다'는 말을 증명이라도 하려는 듯. 책 한 권 읽으려면 '호모 유니우스 리브리(Homo unius libri, 사람의 책 한 권)' 정도는 되어야 한다. 이 말은 성(聖) 토마스 아퀴나스 주교가 "가장 잘 배우는 방법이 무엇입니까?"란 질문에 대한 답변이다. 그 '한 권의 책(unius libri)'은 성경이다. 성경 한 권쯤은 독파 한 뒤에야 아는 척해야 한다.

셋째는 거짓에 의한 진실의 실종이다. 원인은 두말할 것도 없이 언론이다. 선거기간이면 더욱 기승을 부린다. 증거나 객관적인 사실이 가려지고 거짓이 난무한다. 이를 '포스트-트루스(post-truth, 탈진실)'라 한다. '옥스퍼드 영어사전'에는 "여론을 형성할 때 객관적인 사실보다 개인적인 신념과 감정에 호소하는 것이 더 큰 영향력을 발휘하는 현상"이라고 정의한다. 여기서 '포스트'는 진실이 무의미할 정도로 퇴색되었다는 의미의 '탈(脫)'이다. (트럼프주의자들이 대표적이다. 지난 9일 독일 유력 일간지인 '베를리너모르겐포스트'가 입틀막 사태 등을 거론하며 윤 대통령을 한국의 트럼프로 보도한 기사는 의미심장하다.)

아리스토텔레스는 'metaphysic(메타피직)'에서 거짓을 "존재하는 것에 대해 존재하지 않는다고 말하거나 존재하지 않는 것에 대해 존재한다고 말한다면 거짓이다"라 정의했다. 다산 정약용 선생은 이런 거짓을 믿는 이들을 안동답답(安東沓沓)이라 했고 이덕무 선생은 '우물 안 개구리와 밭두덕 두더지처럼 홀로 그 땅만이 전부라는 믿음'이라 일갈하였다.

이 모두 소통이 되지 않아 벌어진 일이다. 사람과 사람이 소통을 하려면 언어가 필요하다. 언어는 말과 글로 구성되어 있다. 말과 글은 다시 듣기와 말하기, 읽기와 쓰기, 4가지로 나뉜다. 태어나며

'듣기 → 말하기 → 읽기 → 쓰기' 순으로 나아간다. 대화와 소통이 안 되는 이유가 여기에 있다. 입은 하나고 귀가 둘이건만 제대로 알지도 못하며 제 말만 외댄다. 그러니 '말하기'만 있지, 듣기와 읽기, 쓰기는 행방이 묘연하고 진실이 사라진 자리엔 거짓만이 설친다.

구한말 실학자이며 과학자요, 사상가이기도 한 최한기(崔漢綺, 1803 ~1879) 선생이 『기측체의』「신기통」제2권 '구통'에서 설파한 참 멋진 언어의 정의를 귀담아 들을 필요가 있다. "언어는 문자에 실려 있는데, 두 빗장을 뚫어야 비로소 언어의 전달이 문자에 미친다. 전하려는 자는 손으로써 말하고 받으려는 자는 눈으로써 말을 들어야 한다."

말을 전하려는 자는 화자(필자), 받으려는 자는 청자(독자)이다. 전하려는 자가 손(입)으로써 말한 것이 한 빗장이라면, 받으려는 자가 눈(귀)으로써 말을 듣는 것이 또 한 빗장이다. 제대로 된 의사소통은 이 둘의 빗장이 활짝 열려야 함은 두말할 나위 없다. 정치는 다양한 의견을 조율하는 화해의 기술이기에 더욱 그렇다.

049 대파 한 뿌리가 빚는 대한민국 자화상, 사람이 사람으로 보는 기사

대파 한 단에 875원? 2024년 3월 18일 민생 점검 차 찾은 농협 하나로마트 양재점, 대통령이 대파에 붙은 가격표를 보며 "저도 시장을 많이 봐 봐서 대파 875원이면 그냥 합리적인 가격이라고 생각…"이라 했다.

'바보야! 문제는 경제야'라는 표어가 떠오를 정도로 체감경기가 너무나 가파르다. 오늘도 민생토론을 하며 시찰 중이라는데 쏟아내는 선거용 선심성 예산이 물경! 1000조니, 1500조니 한다. 그런데 대파 값 하나 못 잡는다.

본래 저 대파는 권장 소비자가격 4,250원인데, 농림축산식품부가 최근 도입한 도매상 납품 단가 지원 2,000원, 하나로마트 자체 할인 1,000원, 정부 농산물 할인 쿠폰 지원 30%(375원)를 뺀 금액인 875원이란다. 그것도 전국 7(?)곳에서 한정된 수량만 팔았단다. 한 국회의원 후보는 "875원은 (대파 한 단이 아닌) 한 뿌리 얘기하는 것"이라 한다. '말휘갑'이라기에는 그 아부의 농도가 사뭇 짙다. 주변을 둘러보면 하나같이 하는 짓이 꼭 '따리꾼'이요, '제갈동지(ーー同知, 제 스스로 가로되 동지同知: 조선시대 종2품의 높은 벼슬라며 거들먹거리고 다닌다고 해서 생긴 말)' 터수들이다. 그야말로 하는 수준이 꼭 '대파 한 뿌리 정권'이다.

저들은 국민이 위임해 준 권력으로 오히려 국민들의 걱정가마리가 되었다. 저들이 걱정을 들어 마땅하게 된 데는 내로라하는 기레기 언론이 정권과 야합하여 쏟아내는 쓰레기 기사 때문임은 두말할 나위 없다. 호주 'ABC' 언론이 이종섭 대사를 두고 "외교적 골칫거리"라 해도, 언론 지수와 민주주의 지수가 폭락하여 국격이 훼손돼도, '로이터 통신'이 대파를 보도하며 "쇼"라는 인터뷰를 실어도, 이는 외면하고 "개 같은 정치"라는 한동훈 비상대책위원장이 박근혜 전 대통령을 만나 의사정원 문제를 논의한다는 생뚱맞은 기사를 '속보'로 띄운다. 의사정원 문제는 보건복지부 소관이다. 저 두 사람이 웬 의사정원 운운인가? (우스꽝스럽게도 이 글을 쓰는 지금 kbs는 '대장동 사건' 유동규 기자회견을 생중계한다.)

마치 블랙코미디를 보는 듯하지만, 엄연한 2024년 3월 대한민국의 '자화상'이다. 이런 자화상을 만든 것은 전적으로 수구언론 탓이다. "한강을 넓고 깊고 또 맑게 만드신 이여, … 이 겨레의 영원한 찬양을 두고두고 받으소서 … 잘 사는 이 나라를 만들기 위해서는 모든 물가부터 바로 잡으시어 1986년을 흑자원년으로 만드셨나니…" 운운이라는, 〈전두환 대통령 각하 56회 탄신일에 드리는 송시〉를 헌납한 서정주(徐廷柱, 1915~2000) 시인의 〈자화상〉이란 시가 있다. 그 시에 "세상은 가도 가도 부끄럽기만 하더라"라는 구절이 가슴팍에 와 닿는다.

그건 그렇고, 죄 없는 '대파'가 몹시 속상할 듯하여 전해 오는 '파 이야기'나 좀 하련다. 옛날에 사람이 소로 보여 잡아먹는 마을이 있었다. 어떤 사람이 제 동생을 소로 착각해 잡아먹었다. 이 사람은 너무 절망한 나머지 마을을 떠났다. 사람을 사람으로 보는 마을을 찾아서. 여러 해 뒤, 이 사람은 사람이 사람을 사람으로 정당하게 보는 마을을 찾았다. 그 이유는 마을 사람들이 파를 먹고 눈이 맑아져서였다. 제 고향으로 파를 가져왔고 그제야 사람들은 파를 먹고 사람을 사람으로 보았다는 이야기다.

소는 소고 사람은 사람이다. 자칭 기자라는 분들이여! '식자가 소눈깔(외눈깔): 무식한 사람을 비유적으로 이르는 말'이란 속담도 있지만, 그 기사를 읽고 보는 사람들 '우황 든 소: 분을 이기지 못하여 괴로워함을 비유적으로 이르는 말' 같이 될까 두렵다. 파는 특히 효능 중 생선이나 고기의 비린내를 중화시켜 주는 해독 작용이 있다. 그러니 이 나라 기자님들! 모쪼록 대파 한 뿌리 잘 삶아 잡수시고 눈이 밝아져서 대한민국의 악한 행태들을 해독 중화시켜 주는 기사, 소와 사람을 구분하는 기사를 써주시기 간곡히 바란다. 그래야 개는 개고 정치는 정치고 쓰레기는 쓰레기가 되어, '사람이 사람을 사람으로 보는 나라'가 되지 않겠는가.

050 윤석열 정권의 중간평가에 즈음하여 "하려면 해라! 했다"

站 : 일신운화를 거쳐 통민운화로 나아가 일통운화까지 나아갈 선량을 뽑자

"과거에 어떤 정권도 이런 짓을 못했습니다. 겁이 나서. 그런데 여기는 겁이 없어요. 보통은 겁이 나서 못합니다. 안 그렇습니까? 대통령 임기 5년이 뭐가 대단하다고. 너무 겁이 없어요, 하는 거보면." 2021년 12월 29일 국민의힘 선대위 '새시대준비위원회' 인터뷰에서 윤석열 후보가 한 발언이다.

그는 대통령이 되었다. 그러고 2년, 그동안 우리 국민은 무엇을 보고 듣고 느꼈을까? 혹 정치의 불통·정부의 부도덕·법치의 부조리인 '3불(不)'과 국정 무능·인문 무지·단순 무식·예의 무례·비전 무책인 5무(無)만 본 것은 아닐까? '3불(不) 5무(無) 정권' 한 예씩만 들어 본다.

야당과 대화 한 번 없는 불통(不通), 이태원 참사·채상병 죽음에 대한 책임지는 이 없는 부도덕(不道德), 검찰 공화국·언론 장악 부조리(不條理)가 3불이라면, 2030년 세계스카우트잼버리 대회 파행·세계박람회 유치 실패인 무능(無能), 나라의 미래인 R&D(연구개발) 예산 삭감인 무지(無知), RE100(Renewable Energy 100)도 모르는 무식(無識), 홍범도 장군 등 독립 운동가들에 대한 무례(無禮), 파 한 단에 875원이라는 경제 무책(無策) 따위이다.

이뿐이랴. 손바닥 왕(王) 자, 건진·천공 무속, 빈부 격차 심화, 압

수 수색 공포, 시행령 정치, 인권 유린, 색깔론, 가짜 뉴스, 킬수능 문제, 미·중 편중 외교, 한반도 극한 대치, 후쿠시마 오염수, 윤석열 특활비, 양평고속도로, 디올백, 쌍특검법 이태원참사특별법 포함 9개 거부권, 입틀막, 전공의 파업, … 자유민주주의 30위 추락, 세계 무역수지 한국 200위, 중국무역 31년만 첫 적자 26조원, … 2년 만에 대한민국은 "민주화에서 독재화(autocratization)로 전환이 진행되는 국가 중 한 곳"으로 전락하였다.

2022년 4월 10일, 22대 국회의원 선거일이 다가왔다. 윤석열 정권의 중간평가 결과의 날이다. 여기-지금, 이 시절 과연 우리는 어떠한 국회의원을 뽑아야 이 난국을 헤쳐 나갈까? 그 해법을 최한기(崔漢綺, 1803~1877) 선생의 『기학(氣學)』에서 찾아본다. 『기학』은 지금, 현재를 중시하는 독특한 방금운화(方今運化)에 대한 학설이다. '방'은 공간개념으로 '여기', '금'은 시간개념으로 '지금'이다. '기학'에서 '기(氣)'부터 본다. 이 우주는 기이고 기의 본질은 활동운화(活動運化)이다. 활(活)은 끊임없이 움직이는 생명성, 동(動)은 떨쳐 일으키는 운동성, 운(運)은 계절처럼 가고 오는 순환성, 화(化)는 변통이라는 변화성이다. 지금, 이 우주에 존재하는 모든 것은 여기에서 끊임없이 생성, 성장, 소멸하는 지금의 활동이기에 '방금운화'요, '활동운화'이다.

변화하는 깨달음: 활동운화는 개인의 인식에 대한 깨달음으로 이어진다. 즉 나를 둘러 싼 안팎을 이해하고 옳고 그름, 선과 악에 대한 지식을 확충시켜 상황에 따라 변통할 줄 알 때 '일신운화(一身運化)'가 된다. 이 개인의 깨달음인 일신운화가 정치와 교육의 도움을 받아 이루어지면 '통민운화(通民運化)'라는 국가로 나아간다. 통민운

화에서 한 발 더 나아가면 바로 '일통운화(一統運化)'이다. 일통운화는 한 나라를 넘어 온 세상에 확산시켜서 인류 공동체가 도달하게 되는 대동일통(大同一統)의 세계이다.

삶에 보탬이 되는 배움: 이제 기학의 '학(學)'이다. 바로 운화를 작동시키는 동력이다. 선각자가 깨우쳐 가르치고 배운 자가 뒷사람에게 전승하는 것이 '학'이다. 정치로 보자면 과거의 경험을 통해 미래를 미리 보는 '선거'이다. 학은 첫째 백성의 삶에 보탬이 되는 것, 둘째 백성의 일에 해로움이 되는 것, 셋째 백성의 도리에 아무런 손해나 이익이 없는 것, 세 가지로 나뉜다. 선거(학)를 가르는 기준은 헛된 것을 버리고 실질적인 것을 취하는 '사허취실(捨虛取實)'이다. 당연히 첫째가 진정한 선거(학)이니, 바로 정치, 경제, 사회, 인문, 자연을 아우르는 '일통학문(一統學問)'이다.

국가와 세계의 비전 제시: 19세기 조선의 한 지식인조차 저러한 세상을 꿈꿨다. 한 나라 국민으로부터 권력을 위임받은 국회의원이라면 '통민운화'의 국가를 넘어 '일통운화'라는 세계 속 대한민국의 비전을 제시하고 이를 현실화하는 능력을 갖춰야 한다. 이상세계를 구현하는 거대담론이기에 '일통학문'이라야 가능하다. 국회의원이라면 마땅히 이러한 지금, 깨달음, 배움, 비전을 아울러야 한다. 내 한 표는 이런 선량(選良, 가려 뽑힌 뛰어난 인물이라는 뜻으로 국회의원을 달리 이르는 말)에게 주어야 한다.

작년 11월 1일 오전, 소상공인, 택시기사, 무주택자, 주부 등 시민 60여 명과 진행한 21차 비상경제민생회의에서 대통령은 이렇게 말했다. "국민들이 못 살겠다고 절규를 하면 바로 듣고 답을 내놓을 수가 있어야 된다." 또 그는 이렇게도 말했다. "내년 선거 때 보자, 아주 탄핵시킨다. 이런 얘기까지 막 나온다. 그래서 제가 '하려면 해라!' 했다."

　이제 국민들이 그 결정을 내린다. 국민들이 '하라면 해야 한다.' 그것도 곧바로ㅡ.

051 만우절, 대통령의 의료개혁 담화를 보고

站

아! 오늘이 '만우절(萬愚節, All Fools' Day)'이었네. 50분 동안 대통령의 담화를 들었다. 생각난 단어는 겨우 만우절 3자, '전공의 복귀하라'는 7자 담화문 내용이다. 그래도 꽤 길고 "국민은 이 나라의 주권자"라 명기했기에 담화문을 챙겨 다시 읽어 본다.

① 책임과 의무: "의사들이 갖는 독점적 권한에는 국민 생명과 건강을 보호해야 하는 무거운 책임이 포함돼 있다. … 의사들은 의료법을 준수해야 할 법적 의무가 있다"고 지적했다. 이태원 참사, 채상병 사망사건, 0.7명, 저출산 전 세계 1위, OECD 국가 중 청소년·노인 자살률 1위, 이 정권 2년 만에 무려 179개국 중, 자유민주주의 지수는 17위에서 → 47위로 30위 추락, 208개국 중, 세계무역수지 한국 200위(2021년 18위, 북한 109위), 독재국가로 경고, …. 이 행태들에 국가로서 책임을 다했는지 묻는다. 책임질 위치에 있는 그 사람들 그 자리에 그대로 있다. 국민이 권력을 위임해 준 대통령으로서 책임과 의무 방기(放棄)는 30%라는 지지율이 증명해 주기에 이만 략(略)한다. '바이든'이 '날리면'이라더니 '이 XX'도 기억에 없다 하여, 온 국민이 난청환자가 됐다고 여기는가.
② 정치와 국가: "정치가 존재하지 않으면 정상적인 국가라고 할 수

없"다고도 하였다. 옳은 말이다. 하지만 대통령으로서 지금까지 옳은 정치를 했는지 묻는다. 취임한 지 2년이 넘도록 야당 대표를 단 한 차례도 만나지 않았다. 민생 경제는 절벽인데 "대파 한 단에 875원"이 엊그제 발언이다. 2022년 경제성장률은 전년도에 비해 2.6% 하락했다. 국민총소득(GNI)은 3만 2661달러로 줄었다. 정규직 379만 5천 원, 비정규직 168만 1천 원으로 양극화와 불평등은 더 심화되고 있다. 검찰 출신과 수하들의 검찰공화국과 언론장악, 입틀막은 또 어떤가.

③ 특권과 국민 위에 군림: "그 누구도 특권을 갖고 국민 위에 군림할 수 없고, 그것이 국민 생명을 다루는 의사라면 더 말할 것도 없다"고 강조했다. 그렇다. 의사증원은 반드시 해야 할 문제임에는 분명하다. 한국은 인구 1000명당 의사 수는 2.12명, OECD 평균인 3.69명 보다 1.57명 적다. 의대 졸업생 수 또한 인구 10만 명당 7.2명으로 OECD 평균(13.2명)의 절반 수준이다. 하지만 지금 의료대란이 일어난 것도 아니다. 한국은 OECD 중 수명 3위, 의료 격차 2위, 의료 제공 1위 등 저비용 고효율의 의료 복지국가임에 틀림없다. 누가 보더라도 이 시점에 이러 담화는 80% 국민들이 바라보는 의사들에 대한 곱지 않은 시선을 이용한 선거 전략이 아닌가.

국민 위에 군림하는 특권은 누가 누리고 있나? 영국 로이터통신 … 칠레 라테르세라 등 세계 언론은 '김건희 여사 가방 수수' 상황을 전하기에 바쁘다. 이렇게 세계적인 뉴스거리가 되었고 국민 70%가 지지하는 '김건희 여사 도이치모터스 주가조작 의혹 특검법'에 거부권 행사한 것은 또 누구인가. 담화문에 보이는 "민주주의 위기"라는 말이 부끄러워 고개를 못 든다.

④ 법과 원칙: 담화문에서 전공의들에게 "국가는 법과 원칙에 따라

대응할 수밖에 없다"고 경고했다. 『서경』 「상서」 '함유일덕(咸有一德, 모두 한결같은 덕을 지녀야 한다)'에 "백성은 좋은 임금이 아니면 섬길 대상이 없으니 임금이 스스로 과대평가하고 백성을 과소평가하면 안 됩니다(后非民罔使 民非后罔事 無自廣以狹人)"라 하였다. 이 말은 명재상 이윤(伊尹)이 임금 태갑(太甲)을 경계한 말이다. 왕조시절에도 저러했다. 좋은 임금이 아니면 백성들도 섬기지 않는다. 법과 원칙은 백성들의 양도 불가능한 권리이기 때문이다.

담화문에 "국민 여러분의 성원과 지지를 간곡히 부탁드립니다. 저와 정부는 더욱 자세를 낮추고" 하는 문구도 있다. 하지만 '복수난수(覆水難收, 엎질러진 물은 다시 담을 수 없다)'이다. 국민은 이제 대통령으로서 보여 준 저간의 무능(無能), 무도(無道)에 대응할 수밖에 없다. 만우절이 비록 '바보들의 날이기에 장난·거짓말을 해도 용서해준다'라는 뜻이 달렸어도 말이다.

052 22대 총선, 국민들이 '하라면 해야 한다'. 그것도 곧바로…

站

"과거에 어떤 정권도 이런 짓을 못했습니다. 겁이 나서. 그런데 여기는 겁이 없어요. 보통은 겁이 나서 못합니다. 안 그렇습니까? 대통령 임기 5년이 뭐가 대단하다고. 너무 겁이 없어요, 하는 거 보면." 2021년 12월 29일, 국민의힘 선대위 '새시대준비위원회' 인터뷰에서 윤석열 후보의 발언이다. 이 나라 모든 권력이 국민으로부터 나온다는 것을 인정하는 말이다.

그는 대통령이 되었다. 그리고 2년, 그동안 우리 국민은 무엇을 보고 듣고 느꼈을까? 혹 정치의 불통·정부의 부도덕·법치의 부조리인 '3불(不)'과 국정 무능·인문 무지·단순 무식·예의 무례·비전 무책인 5무(無)로 민생(民生, 국민들의 삶)이 도탄에 빠진 것은 아닐까?

손바닥 왕(王) 자와 기차 좌석 구둣발로 시작하여, 건진·천공 무속, 빈부 격차 심화, 압수 수색 공포, 시행령 정치, 인권 유린, 색깔론, 킬수능 문제, 미·중 편중 외교, 한반도 극한 대치, 후쿠시마 오염수, 윤석열 특활비, 양평고속도로, 김건희 디올백, 쌍특검법 등 9개 특검 거부권 행사, 입틀막, 전공의 파업, … 자유민주주의 30위 추락, 세계 무역수지 200위, 부자 감세 등으로 전년 대비 12.6%(48조 5000억 원) 세수 감소, OECD 중 청소년·노인 자살률 1위, 중국무역 31년 만에 첫 적자 26조, … '젊은이들이 망친 나라 노인들이 구해야 한다'

따위 막말, 2년 만에 대한민국은 "민주화에서 독재화(autocratization)로 전환이 진행되는 국가"로 전락하였다.

2024년 4월 5일, 22대 국회의원 사전선거일이다. 윤석열 정권의 중간평가 결과가 시작되었다. 선거철만 되면 '그놈이 그놈'이니, '50보 100보'라는 말들이 설레발친다. 같은 놈은 이 지구 역사상 단 한 놈도 없다. 일란성 쌍둥이조차. 완전한 사람도 없다. 누구나 다 흠이 있다. 이 글을 쓰는 나나 읽는 독자들도 마찬가지다. 그놈과 그놈은 '그놈'과 '이놈'만큼 다르다.

'오십 보, 백 보' 역시 그렇다. 『맹자』「양혜왕」상에서 '전쟁에 패해 50보 도망간 자가 100보 도망간 자를 비웃는 것은 잘못이다. 도망간 것은 마찬가지이다'라는 맹자의 견해에서 유래하였다. 조금 낮고 못한 정도이지 본질적으로는 차이가 없다는 뜻이다. 그렇지 않다. 도망간 정도가 100보는 50보의 2배로 엄연히 다르다. 1보 뒤로 물러서도 도망한 것은 같으니, 100보가 50보를 50보가 1보를 도망갔다고 흉본다면, '똥 묻은 개가 겨 묻은 개 나무란다'나 '그슬린 돼지가 달아맨 돼지 타령한다'와 무엇이 다른가. 그러니 흠이 조금이라도 적은 사람을 뽑으면 된다. 투표란 '가장 덜 나쁜 경우의 수를 뽑는 과정'이기 때문이다.

작년 11월 1일 오전, 소상공인, 택시기사, 무주택자, 주부 등 시민 60여 명과 진행한 21차 비상경제민생회의에서 대통령은 이렇게 말했다. "국민들이 못 살겠다고 절규를 하면 바로 듣고 답을 내놓을 수가 있어야 된다." 또 그는 이렇게도 말했다. "내년 선거 때 보자, 아주 탄핵시킨다. 이런 얘기까지 막 나온다. 그래서 제가 '하려면 해라!' 했다."

오늘 투표장마다 '투표는 민주주의의 꽃'이라는 문구가 걸렸다.

꽃은 꺾는 게 아니다. 꽃은 '우리의 미래'요, 주권자(主權者, 국민, 국가의 최고 결정권을 가진 자)로서 준엄한 '정언명령(定言命令, 반드시 이렇게 해야 한다는 명령)'이기 때문이다.

한 마디 더 첨언한다. 독일의 전 재무장관 페르 슈타인브뤼크는 2009년 연방선거를 앞두고 이런 말을 했다. "투표장에 안 갈 만큼 똑똑한 사람들은 나중에 자기들보다 훨씬 멍청한 인간들에게 지배를 당할 것이다."

053 깜냥이 안 되는 감당 못할 자리, 윤석열차의 폭주를 멈춰라!

站

이 정부의 패인은 '3불(不) 5무(無)!'이다. (이 란을 통하여 수없이 반복한다.)

"정의는 도그마(dogma, 독단)와 세계를 심판하리라. 심판의 그날은 혁명으로 불리게 될 것이다." 『프랑스 혁명사』에 보이는 문장이다. 22대 국회 범야권 의석은 180석을 충분히 넘는다. 야당 국회의원들의 면면도 달라졌다. 여권의 참패요, 야권의 압승이다. 기울어진 언론 환경과 파시즘적인 상황 속에서 만들어낸 드라마틱한 승리다. 이 정도면 가히 '혁명(革命)' 수준이다. 혁명은 헌법의 범위를 벗어나 국가 기초, 사회 제도, 경제 제도, 조직 따위를 근본적으로 고치는 일이다. 이전의 관습이나 제도, 방식 따위를 단번에 깨뜨리고 질적으로 새로운 것을 급격하게 세우라는 백성들의 명령이다.

'혁명'의 출전은 『주역』이다. 『주역』 「혁괘(革卦) 단(彖)」에 "하늘과 땅이 바뀌어 네 계절이 이루어지며, 탕왕과 무왕이 혁명하여 하늘에 순종하고 사람들에게 응하였으니 혁명의 때가 크도다(天地革而四時成 湯武革命 順乎天而應乎人 革之時大矣哉!)"하였다. 풀이 하자면 하늘과 땅이 바뀌며 네 계절을 이루듯 탕왕과 무왕의 혁명은 하늘의 뜻을 따라 사람들의 요청에 응한 것이라는 말이다.

탕왕은 하나라 걸왕(桀王)을, 무왕은 은나라 주왕(紂王)을 멸망시키고 난세를 평정한 뒤에 선정을 베푼 임금들이다. 걸왕은 말희(末喜)와 주왕은 달기(妲己)라는 여인과 무고한 백성을 죽이고 탐욕에 빠져 주지육림(酒池肉林, 술로 연못을 이루고 고기로 숲을 이룸)에 빠져 있던 왕들로 폭군의 대명사다.

조선시대에도 두 번의 혁명이 있었다. 바로 '반정(反正)'이다. 반정은 옳지 못한 임금을 폐위하고 새 임금을 세워 나라를 바로잡는 일을 말한다. 이는 어지러운 세상을 바른 상태로 되돌린다는 뜻이다. 영어의 혁명에 해당하는 '레볼루션(revolution)'도 이와 동일하다. 어원인 라틴어 '레월루티오(revolutio)'는 '혁명' 또는 '대변혁'을 뜻한다.

이 레볼루션, 반정, 혁명이 근대 국가에서 말하는 국민으로서 자기 권리, 즉 자유를 지키기 위하여 저항하는 권리인 저항권(抵抗權, Right of resistance)이다. 저항권은 국가권력에 의해 헌법이 보장하는 국민의 기본권에 대한 중대한 침해가 행해졌을 때, 헌법 보호 행위이자 기본권 보장의 최후 수단이다. 우리 헌법에 4·19혁명을 전문에 수록한 것도 이 저항권을 인정하는 행위이다.

윤석열 정부가 들어선 지 두어 달 쯤 되었을까? 지인에게 물었다. "국민으로서 우두망찰 서서 기다리면 4년 뒤 민주주의가 제대로 작동할까요?" 답변이 돌아왔다. "우리 국민에겐 민주주의를 이룬 정의라는 게 있잖아요." 그때 이미 오늘의 결과가 와 있었다. 국민은 저항권을 행사하여 정의라는 이름으로 윤석열 정권을 심판하였다. 후일 역사는 오늘의 선거를 혁명으로 기술할 것이다. 오늘 '국민의힘'에게 진정한 국민의 힘이 광풍을 몰아쳤다.

열흘 붉은 꽃은 없다. 춘풍에 벚꽃이 떨어진다고 바람을 탓하랴.

윤석열차는 이제 '0.7%의 3불 5무'라는 광란의 폭주를 멈추어야 한다. 애초부터 깜냥이 안 되는 감당 못할 자리였다는 게 국민이 준 성적표다.

054 야당에 주는 시무(時務) 7조!

站

여당 참패! 야당 압승! 총선 후폭풍이 거세다. 새로운 당이 역사에 이름을 올린 반면 20년 된 당은 역사의 뒤안길로 사라졌다. 여당 비대위원장도 떠났다. 대통령은 참패에 대해 사과를 하였고 내각은 총사퇴를 하였다. 국민은 둘로 갈라졌다. 야당의 짐이 그만큼 무겁다는 반증이다. 이럴 때 나라에서는 구언(求言)을 하였고 백성은 시무(時務, 당장에 시급한 일)로 답했다.

시무 1조 경제를 살려라: 어제 발표된 2023회계연도 국가결산보고서'에는 지난해 우리나라의 국가채무가 1126조 7000억 원으로 역대 최대치를 경신했다. GDP 대비 국가채무 비율이 처음으로 50%를 넘어선 것이다. 생활필수품 가격은 하루가 다르게 뛰고 민생경제는 도탄에 빠졌다. 시급한 국가 문제다.

시무 2조 국민이 위임해 준 권력임을 잊지 마라: 2년 만에 대한민국은 민주주의부터 세계의 조롱거리가 되었다. 겨우 '국민의 0.7%'의 위임 권력을 제 힘인 양 믿은 방자와 오만이 빚어낸 결과다. 이번 총선에서 야당은 우리 정치사상 초유의 200석에 가까운 '압승'을 거두었다. 그러나 소선거구제이기에 겨우 '국민의 5%'의 위임이 그렇게 만든 것임을 잊어서는 안 된다. 국회의원의 별칭으로 부르는 선량(選良)은 대부(大夫)에서 왔다. '대부'란 나랏일을 크게 부축한다는 의미다. 여의도라는 가두리 양식장에서 여유롭게 헤엄치는 횟감 국회의원이 되어서는 안 된다.

시무 3조 검찰을 개혁하라: 이 나라 주인인 민주(民主, 국민이 주인) 자리를 '검찰(檢察)'이 꿰찼다. 두 사람 이상이 공동 화합하여 정무를 시행하는 간접 민주제를 시행하는 민주공화국(共和國)이 '검찰공화국'이 되었다. 검찰이 정권의 시녀가 되어 더 이상 '조주위학(助紂爲虐, 잔학한 주임금을 도와 포학한 일을 저지름)'을 하게 두어서는 안 된다. 검찰은 마치 법과 정의를 가탁한 신의 피조물인 양 이 땅을 '법 사냥터'로 삼아 민주주의를 마음껏 유린하고 있다.

시무 4조 언론을 개혁하라: 병든 나뭇가지와 잎에 제아무리 약을 친다 해도 병을 고치지 못한다. 문제는 뿌리이기 때문이다. 대한민국의 썩은 뿌리는 단연코 '언론'이다. 언론을 공기(公器)라 부른다. 공기는 우리를 바른 방향으로 이끌어야 한다. 그러나 늘 정치와 경제에 기생(寄生)하고 사주(社主)에게 충성할 뿐이다. 일제 치하에서 시작하여 이승만, 박정희, 전두환, 이명박, 박근혜 정권을 거치며 그 내공은 깊어졌고 윤석열 정부에선 만개하였다. 이 쇠말뚝처럼 대한민국 폐부에 깊숙이 박혀 있는 언론 병폐를 뽑지 않으면 우리 미래는 없다.

시무 5조 정치 혐오증을 없애라: 부자간에도 정치 이야기는 하지 말란다. '궤변(詭辯)' 중에도 궤변이다. '정치'는 어느 사이에 이 나라 국민들에게 혐오와 기피, 금기어가 되었다. 국민은 정치 이야기만 나오면 둘로 나뉘어 증오를 퍼 붙는다. 정치에 무관심하거나 적극 참여치 않는 여러 이유 중 하나이다. 이는 정치 토론 문화가 없어서다. 교육과 정치를 연결하는 작동기제를 만들어야 한다. 지역구 의원이나 당협 위원장들이 각 지역 '정치 아고라'를 만들고 직접 나와 청치 토론을 하면 어떨까? 정치 (후속)인재들을 잡지 못하면 나라의 미래가 없다.

시무 6조 언어를 순화하라: 양비론을 일삼는 언론 행태는 제쳐 두자. 그 언론에 출연하여 졸렬하고 무식한 언행, 우기기, 궤변, 동문서답으로 일관하는 정치인이 부지기수다. 이는 정치를 격하시키고 증오의 정치 문화를 만든다. 이러한 정치 언어가 이 땅에 정치 환멸을 불러 왔다. 인간주의 샘물이 흐르는 정치 언어로 국민들에게 다가가라. 국회의원부터 언어를 순화하라.

시무 7조 환경 생태 교육에 힘써라: 이번 총선으로 (녹색)정의당이 사라졌다. 이는 큰 비극이다. 환경과 생태는 우리 후손들에게 물려 줄 유산이기 때문이다. 비례대표를 뽑는 원래 취지도 각계각층에서 고루 인재를 등용하자는 취지였다. 이러할 때 대한민국은 "기회는 평등하고 과정은 공평하며 결과는 정의로울 나라"가 될 것이다.

055 세 개의 거울로 비춰보는 대한민국의 오늘

站 : 거울·역사·인물

    충신 위징(魏徵, 580~643)이 죽었다. 당(唐) 태종(太宗)은 이렇게 탄식하였다. "구리로 거울을 삼으면 의관을 바르게 하고, 역사로 거울을 삼으면 흥망성쇠를 알고, 현명한 사람으로 거울을 삼으면 득실을 분명히 판단한다. 짐이 일찍이 '삼감(三鑑, 세 개의 거울)'으로 자신을 비춰 보며 허물을 짓지 않으려고 노력하였는데 이제 위징이 세상을 떠났으니 거울 하나를 잃었다(以銅爲鑑 可正衣冠 以古爲鑑 可知興替 以人爲鑑 可明得失 朕嘗保此三鑑 內防己過 今魏徵逝 一鑑亡矣)." 『구당서』 권71 「위징열전」에 보이는 말이다.

    24대 총선이 끝났다. 변명의 여지가 없는 야당의 압승이다. 그것도 우리나라 선거사상 유례가 없는 여당의 패배이다. '혁신하라! 개혁하라! 이대로는 안 된다!' 정권을 위임해 준 국민들의 목소리다. 오로지 오만하고 무도한 정권에 대한 경종이었다. 한 나라의 정책도 비전도 없었다.

    두말할 것도 없이 민의(民意, 국민들의 의사)는 대통령의 정치 철학을 부정한다는 뜻이다. 아니 정치 철학 자체가 없는 것에 대한 심판이었다. 그런데 열흘이 지나도록 대통령의 총선 결과에 대한 잘못을 인정하는 발언이 없다. 겨우 나온 목소리라야 큰 국정은 문제없는데 자잘한 공무원들이 문제라는 인식이다.

거울을 보라: 대통령의 지지율은 현 정권의 자화상이다. 총선 전만 해도 그나마 30% 언저리에 맴돌던 지지율이 오늘 "11% 급락한 23%, 취임 후 최저"라는 보도가 뜬다. 대통령 주변은 더욱 처참하다. 김건희 여사 디올백과 양평고속도로, 장모의 수감, 공흥지구 특혜 의혹인 처남, 여기에 대통령의 권력 비리 등 각종 혐의를 보라. 법치주의를 부르짖는 대통령의 가족치고는 그 거울이 온통 먹물로 휘감았다.

'목불견첩(目不見睫)'이란 말이 있다. "눈동자는 자기 눈썹을 보지 못한다"는 뜻이다. 이 말은 『한비자』「유로편」에 보인다. 초나라 장왕이 월나라를 정벌하려 하였다. 그러자 장자가 "왕께서 월나라를 정벌하려는 이유가 무엇 때문입니까?" 하니 장왕이 "정치가 어지럽고 군사가 약해서이다" 한다. 장자는 이렇게 깨우침을 준다. "신은 지혜가 눈동자와 같음을 두려워합니다(臣患智之如目也)." 그러고는 이렇게 뒷말을 잇는다. "능견백보지외(能見百步之外, 눈은 능히 백보 밖을 보지만) 이불능자견기첩(而不能自見其睫, 그러나 자신의 눈썹은 보지 못합니다.)" 뜻을 새기자면 월나라의 정치와 군사에 문제가 있다는 것을 보지만, 초나라가 과연 승리할 만한 능력을 지녔는지는 못 본다는 말이다. 안다는 어려움은 남을 보는 데 있는 게 아니라 자신을 보는 데 있다는 말이다. 남의 흉은 그렇게 잘 는데 왜 자기 주변은 못 보는가.

역사를 보라: 2024년 3월 7일 스웨덴 예테보리대학의 민주주의다양성연구소는 연례보고서 '민주주의 리포트 2024'에서 한국의 '민주주의 지수'를 179개 나라 가운데 47위로 평가했다. 한국은 2019년 18위, 2020~2021년 17위, 2022년 28위로 최상위권 국가였으나, 이

정권 들어 순위가 크게 떨어졌다. 특히 이 보고서는 한국을 '독재화'가 진행 중인 42개국 가운데 하나로 분류했다. 한국은 자유 민주주의 최상위 그룹(32개국)에 속한 나라 가운데 유일하게 독재화가 진행 중인 나라에 포함됐다.

2024년 4월 10일 프랑스 신문 '르몽드'는 4·10 총선 소식을 전하며 한국의 민주주의 기반이 약화됐다고 보도했다. 연합뉴스에 따르면, '르몽드'는 '정권에 의해 법치주의가 위협받는 한국'이란 제목의 기사에서 "후보자들에 대한 하명식 수사, 언론 장악 등 한국의 선거 운동이 극도의 긴장 속에 진행됐다. 이것은 포퓰리즘적, 더 나아가 독재적 성향의 정부에 의해 민주주의가 약화했다는 것을 보여준다"고 보도했다. 촛불혁명으로 세계적인 모범국가로 인정받던 대한민국의 현 역사이다.

현인을 보라: 내각 쇄신을 한단다. 한 마디로 어이없다. 국무총리와 비서실장으로 거론되는 인물은 보면 그 나물에 그 밥이다. 혁신이니, 쇄신, 개혁이 아닌, 퇴보, 폐단, 수구의 상징적인 인물들이다. 장자는 "자신을 아는 것을 '명(明, 밝음)'이라 한다(自知之謂明)"라 하였다. 고래로 명군(名君, 뛰어난 임금)은 모두 명군(明君, 밝은 임금)이었고, 이 명군(明君)이 양신(良臣, 어질고 충성스런 신하)을 만나 서로 의기투합하여 태평성대를 이루는 정치를 한다. 이러할 때 『주역』「건괘」 '문언'의 "구름은 용을 따르고 바람은 범을 좇는다"는 운종룡 풍종호(雲從龍風從虎)가 된다. 이 정권 하에서는 그야말로 '돼지우리에 입춘격'이다.

당태종은 위징이 죽고 2년 뒤, 고구려 정벌에 나섰다. 그러나 안시성에서 양만춘(楊萬春) 장군에게 패하여 한 눈을 잃는다. 말년에는 전쟁 후유증으로 반란이 도처에서 일어났다. 한때 위징 등과 태평성대를 구가하여 역사상 '정관지치(貞觀之治)'로 일컬어지는 황제였던 당태종이었다. 그러나 현인 한 명이란 거울을 잃고 나라가 그렇게 기울어졌다. 하물며 거울 보려는 마음조차 없고 역사를 모르고 주위에 아첨꾼만 있다면 그 나라의 운명은 어떻게 되는 것일까?

056 여당에 주는 시무(時務) 6조!

站

　한국의 실질GDP 성장률이 2020년 4.3%에서 2022년 2.6%, 2023년 1.4%로 떨어졌다. 22일 영국 '파이낸셜타임즈(FT)'는 '한국의 경제기적은 끝났는가?(Is South Korea's economic miracle over?)'라는 제하의 기사를 실었다. 그 이유는 '낡은 국가 주도 자본주의 경제개발 모델, 대기업에 치우친 경제성장, 임금·사회·지역 격차 심화, 저출생·고령화, 사교육 등이다. '한강의 기적'이 끝나간다. 불과 2년 만에 국가 경제는 저렇게 추락했다.

　4월 10일, 22대 국회의원 선거 후폭풍이 거세다. 총선 투표율은 67.0%를 기록했다. 1992년 14대 총선(71.9%) 이후 32년 만에 최고 기록이다. 결과는 192석 야당 압승! 국민들이 야당에게 이러한 의석을 준 이유가 무엇일까? 위 경제성장률을 보면 답이 명확하다. 첫째도 둘째도 이 정부 심판이다. 여당은 이럴 때 국민들에게 구언(求言)을 하고 국민들은 시무(時務)로 답해야 한다. '시무'는 난세를 향한 고언(苦言, 듣기에는 싫으나 도움이 되는 말)인 셈이다.

시무 1조 야당 대표를 만나라: 대통령은 취임 후 단 한 번도 야당 대표를 만나지 않았다. 선거가 끝나고 열흘이 지나서야 겨우 만나자 하였다. 그러나 속도가 나지 않는다. 국민이 주인이고 그 주인이 권한을 위임해 준 야당 대표를 만나지 않는다는 것은 독재를 한다는 뜻이요, 국민의 의사에 반한다는 의미다. 하루라도 빨리 야당 대표를 만나 가감 없는 의제로 폭넓은 국정현안을 논의하라. 현 정부가 살아남을 유일한 길이다.

시무 2조 국민이 위임해 준 권력임을 잊지 마라: 2년 만에 대한민국은 민주주의부터 세계의 조롱거리가 되었다. 겨우 '0.7%'의 위임 권력을 제 힘인 양 믿은 방자와 오만이 빚어낸 결과다. "대통령 임기 5년이 뭐가 대단하다고. 너무 겁이 없어요, 하는 거 보면." 2021년 12월 29일, 본인의 입으로 한 말이 부메랑이 되어 되돌아갔다. 이 나라 모든 권력이 국민으로부터 나온다는 것을 뼈에 새기어야 한다.

시무 3조 사법 정의를 실천하라: 현 정부는 9개의 특검을 거부했다. 이태원 참사·채상병 사망 수사 외압 의혹·양평고속도로 의혹·김건희 여사 명품가방 수수 의혹·주가조작 의혹 등, 특검을 반드시 수용해야 한다. "국민들이 못 살겠다고 절규를 하면 바로 듣고 답을 내놓을 수가 있어야 된다." 2023년 11월 1일 오전, 시민 60여 명과 진행한 21차 비상경제민생회의에서 본인이 한 말이다. 국민들이 사법 정의를 실천하라고 주문했다. 바로 답을 내놓아야 한다.

시무 4조 염치 있는 인사를 기용하라: 참모진 일괄 사표 11일 만에 비서실장에 정진석을, 정무수석에 굽네치킨 창업자인 홍철호를 임명했다. 이번 총선거에서 낙선한 사람들이다. 국민이 거부한 사람을 쓰겠다는 오만의 극치요, 국민에 대한 도전이다. '세월호 그만 우려먹어라', '노무현 명예훼손', '식민지 미화'… 등 험한 말을 쏟아내는 인사를 개혁이라 소개하는 대통령을 보며 국민은 혀를 찬다. 몰염치, 파렴치한을 기용하면 국가는 망한다.

시무 5조 대통령의 언행을 바로 잡아라: 이대로 가다가는 '말하는 남생이 (남생이가 토끼를 속여 용궁으로 끌고 갔다는 이야기에서 온 말로, 아무도 그가 하는 말을 신용하지 못한다는 뜻)' 꼴 된다. '말은 행동과 다르지 말고(言 勿異於行) 행동은 말과 다르지 말라(行 勿異於言) 말과 행동이 서로 들어맞으면 바른 사람이고(言行相符 謂之正人) 말과 행동이 서로 어그러지면 소인이다(言行相悖 謂之小人) 조선 중기의 명신인 이수광(李睟光, 1563~1628) 선생의 『지봉선생집』 권29 「잡저」 '경어잡편'에 보이는 말이다.

시무 6조 성세위언(盛世危言)을 경청하라: '태평성대(성세)'를 이루려면 '정직하게 기탄없는 말(위언)'을 경청해야 한다. '듣는 척'도 '하는 척'도 안 된다. 못하겠거든 그냥 자리에서 내려오는 게 낫다. 앞으로 남은 3년을 지탱하지 못해서다. 권력은 국민으로부터 나오기 때문이다.

057 대통령과 국회의장의 말과 '욕 권하는 사회'

站

일제치하 현진건의 〈술 권하는 사회〉라는 소설이 있다. 이 소설은 일제하에서 지식인이 살아가기 힘들어 술을 먹는다는 내용이다. 그런데 이제는 이 나라의 대통령과 국회의장 때문에 〈욕 권하는 사회〉라는 소설이 나올 판이다.

20분 거리를 가는데 700일이 걸린 여·야 영수 회담, 뒷말이 무성하다. 이 나라에서 가장 많이 팔린다는 신문의 기사를 추려본다. "윤 대통령은 말이 왜 그리도 많은가." "계속 혼자만 얘기한다." "대통령의 설명이 너무 길었다." 야당의 몫으로 참여한 정책위의장의 말은 더욱 전율을 느끼게 한다. 윤 대통령이 "언론 통제 방법을 잘 알고 있지만 안 하는 것일 뿐"이라는 취지로 말한다. 그는 자신이 류희림 방심위장 해촉을 윤 대통령에게 요구하자 윤 대통령이 "'언론을 쥐려면 그 방법을 잘 알고 있는데 그럴 생각이 전혀 없다"고 답하더란다. 윤 대통령은 "사정 기관과 언론을 장악해서 (임기) 초기에 90% 지지율을 기록…"하였다고도 전했다.

민주국가 대통령의 발언이라기에는 귀를 의심케 한다. '말 같지 않은 말은 귀가 없다(이치에 맞지 아니한 말은 못 들은 척한다는 말)'는 속담도 있지만 눈과 귀가 있는데 어찌 보고 듣지 못하랴. (류희림 방심위장의 망령된 행동은 후일 반드시 단죄를 받을 것이기에 운운치 않는다.) 비공개 때 발언이 '윤 대통령 85% : 이 대표 15%'라는 활자도 대문짝만하게 보인다.

"이게 말이 돼요. 국회의장이 국회법을 안 지키고 의원들이 나서서 이렇게 사정을 해야 돼요. 의무잖아요. 무슨 합의를 해 오라느니, 협의를 해 오라느니. 아이, 진짜…" 소집 권한을 갖고 있는 국회의장이 국회를 안 열고 외유를 떠난다 해서 한 야당의원이 하는 말이다. 국회의장은 그 이유가 '여당과 합의가 안 돼서'라고 말했단다. '채상병 특검법'을 처리하기 싫어서 라는 것을 모를 국민이 없다. 여야 갈등 조정이 안 되니 패스트트랙에 올린 거 아닌가. 긴 시간 끝에 자동 상정된 법안이다. (그렇게 욕을 먹고는 결국 어제 처리하였다.)

'말'이 '말' 같아야 '말'이라 한다. 이런 대통령과 국회의장이 어디 있나? 이러니 자칭 정치 9단이요, 8순에 국회의원 당선된 분이 방송 들어간 줄을 모르고 "박병석, 김진표, 윤석열 다 똑같은 개XX들" 하고 욕을 했다. 정치판이 난장판이요, 아수라장이다. 여기에 이 난장(亂場)을 일거수일투족 제 입맛 따라 온종일 보도하는 일부 언론의 '말' 행태는 더욱 가관이다. 이래저래 육두문자(肉頭文字, 욕)가 비거비래(飛去飛來)하는 세상이다. 이렇게 '욕'이 나오는 이유를 김열규 선생은, "세상이 중뿔나게 가만히 있는 사람 배알 뒤틀리게 하고 비위 긁어댄 결과 욕은 태어난다. 욕이 입 사나운 건 사실이지만 욕이 사납기에 앞서 세상 꼴이 먼저 사납다. 꼴같잖은 세상!"(김열규, 『욕, 그 카타르시스의 미학』, 사계절출판사, 1997)이라고 욕의 출생부를 정리해 놓았다.

사전을 뒤져보니 '욕을 먹고 살아야 오래 산다'거나 '욕이 사랑'이라는 등 꽤 여럿이 등재되어 있다. 의미 또한 그다지 나쁘지 않으니, 그렇다면 가히 욕의 미학(美學)이다. 사실, 욕을 하고 싶은 심정은 이 글을 쓰는 나도 다를 바 없으니 참 낭패다. 읽는 이들께서 듣고 싶다면 대략 이러하리라.

"나라말아 먹는 분들 모가지를 뽑아 똥장군 마개로 하시고, 사업 한답시고 제 배만 채우는 분들 염병에 땀구멍 막히소서. 저만 잘났다고 설치는 분들 아가리로 주절대는지 똥구멍으로 말하는지, 돈 없는 사람들 깔보는 분들 복날 개 잡 듯하고 학맥, 인맥으로 알음알이 당신들의 천국만 만드는 분들 벼락을 나이대로 맞아 뒈지소서."

참, 면구(面灸)스럽지만 조금은 시원한 것을 보니 욕의 말 요술이, 아니 욕의 미학이 여간 아닌 듯싶다. 하지만 욕을 해대도 〈술 권하는 사회〉를 거쳐 〈욕 권하는 사회〉가 된 듯하여 영 마음이 불편하다.

058 공동묘지의 평화는 평화가 아닌 죽음의 적막일 뿐이다

站

"이 사람보다는 내가 더 지혜가 있다. 왜냐하면 이 사람이나 나나, 좋고 아름다운 것에 대해서 아무것도 모르는 것 같은데, 이 사람은 '자기가 모르면서도 알고 있다 생각'하고 있지만, '나는 모르고 또 모른다 생각'하고 있기 때문이다. 이 '조그마한 일', 즉, 내가 모르는 것을 모른다 생각하는 점 때문에 내가 이 사람보다 더 지혜가 있는 것 같다." 플라톤의 『소크라테스의 변명』에 보이는 소크라테스의 말이다.

21대 국회, 마지막 한 달 임기를 남겨놓고 의미 있는 활동(?)을 하였다. 5월 2일, 꽤 긴긴 하루였다. 국회의장은 '여야가 협의를 하라', 여당은 '채 해병 특검법은 안 된다', 야당은 '국회의장을 성토'하였다. 이것을 보는 국민들은 속이 터졌다. 그렇게 어렵게 △이태원 참사 특별법, △채 해병 특검법, △전세사기 특별법 부의안이 국회 본회의를 통과하였다. 당연한 결과인데도 방청석에서는 눈물을 흘렸고 국민들은 한숨을 토했다.

윤 대통령은 취임 후 2년간 △김건희 주가조작 의혹 특검법, △대장동 50억 클럽 의혹 특검법 △양곡관리법 개정안 등 총 9개의 법안에 대해 거부권을 행사했다. 민주화 이후 대통령의 거부권 행사로는 최다이다. (전 대통령의 경우 전 임기 동안 노태우 대통령 7건, 노무현 대통령 6건, 박근혜 대통령 2건, 이명박 대통령 1건을 행사했을 뿐이다.)

그런데 대통령실에서 이번에도 즉각 거부권 행사를 시사하는 오만한 발언이 나왔다. 정진석 대통령 비서실장은 "특검법이 대한민국을 혼란에 빠뜨리는 사례로 남을 것"이라며 "죽음을 정치적 목적으로 악용하는 나쁜 정치"라고까지 요망한 발언을 하였다. 3일 홍철호 대통령실 정무수석도 "이걸 받아들이면 나쁜 선례를 남기는 것이고 더 나아가서 직무유기가 될 수 있다"고 말 같지 않은 말을 당당히 하였다. '국민의 뜻을 모르면서도 잘 알고 있다는 듯이 생각'하는 방자한 발언이다. 국방의 의무를 지러 간 군대에서 한 피지고 못한 젊은 꽃이 이슬처럼 사라졌다. 그 병사의 죽음을 규명하는 게 어찌 '나쁜 정치'와 '직무유기'인가. '나쁜 정치'와 '직무유기'는 본인들이 하고 있다는 것을 본인들만 모른다.

22대 국회의원을 선출한 '국민의 힘'(정당 '국민의힘'이 아님)을 정녕 몰라서 하는 말인가? 건국 이래 여당 최대 참패요, 대통령 지지율이 23%까지 떨어진 것을 보면서도 국민의 뜻을 어리석다 여기는 듯한 오만불손한 태도다. 이 정부가 들어선 지 2년 만에 대한민국은 정치, 경제, 사회, 언론 등 모든 부분에서 후진적 지수를 보이고 있다. '언론 지수'가 그 단적인 예다. '국경 없는 기자회'에서 3일(현지 시간) 공개한 '2024 세계 언론 자유 지수' 보고서에 따르면 한국은 62위로, 작년 47위에서 무려 15계단이나 더 떨어졌다. 한국의 '언론 자유 지수'는 일본(70위) 등과 함께 세 번째 그룹인 '문제 있음'에 속했다. 이유로 "한국의 몇몇 언론사들이 명예훼손 등의 혐의로 기소…" 따위를 지적했다. 문재인 정부 때는 41~43위(2018~22년) 수준을 유지했던 언론 자유였다.

야당은 "윤, 범인 아니니까. 채 해병 특검법 거부권 행사 안 할 것", "특검 거부하는 자가 범인, 여당이 끊임없이 되뇐 것", "거부권 행사시 민주당 강력한 저항 나설 것" 등으로 연일 경고성 발언을 하지만 윤 대통령의 10번째 거부권은 이제 시일만 남았을 뿐이다.

국회로 돌아오면 다시 21대 국회의원들의 몫이 된다. 그것도 여당인 국민의힘에 온전히 달렸다. 며칠 전 22대 선거 결과를 놓고 여당인 '국민의힘 토론회'가 열렸다. 낙선한 한 의원은 국민의힘 지지층과 관련해 "이번 총선에서 우리가 세대를 잃었다는 걸 확인했다"며 "20~50대뿐만 아니라 60대도 초반은 다 잃었다고 본다. 65살 플러스만 우리를 지지하는 정당이 됐다"고 했다. 토론에 나선 전문가들도 변화를 촉구했다.

외부 인사인 한 교수는 국민의힘이 '해병대 채 해병 순직 사건 수사 외압 의혹 특검법'을 우선 처리해야 한다고 강조했다. 그는 "해병대 채 해병 순직 사건 수사 외압 의혹을 풀기 위한 특별검사법이 되돌아오면 압도적으로 통과시키는 게 지금 국민의힘이 할 수 있는 유일한 일"이라고까지 하였다. 수도권 생존자인 한 의원은 국민의힘의 지금 상황을 "공동묘지의 평화"라 자조했다. 국민의힘 의원들은 대한민국 국민이 촛불로 '세계사에 길이 남을 민주주의의 혁명'을 일으킨 위대한 국민임을 잊지 말아야 한다.

이번 '채 해병 특검법'에 여당 의원은 단 한 사람만 투표에 참여했다. 국회의원으로서 직무유기요, 국민의 의사에 반하는 행태이다. '채 해병 특검법 통과'에 국민 67%가 "찬성"하고 있다는 것을 국민의힘 의원들만 모른다는 뜻이다. 국민의힘 의원들의 행태로 '채 해병 특검법'이 부결되고 자동 폐기된다면 그 결과는 어떠할까? 국민의힘 의원들은 플라톤의 『소크라테스의 변명』을 잘 새겨보기 바란다.

소크라테스가 현자가 된 이유는 '나'와 '이 사람'을 알아서다. 한

번쯤 '모르면서도 알고 있다 생각하는 이 사람'이 '혹 내가 아닌가?' 하는 의문을 품었으면 한다. '이 사람'은 결코 국민의 의사를 대변하는 국회의원도 대통령도 될 수 없다. 그렇지 않으면 한 의원의 지적처럼 공동묘지의 평화로 그치는 것이 아닌, '공동묘지에는 죽음의 적막만 있을 뿐'이란 점을 국민의힘 의원들은 잊지 말아야 한다. '국민의힘' 의원들의 지혜로운 선택을 기대한다.

059 민정수석실 부활을 보며 어리석은 사람 하늘에 활쏘기

站

　대통령실에서 22대 총선 여당 참패를 읽는 독해(讀解)가 거의 23~27% 대통령 지지율 수준이다. 국민의 뜻을 읽어 민정수석실을 부활한단다. 민정수석하면 국민들 뇌리에는 그 명칭부터가 부정적이다. 박근혜 정부 시절, '우병우 전 민정수석의 국정농단이란 망령'이 되살아나서이다. 민정수석이 검찰, 경찰, 국정원, 감사원, 국세청 등 5대 사정기관을 총괄 및 지휘하며 공무원과 민간인에 대해 불법 사찰 따위 등으로 구속되지 않았는가.

　이 정부가 '민정수석실 폐지'를 공약으로 내세웠던 취지도 이런 우를 범하지 않으려 해서였다. 실제 윤 대통령은 과거 검찰총장 시절, 당시 문재인 청와대 민정수석실과 개별 사건부터 검찰 인사 문제까지 사사건건 부딪혔다. 그런데 왜 이제 민정수석실을 부활하나? 혹 '대통령 개인 로펌'을 만들어 자신을 보호하고 야당을 겁박하고 국정을 옥죄기 위해서 아닌가하는 꼼수라 생각하는 이들이 많다.

　국민 기대와 동떨어진 이 행태가 꼭 '사어지천(射魚指天)'이다. '물고기를 잡아야 하는데 하늘을 향해 활을 겨누는 꼴'이란 뜻이다. 한나라의 유향(劉向)이 편찬한 『설원(說苑)』의 '어진 사람을 존중하라'는 「존현(尊賢)」편이 있다. 이 「존현」을 보면 '세상의 도리가 달라지면 일이 변화하고, 일이 변화하면 시기가 바뀌며, 시기가 바뀌면 풍속이 따라 변천한다. 따라서 지도자라면 '달라진 세상의 도리(지금으로 치면 선거 결과)에 따라 여러 사람들의 의견을 종합하여 빨리 변화든 변천이든 해야 한다'고 하였다.

그러고는 '하늘을 향해 활 쏘는 어리석은 사람'을 변화 못하는 예로 들었다. "한 어리석은 사람이 활 멀리 쏘는 법을 배우려 했다. 하늘을 향해 활을 쏘아 이미 다섯 걸음 안에 화살이 떨어졌는데 또 (변화를 모르고) 하늘을 향해 활을 쏘았다(愚人有學遠射者 參天而發 已射五步之內 又復參矢而發)." 이 얼마나 어리석은 짓인가. 과녁도 없는 하늘을 향해 백날 활을 쏘는 연습을 한들 화살이 어디에 떨어지겠는가. 다섯 걸음은커녕 제 머리에 떨어질지도 모른다.

유향은 이 어리석은 자의 활쏘기를 두고 '두 눈은 가을철에 새로 난 짐승의 가는 털끝을 보아도 태산은 보지 못하고, 귀는 맑고 탁한 음률은 들어도 우레 치는 소리를 듣지 못하는 것과 같다'며 이유를 "오직 그의 마음이 다른 데로 옮겨간 곳이 있기 때문이다(惟其意有所移也)"라 했다. 마음이 나라와 국민이 아닌, '자기 안위만을 위해서'로 옮겨가서 아닌가?

깜냥이 못 되면 내려오거나, 좋은 선생을 찾거나, 혹은 현인이라도 옆에 두어야 한다. 그런데 민정수석에 김주현(63세, 사법연수원 18기) 전 법무차관을 임명하였다. 그렇지 않아도 '검찰 공화국' 소리를 듣는 판이다. 이미 비서실장이며 주위에 둔 사람들조차 모두 그 밥에 그 나물이거늘 무슨 변화를 꾀하겠는가. 포악한 걸(桀)왕이 간신(干辛)을 등용하고, 음란한 주(紂)왕이 비렴(飛廉)과 악래(惡來)를 등용하고, 송나라 헌(獻)왕이 당앙(唐鞅)을 등용하고, 진나라 이세황제가 조고(趙高)를 등용할 때, 사람들은 이미 나라에 망조(亡兆)가

들었다 했고, 결국 망했다.

'간신'은 위세를 부려 백성들에게까지 화가 미쳤고 '비렴'과 '악래'는 부자간으로 모두 간신의 전형이다. '당앙'은 송왕이 "내가 매우 많은 사람을 죽였는데도 신하들이 나를 두려워 않으니 무슨 까닭인가?" 하자, "선한 자와 불선한 자를 가리지 말고 모두 죄 주면 두려워할 것입니다"라 한 이요, '조고'는 윗사람에게 방자하고 권세를 마음대로 휘두른다'는 뜻의 '지록위마(指鹿爲馬, 사슴을 가리켜 말이라 하다)'라 한 내시이다.

그제(8일)는 '윤석열 대통령 장모 가석방 전격 결정, 14일 출소 예정'이 어제(9일)는 631일만의 대통령 기자 회견이 국민의힘 내에서도 '갑갑, 답답, 하나마나!'란 평이란다. 변화를 모르는 이 정부의 하는 행태가 마치 어리석은 자가 동짓날 밤이 짧기를 바라고 하늘을 향해 화살을 쏘면서 과녁(물고기)에 맞기를 바라는 것과 같다.

060 '검찰 인사'와 '사당 쥐' 이야기

站

'원칙 수사' vs '기습 인사, '검찰 고위직 인사'에 '김건희 방탄 논란' … 갑자기 검찰 인사가 단행되었다. 그것도 김건희 여사 수사와 관련된 인사였다. 누가 보더라도 검찰 인사를 통하여 '김건희 소환을 막아보려는 심사라고 생각한다. 대통령 선거에서 안 철수한 다던 한 여당 의원도 "국민 오해할 검찰 인사 유감"이라고까지 하였다. 오죽하면 갑작스러운 검찰 인사이동에 당혹한 조·중·동도 혹평 일색이란다.

이계(耳溪) 홍양호(洪良浩, 1724~1802) 선생의 『한거록(閒居錄)』(『이계집』 제8권), 시(詩)에 보이는 「관조탁목(觀鳥啄木, 새가 나무를 쪼는 것을 보다)」이란 오언고시(五言古詩, 한 구가 5개의 글자로 이루어진 시)가 있다. 시는 이렇다.

나무를 쪼고 또 쪼니/ 벌레가 나무속에 들어가 숨어서라네/ "나와 너는 아무 원한 없는데/ 어찌하여 와서 학대하느냐?"/ 새가 말하길, "너의 죄가 참으로 크도다/ 천지신명이 용서치 않으리라/ 나무 속에서 숨어 지내며/ 도리어 나무속을 갉아먹지/ 밖에서는 껍질을 벗겨먹고/ 안으로는 진액을 빨아먹어/ 끝내는 화려한 마룻대 될 재목을/ 텅 빈 밑동만 남겨놓지/ 형세는 쥐가 사당에 숨어든 것과 같고/ 걱정은 뱀이 지붕을

뚫는 것보다도 심하니/ 몸을 맡김이 어찌도 그리 교묘한지/ 주둥이 놀려
마음껏 배 채우며 즐기더구나/ 나는 나무에 해를 입히는 요물을 없애려
함이지/ 네 살이 맛있어서가 아니니라."

이계 선생은 뛰어난 문장, 행정과 현실의 문제에 식견이 뛰어난
경세가(經世家)였다. 선생은 이용후생의 사유를 통해 나라와 민생을
위한 다양한 정책을 제시한 개명한 지식인이었다. 그는 나라를 나
무에, 간신을 나무벌레에 비유하였다. 그러고 벌레가 나무의 진액
을 빨아먹는 형세를 "세동서의사(勢同鼠依社, 쥐가 사당에 숨어든 것
같다)"라 한다.

이 말은 『안자춘추 내편』 '문상'에 보인다. 제경공(齊景公)이 안영
(晏嬰)에게 나라를 다스리는데 근심거리가 무엇이냐고 묻자 안영은
이렇게 말한다.

"무릇 지신사당은 나무를 엮은 다음 여기에 흙을 발라서 짓는데
쥐가 이곳에 숨어들면 불을 때자니 그 나무가 타버릴까 걱정되고
물을 대자니 바른 흙이 무너질까 걱정하여 이 쥐를 죽이지 못하니
그 까닭은 사당 때문입니다. 무릇 나라에도 역시 이런 쥐가 있는데
임금의 측근들이 바로 그러합니다(夫社束木而塗之 鼠因往託焉 熏之則
恐燒其木 灌之則恐敗其塗 此鼠所以不可得殺者 以社故也 夫國亦有焉 人主左
右是)."(『한비자』 권13 「외저설우상」에는 제 환공이 관중에게 묻는 것으로
되어 있다)

안영은 권력자(社: 토지신을 모시는 지신사당)를 등에 업은 간신 무
리들(鼠: 쥐)로 권력의 비호를 받으면서 온갖 국정을 농락하며 농간
을 부리는 무리들을 경계하고 있다. 쥐(간신)가 생존하고 번식케
하는 비호처는 바로 사당(권력자) 때문이다.

시의 뒤는 이렇게 이어진다.

벌레들이 우르르 피하는 모습 보이며/ 악악! 울부짖는 소리 들리는 듯/ 나무는 마침내 천수를 누리게 되었고/ 벌레도 가족을 보존하였네.

검찰, 국민들의 걱정거리로 전락한지 오래다. '검찰 개혁'을 하려는 이유가 여기에 있다. 정권의 시녀임을 자처하는 검찰, 혹 저 '사서(社鼠, 사당 쥐)'가 아닌지 선생의 글줄을 잘 새겨보아야 할 것이다. 그러고 나무도 천수를 누리고 벌레도 가족을 보존하는 방법을 찾아야 한다. 이계 선생은 '벌레가 새를 발견하고 한시바삐 도망가 버리면 된다'고 하였다.

이미 대통령의 임기 2년은 지났고 국민 지지는 30%를 넘지 못한다. 22대 국회는 야당 192석 : 여당 108석이다. 여당의 108번뇌가 없으면 정국이 어디로 흐를지 모른다. 국민이 잠시 맡긴 권력을 등에 업고 방자히 쓰다 그 끝이 어찌 되었는지는 역사를 보면 안다. 국민들이 들고 일어서는 날에는 사당도 쥐를 지켜 주지 못한다. 사당을 새로 지으면 되기 때문이다.

061 1%가 90%를 이기는 비법(?), '89인'의 '그들만의 리그'

站

"참 세상 변하기 어렵습니다. 이리 바꿔도 저리 바꿔도 그놈이 그놈이란 말입니다." 엊그제 만난 지인은 울분을 터뜨렸다. 분명 국회의장 선출에 대한 세간의 민심은 '추미애(90~95%) : 민주당 우원식(1~3%)'이었다. 그러나 1%가 90%를 이겼다. 22대 야당 국회의원을 뽑은 민심과는 그 괴리가 너무 멀고도 멀다. 분명 국회는 민심의 '대의기관(代議機關, 대의원이 정사를 논하는 기관)'이다.

따라서 국회의원은 각종의 특권과 권리를 가지는 반면, 국민의 대표로서 국정 심의에 전념하는 데 필요한 특별한 의무도 함께 지고 있다. 그 중 ① "헌법 준수의 의무"와 ② "청렴과 국익 우선의 의무"가 있다. 내용은 '국민의 자유와 복리 증진', '국가의 이익을 우선'해야 한다는 특별한 임무이다.

두어 주 전 '참' 내용을 다시 인용한다. 2024년 3월 7일 스웨덴 예테보리대학의 민주주의 다양성 연구소는 '민주주의 리포트 2024'에서 한국의 '민주주의 지수'를 179개 나라 가운데 47위로 평가했다. 한국은 2019년 18위, 2020~2021년 17위, 2022년 28위로 최상위권 국가였으나, 이 정권 들어 순위가 크게 떨어졌다. 특히 한국을 '독재화'가 진행 중인 42개국 가운데 하나로 분류했다. 한국은 자유민주주의 최상위 그룹(32개국)에 속한 나라 가운데 유일하게 독재화가 진행 중인 나라에 포함됐다.

　여기에 이태원 참사, 채상병 사망사건, 김건희 여사 양평고속도로, 명품 백 수수, 도이치모터스 주가조작 등등에 IMF 때보다 더하다는 가파른 경기, 0.7명 저출산 전 세계 1위, OECD 국가 중 청소년·노인 자살률 1위, 자유민주 지수는 17위에서 47위로 30위 추락하였다. 대통령의 무능력과 독단으로 국론은 분열되고 검찰공화국이 된 결과다. 바야흐로 무뢰(無賴), 무식(無識), 무지(無知), 무도(無道), 무치(無恥)의 '5무(無) 전성시대'가 되었다.

　이렇게 민주주의의 삼권 분립 중, 행정부와 사법부가 붕괴되었다. 그러나 이를 견제할 입법부의 수장인 김진표 21대 국회의장은 저러한 정부의 행태를 좌시만 하였다. 국회의장으로서 태업(怠業)이다. 성난 국민들은 회초리를 들었다. 40%의 현역 의원을 갈아치웠다. 그런데 묘하게 숫자가 맞아 돌아간다. '제21대 국회 후반기 의장단 선거 – 김진표 89표(당선 후 일성: "협치" 운운)'(2022.05.24)이 '제22대 국회 전반기 의장단 선거 – 우원식 89표(당선 후 일성: "협치" 운운)'(2024.05.16)에 빙의(憑依)가 된 듯하다.

　1%가 90%를 이긴 비법은 '다선'도 '연령'도 '관례'도 아닌, 더욱이 국회의원의 특별한 임무인 '국민의 자유와 복리 증진', '국가의 이익을 우선'도 아닌, '개인의 이해집산에 의한 짬짜미'요, 당을 장악해 보려는 '패거리 정치'였다. 그 모양새가 '비출동고(俾出童羖, 뿔 없는 숫양을 내놓으라)' 꼴이다. 『시경』「소아 빈지초연」편에 "술 취해 떠들다 보면, 숫양이 뿔 없다는 헛소리가 나온다"는 구절이 있다. '뿔 없는 숫양'이 어디 있는가. '사랑하는 당원 동지'를 부르짖고 '국민의 머슴'이라 1표를 구걸하더니, 그 새 권력에 취해 저러한 망령된 행태를 보인다.

국민은 '5무(無) 시대'를 벗어나려고 야당에 192석을, 108번뇌쯤 하라고 여당에 108석으로 깨우침을 주었다. 하지만 대의기관으로 대중정당을 지향한다는 민주당에서 1%가 90%를 이기는 '89인'의, '그들만의 리그'를 또 볼 줄은 몰랐다. 여당의 108번뇌는커녕, 국민의 108번뇌만 커졌다. 탈당을 했거나 하려는 당원이 2만 명이란다. 우 의원에 대한 비토가 아니다. 민의가 추 의원을 선택한 것은 현 대통령의 '5무(無)' 정치에 투쟁할 선명성이 분명해서다.

이 국민들의 집단지성을 가소롭게 여기는 '89인'의, '그들만의 리그'의 결말은 어떻게 될까? 이 정권이 당신들의 캐비닛을 여는 날, '1%가 90%를 이기는 비법(?)'이 '가소로운 기행(奇行)'이었음을 알게 될지도 모른다. 그때 당신들을 막아 줄 국민들은 더 이상 없을 것이다.

062 우리들의 일그러진 영웅

站

"오히려 석대를 관찰하면서 더 자주 확인하게 되는 것은 담임 선생님이 그를 신임하지 않을 수 없는 이유들이었다. 그에게 맡겨진 우리 반의 교내 생활은 다른 어느 반보다 모범적이었다. 그의 주먹은 주변 선생님들이나 6학년 선도부원들의 형식적인 단속보다 훨씬 효율적으로 … 그가 이끌고 나가는 운동 팀은 반 대항 경기에서 우리 반에 우승을 안겨 주었고, '돈내기'라는 어른들의 작업 방식을 흉내 낸 그의 작업 지휘는 담임 선생님들이 직접 나서서 아이들을 부리는 반보다 훨씬 더 빨리, 그리고 번듯하게 우리 반에 맡겨진 일을 끝내게 했다." 이문열의 〈우리들의 일그러진 영웅〉 중 한 장면이다.

그때 그이도 한 때는 저러했다.

"저는 사람에 충성하지 않기 때문에 제가 오늘 이런 말씀을 드리는 겁니다."(2013년 10월 21일, 국정감사 중)

"지시 자체가 위법한데 그것을 어떻게 따릅니까? 그럼 이의제기해서 안 받아들여지면 그러면 그걸 따라야 된다는 겁니까?"(2013년 국정감사 중)

"검사가 수사권 가지고 보복하면 그게 깡패지, 검사입니까?"(2016년 12월, 박근혜─최순실 게이트 특검에 참여하며)

"이번 수사는 법원을 죽이려는 수사가 아니다. 법원을 살리기 위한 수사다. 법원이 무너지면 검찰도 무너진다."(2018년 10월, 양승태 대법원 사법농단 의혹 사건 수사를 지휘하며)

그는 그렇게 우리들의 영웅이 되었다. 영웅으로서 검찰총장이 되었다.

"새로운 검찰을 기대하는 국민의 목소리가 높은 시기에 검찰총장의 소임을 맡게 되어 막중한 사명감을 느낍니다. 저희 검찰은 '국민과 함께 하는 검찰'이 되고자 노력하겠습니다. 국민으로부터 부여받은 권한을 오로지 법에 따라 국민을 위해서만 행사하겠습니다."(2019년 7월 25일, 검찰총장직에 취임하며)

"흔들어대도 몸무게가 100kg이라 안 흔들린다."(2020년 4월 10일, 여권의 윤석열 흔들기에 대해)

이런 그가 조금씩 변하기 시작했다.

"검찰은 검찰 구성원들의 비리에 대해서는 절대 용납하지 않습니다."(2020년 10월 22일, 국정감사 중)

"직을 걸어 막을 수 있다면 100번이라도 걸겠다."(2021년 3월 2일, 국민일보와 검수완박 관련 인터뷰에서)

"지금 진행 중인 소위 말하는 검수완박이라고 하는 것은 부패를 완전히 판치게 하는 '부패완판'으로서 헌법정신에 크게 위배되는 것이다."(2021년 3월 3일, 검찰 수사권 박탈 정책에 반대하며)

"제가 지금까지 해 왔듯이 앞으로도 제가 어느 위치에 있든지 자유민주주의와 국민을 보호하는데 온 힘을 다하겠습니다."(2021년 3월 4일, 검찰총장직에서 사퇴하며)

드디어 그는 대통령 선거에 뛰어 들었다.

"국민이 불러서 나왔다."(2021년 6월 14일, 국민의힘 입당 문제에 대

한 질문에서)

"경제 상식을 무시한 소득주도성장, 시장과 싸우는 주택정책, 법을 무시하고 세계 일류 기술을 사장시킨 탈원전, 매표에 가까운 포퓰리즘 정책으로 수많은 청년, 자영업자, 중소기업인, 저임금 근로자들이 고통을 받았습니다."(2021년 6월 29일, 대선 출마 선언 중)

"정권교체를 이루지 못하면 개악과 파괴를 개혁이라 말하고, 독재와 전제를 민주주의라 말하는 선동가들과 부패한 이권 카르텔에 의해 국민들이 오랫동안 고통받을 것입니다."(2021년 6월 29일, 대선 출마 선언 중)

"대통령은 사회 갈등을 증폭하는 것이 아니라 조정하고 치유해야 합니다. 그것이 정권교체를 위해 제가 대선후보로 나선 큰 이유이기도 합니다. 앞으로 기성세대가 잘 모르는 것은 인정하고, 청년세대와 공감하는 자세로 새로 시작하겠습니다. 처음 국민께서 기대했던 윤석열다운 모습으로 공정과 상식의 나라를 만들겠다는 약속을 반드시 지키겠습니다."(2022년 1월 3일, 본인의 페이스북에 남긴 문구)

"존경하는 국민 여러분, 대통령의 권력은 유한하고, 책임은 무한합니다. 이 명백한 사실을 1분 1초도 잊지 않겠습니다."(2022년 2월 15일, 서울 청계광장 출정식)

드디어 그는 0.7% 차이로 당선되어 2022년 5월 10일 여의도 국회의사당 앞마당에서 열린 대통령의 취임식장에서 선서를 하였다. '자유!' 35번 외치며, "국민이 진정한 주인인 나라로" 만들겠다 하였다. 하지만 그는 "불통(不通), 부도덕(不道德), 부조리(不條理) 3불, 무능(無能), 무지(無知), 무식(無識), 무례(無禮), 무책(無策) 5무 시대를 활짝 열어젖혔다. 정권은 심판의 대상이 되었고 국민의 지지율은 20%에서 맴돌고 성난 민심은 야당 192석, 여당 108석을 만들어

놓았다. 탄핵(彈劾)에 근사치한 의석 배분이다. 그런데도 국민 70% 가 동의하는 채상병 특검에 거부권을 또 행사했다. '10번째'다.

〈우리들의 일그러진 영웅〉 결말은 이렇다. "형사 한 사람이 차갑게 내뱉으며 허리춤에서 반짝반짝하는 수갑을 꺼냈다. 그걸 보자. 붙잡힌 남자는 더욱 거세게 몸부림쳤다. '이 자식이 아직도 정신 못 차려?' 보다 못한 다른 형사가 그렇게 쏘아붙이며 한 손을 빼 남자의 입가를 쳤다. 그 충격에 선글라스가 벗겨져 날아갔다. 그러자 비로소 드러난 그 남자의 얼굴, 아! 그것은 놀랍게도 엄석대였다. 30년 가까운 세월이 지나갔건만, 한눈에 알아볼 수 있는 그 우뚝한 콧날, 억세 보이는 턱, 그리고 번쩍이는 눈길 … 나는 못 볼 것을 본 사람처럼 두 눈을 질끈 감았다."

063 피터팬 증후군과 똑딱 악어의 시계 소리!

站

　　29일 윤 대통령은 '전세사기피해자 지원 및 주거안정 특별법', '민주유공자 예우법', '농어업회의소법', '한우산업지원법' 등 4개 법안에 거부권을 행사했다. '채상병 특검법'에 이어 14번째다. 대한민국 헌정사상 초유의 일이다. 거부권 행사 횟수는 이승만 전 대통령이 재임 12년 동안 45회로 1위, 윤 대통령은 2년 동안 14회이다. 재임기간을 고려하면 이 전 대통령은 1년에 3.7회인 반면 윤 대통령은 1년에 7회이다.

　　이런 대통령이 기자들을 초청하여 파티를 열었다. 초대된 기자들은 우르르 몰려갔다. 공개된 상차림은 안동 한우와 완도 전복, 장흥 버섯, 무안 양파, 강원도 감자, 제주 오겹살, 이천·당진 쌀밥, 남도 배추김치, 여수 돌산 갓김치, 문경 오미자 화채, 경남 망개떡, 성주 참외, 고창 수박, 양구 멜론 등 전국 각처에서 올라 온 맛난 음식들로 넘쳐났다.

　　하지만 기자들이 연신 맛있다며 줄을 서 배식을 받은 곳은, 앞치마를 두른 대통령의 '윤석열 표 레시피' 대로 조리된 김치찌개와 계란말이였단다. 물론 채해병·김건희 특검법 등 민생 현안에 대한 기자들의 질문은 없었다. 한 언론은 이를 꼬집어 〈"김치찌개 더 주세요"라는 기자에 국민이 느낀 모욕감〉이란 타이틀을 달았다.

각설(却說), '피터팬 증후군(Peter Pan syndrome)'이란 말이 있다. 미국의 임상 심리학자 댄 카일리(Dan Kiley)가 그의 저서 『피터팬 증후군』에서 사용한 용어로 '몸은 어른이지만 어른의 세계에 끼지 못하는 '어른 아이'가 늘어나는 사회 현상을 일컫는다. 제임스 매튜 배리(James Matthew Barrie)의 자라지 않는 아이들의 세계를 그린 『피터팬』에서 따온 이 용어의 특징은 책임 회피, 타인 의존, 독립 불가 따위로, 즉 부정(denial)과 퇴행(regression)을 방어기제(defense mechanism)로 사용한다.

그런데 피츠버그 대학의 숀 소렐스(Shawn Sorrells) 박사와 연구진이 『네이처 커뮤니케이션즈(Nature Communications)』에 발표한 논문에서 이 증후군이 과학적임을 밝혔다. 연구 내용을 대략 요약하면 이렇다.

편도체(amygalda)에는 파랄라미나 핵(PL, paralaminar nuclei)이라는 미성숙한 신경세포 집단이 있다. 이 미성숙 세포의 비율이 유년기 내내 높게 유지되다 사춘기 동안 급격히 감소한다. 13세까지 미성숙 PL 세포의 수는 약 90%에서 70% 미만으로 줄어든다. 사춘기가 끝날 무렵에는 PL 세포의 약 20%만이 미성숙 상태로 남아 있고 이 미성숙 세포가 사라지면서 성숙한 뉴런으로 대체된다.

그런데 노인이 되어도 미성숙한 상태인 '피터팬' 세포가 그대로 남아 있다. 뇌의 감정 처리를 위한 핵심인 편도체 중, 일부 '피터팬' 세포를 77세로 사망한 노인에게서 발견하였기 때문이다.

편도체는 특히 인간의 정서 발달에 중요한 역할을 한다. 편도체의 이상은 신경 발달 장애를 일으킨다. 예를 들어, 자폐증이 있는 어린이들에게는 편도체 뉴런의 확장이 없으며, 우울증, 불안감, 조울증, 외상후 스트레스 장애(PTSD)와 같이 청소년기에 자주 나타나는 감정 장애도 편도체 발달장애와 연관된다.

한 번 더 각설, 『피터팬』의 공간 배경은 '네버랜드(Never Land, 절대 있을 수 없는 나라)'이다. 네버랜드에는 피터팬의 영원한 숙적, 갈고리(hook)를 착용하고 있는 '후크 선장'이 있다. 후크 선장이 제일 무서워하는 것은 자기 자신의 피를 보는 것과 자신의 한쪽 손과 함께 시계를 먹은 '똑딱 악어(Tic Tock Croc)'이다. 그 시계가 똑딱거리면 악어가 나타났음을 알려주기에 후크 선장은 그 시계 소리만 들렸다 하면 해적 선장답지 못하게 패닉에 빠져 고함을 지른다.

어른이면서도 어른이 못 되는, 기자이면서도 기자가 못 되는, 국회의원이면서도 국회의원이 못 되는, … 민주주의 국가의 국민이면서도 국민이 못 되는, … 대통령이면서도 대통령이 못 되는 이들을 본다. 그래서인가. '오늘도 꿈속에서 피터팬과 후크선장의 나라 네버랜드로 가지 않을까' 염려해 본다. 그러고는 '똑딱 악어'의 시계 소리를 들어본다. 2024년 5월 31일, 오전 9시 26분 58초, 59초, … 아! 다행스럽게도 '똑딱 악어'는 오늘도 힘차게 소리를 낸다. 똑딱! 똑딱!

064 도리도리하며 설레발치는 그, 그리고 산유국 꿈

站

산유국(?) 꿈을 꾼다. 건들건들 걷는 걸음, 체머리 앓는 사람처럼 쉴 새 없이 흔들어대는 도리도리, 말할 때 "음", "예" 하는 허두사, 어떻게 저런 한낱 지식으로 그 자리에 앉았는지 의심스러울 정도의 무식하고 과격한 말들, … 성격까지 데설궂은 줄은 진작 알았지만 이제는 설레발까지 친다.

'도리도리'는 어린아이가 머리를 좌우로 흔드는 동작이다. 엄마와 짝짜꿍할 때 하고는 이내 두세 살만 되어도 하지 않는다. 들까부는 초등생도 아예 채신머리없는 짓으로 여긴다. 그렇지 않아도 그 커다란 몸집이다. 거들먹거리며 함부로 뱉는 말, 거친 행동이기에 그 언동은 더욱 목불인견이다.

3일, 그는 한·아프리카 정상회담을 젖혀두고 '포항 앞바다에 유전 가능성이 높다'는 발표를 하였다. 야권은 '국면 전환용 정치쇼'라 하였고 여당은 '탐사 시추를 적극 지원'하겠다며 엄호했다. 2년 만의 '첫 국정 브리핑'이기도 하여 잠시 그의 말을 따라잡아 보았다.

"존경하는 국민 여러분! 포항 영일만 앞바다에서 막대한 양의 석유와 가스가 매장돼 있을 가능성이 높다는 물리탐사 결과가 나왔습니다. 국민 여러분께 이 사실을 보고 드리고자 합니다"로 시작하여, "세계 최고 수준의 심해 기술 평가 전문 기업에 물리 탐사 심층 분석을 맡겼고, 최대 140억 배럴에 달하는 석유와 가스가 매장돼 있을 가능성이 높다는 결과"며 "유수 연구 기관과 전문가들 검증도 거쳤다"는 문장이 뒤를 이었다.

1976년 1월 15일이 있었다. 이날 고(故) 박정희 대통령은 '영일만 석유 발견!'을 전 국민에게 알렸다. 1차 오일쇼크(1973~1974)로 고통을 겪던 차였다. 우리 국민들은 산유국의 꿈에 한껏 부풀어 올랐다. 국민 개개인의 삶은 풍요로워지고 대한민국은 부유한 나라가 될 줄 알았다. 그러나 1년여 만에 개발은 중단되었다. 이로부터 48년 뒤, 또 산유국의 꿈을 꾸게 만드는 발표였다. 발표 뒤 관련 기업의 주가는 요동쳤다.

문제는 발표 뒤였다. 물리 탐사 심층 분석을 맡긴 세계 최고 수준의 심해 기술 평가 전문 기업이라는 액트지오(Act-Geo)는 직원이 단 1명뿐이었다. 연방 정부에 보고된 연 평균 매출은 2만 7,701달러(한화 약 3,800만원), 회사를 창업한 지질학자 빅토르 아브레우(Vitor Abreu)의 집이 회사 주소지란다. (현재 이 집은 미국 휴스턴 지역의 부동산 사이트에 월세 7,000여 달러의 임대 매물로 나와 있다.) 이 집에서 직원 1명이 '최대 140억 배럴에 달하는 석유와 가스가 매장돼 있을 가능성이 높다는 결과'를 도출하였다는 결과다.

석유, 가스전 개발은 '물리탐사', '탐사시추', '상업개발'의 세 단계로 진행된다. 현 단계는 탐사 시추 단계이다. 5개 이상의 시추공을 뚫어야 하는데, 1개 당 1천억 원의 비용이 들어간다. 시추 성공률은 20%로 예상한단다.

그런데 "우리는 산유국이 안 될 것 같아요? 앞으로 돼. 이 나라 저 밑에 지금 가스고 석유 많아요"라는 천공의 발언이 떠돌아다닌다. 이미 지난달 16일 유튜브 영상이다. 천공은 이를 개발하면 "우리 국민 소득은 10만 달러, 20만 달러가 될 것"이라고 했다. 건진이니 천공 등 무속인의 그림자를 짙게 드리웠기에 헛웃음만 나온다.

이쯤 되면 그의 말을 '설레발치다'라 할밖에 없다. '설레발치다'는 몹시 서두르며 부산하게 굴 때 쓰는 말로 '돈벌레'라 불리는 '설레발이'에서 나왔다. 설레발이 성충의 몸길이는 25mm 정도이며, 15개 마디가 있다. 마디마다 2개씩 총 30개의 다리가 달렸다. 1쌍의 긴 더듬이를 흔들며 수많은 다리를 움직이기에 그 모습이 부산스럽기 그지없어 지나치게 나대고 소란 떠는 것을 '설레발친다'라 한다. 설레발이는 위급할 때 도마뱀처럼 다리를 자르고 달아나지만, '도리도리하며 설레발치는 그, 그리고 산유국 꿈'의 결말은 어떠할지 사뭇 궁금하다.

065 윤 대통령의 현충일 기념사를 보며

站

　윤석열 대통령은 6일 제69회 현충일 추념식에 참석해 기념사에서 "존경하는 국민 여러분, 그리고, 국가유공자와 보훈가족 여러분, 오늘은 예순아홉 번째 현충일입니다. 우리는 자유 대한민국을 지켜온 숭고한 희생을 기억하고 추모하기 위해, 오늘 이 자리에 함께했습니다"로 서두를 시작하였다. 그러며 "지금 대한민국은 세계에서 가장 밝은 나라가 됐지만, 휴전선 이북은 세계에서 가장 어두운 암흑의 땅이 됐습니다" 하고 "북한의 위협을 결코 좌시하지 않을 것"이라며 "단호하고, 압도적으로 도발에 대응해 나갈 것"이라 하였다.

　또 "존경하는 국민 여러분, 평화는 굴종이 아니라 힘으로 지켜내는 것입니다. 우리의 힘이 더 강해져야만 북한을 변화시킬 수 있습니다. 북한 동포들의 자유와 인권을 되찾는 일, 더 나아가 자유롭고 부강한 통일 대한민국으로 나아가는 일도, 결국 우리가 더 강해져야 가능한 것입니다" 하였다. 그는 평화의 원천을 '힘'에서 찾고 있다.

　그러며 "도전과 혁신으로 도약하는 나라, 민생이 풍요롭고 국민이 행복한 나라, 청년의 꿈과 희망이 넘치는 나라, 온 국민이 하나되어 함께 미래로 나가는 더 강한 대한민국을 건설하겠습니다"라

하고 "도전과 혁신, 풍요롭고 국민이 행복한 나라, 청년의 꿈과 희망이 넘치는 강한 대한민국을 건설"하잔다.

이재명 야당 대표도 이날 자신의 블로그에 글을 올렸다. 그는 "전투를 앞둔 병사의 눈빛을 본 적 있는 사람이라면 전쟁하자는 말을 차마 하지 못할 것이다"로 서두를 열었다. 독일의 재상 비스마르크(battleship Bismarck, 1815~1898)의 말이다. 비스마르크는 1862년 독일 제국의 초대 총리로 철혈 정책을 써서 프로이센, 오스트리아, 프랑스 전쟁에서 승리하고 1871년 독일 통일을 완성한 이다.

이 대표의 말은 이렇게 이어진다. "수많은 무명용사들의 희생에는 뼈아픈 교훈이 담겨 있습니다. 다시는 이 땅에 전쟁이 없어야 한다는 것입니다. 굳건한 평화야말로 최고의 호국 보훈이라는 역사의 교훈을 되새겨야 합니다. 싸워서 이기는 것은 하책입니다. 싸울 필요가 없는 상태, 평화야말로 어렵지만 가장 튼튼한 안보입니다." 그는 평화야말로 최고의 상책으로 보았다. 따라서 "강력한 국방으로 적의 도발에 철저히 대비하되 흔들림 없는 평화 체제를 구축하는 것만이 호국영령들의 고귀한 헌신에 답하는 길이라 믿습니다"라 끝을 맺었다.

조국의 독립을 그렇게 외쳤던 백범(白凡) 김구(金九, 1876~1949) 선생은 『나의 소원』에서 하느님이 "네 소원이 무엇이냐?" 하고 물으시면, 나는 서슴지 않고 "내 소원은 대한 독립(大韓獨立)이오" 하고 대답할 것이다. "그 다음 소원은 무엇이냐?" 하면, 나는 또 "우리나라의 독립이오" 할 것이요, 또 "그 다음 소원이 무엇이냐?" 하는 세 번째 물음에도, 나는 더욱 소리를 높여서 "나의 소원은 우리나라 대한의 완전한 자주 독립(自主獨立)이오"라 하였다.

같은 글에서 백범 선생은 완전한 자주독립의 나라를 이렇게 말했다. "나는 우리나라가 세계에서 가장 아름다운 나라가 되기를 원한다. … 오직 한없이 가지고 싶은 것은 높은 문화의 힘이다. 문화의 힘은 우리 자신을 행복하게 하고 나아가서 남에게 행복을 주겠기 때문이다. … 나는 우리나라가 남의 것을 모방하는 나라가 되지 말고 이러한 높고 새로운 문화의 근원이 되고 목표가 되고 모범이 되기를 원한다. 그래서 진정한 세계의 평화가 우리나라에서, 우리나라로 말미암아서 세계에 실현되기를 원한다."

백범이 그린 자유롭고 부강한 나라는 경제도 국력도 아닌 '문화국가'였다. 그리고 우리나라의 이 문화로 세계의 평화가 실현되기를 바란다고 하였다. 한 나라의 지도자라면 이 정도의 원대한 비전이 있어야 한다.

어떻게 평화의 원천이 오로지 '강한 힘'이란 말인가? 문화가 바로 '힘'이라는 백범 선생의 말을 새겨들었으면 한다. 또 '단호'니, '압도적'이니 호전적인 용어로 상대를 자극하는 게 호국 보훈의 날에 맞는 기념사인가? 이 대표의 말대로 '평화는 평화로써 지켜야 하고 평화야말로 최고의 상책'임을 정녕 모른다는 말인가. 윤 대통령의 현충일 기념사는 한 나라 지도자의 기념사로서는 한 없이 유치하고 저속하다.

끝으로 평생 동안 절개를 지닌 〈논개〉의 시인 변영로 선생의 지도자 상(像)을 적바림 해둔다. 꼭 실천하기 바라면서. "정치는 미봉(彌縫, 임시변통)의 소산이 아니다. '대정견(大定見, 큰 일정한 주장)'이 있어야 하고 '대이상(大理想, 큰 이상)'이 있어야 하며 '숭고한 고집'이 있어야 한다."

066 권력과 광기의 사회 병리학

站

"청렴하고 공정한 대한민국, 국민에게 힘이 되는 권익위"

권익위 첫 화면에 보이는 글귀다. 위원장이란 자의 인사말에는 "우리 위원회는 현장으로 찾아가 국민의 목소리를 듣고, 어려움을 적극적으로 해결하겠습니다. 관행적인 부정과 부패는 바로 잡고, 문제의 원인을 근본적으로 해소하겠습니다"라는 글귀도 보인다.

이런 국민권익위원회가 12일 윤석열 대통령의 부인 김건희 여사의 명품 가방 수수 의혹과 관련, 윤 대통령에게는 김 여사가 받은 가방을 신고할 의무가 없다고 밝혔다. 김 여사가 받은 명품 가방 선물은 대통령과 직무 관련성이 없기 때문에 신고 대상이 아니고, 직무 관련성이 있더라도 재미교포인 외국인이 건넨 선물은 국가 소유의 대통령기록물로 분류되기 때문에 신고 의무가 없다는 취지다.

마치 사실이 아닌 것을 사실이라 판단하고 일어난 일에 대해 왜곡해서 말하는 '허언증(虛言症)' 환자가 "한밤중인데 해가 떴다"고 말하는 것과 무엇이 다른가. 해석하자면 '앞으로는 고위 공무원 부인에게 인사 청탁을 해도 무방하'다는 뜻이요, '뇌물공화국을 건설하자'는 의미다. 도둑놈 손발 맞듯, 보란 듯이 이날 대통령 부부는 순방길에 올랐다. 이쯤 되면 '건희권익위원회'지 '국민권익위원회'지 구분이 안 간다.

여당인 국민의힘은 여봐란듯이 오늘도 태업(怠業) 중이다. 태업이란 맡겨진 일을 불성실하게, 건성으로 하는 것이다. 좁은 의미로는 노동쟁의행위 중 하나로 실제로는 근로자들이 뭉쳐서 작업능률을 떨어뜨리는 행위인 파업이다. 이 정부 들어 '국가 경제'는 나락으로 떨어지고 '국민의 자유와 복리 증진'은 박제(剝製)가 되었다. 하지만 아직도 저들은 의회민주주의를 무력화시킨 자신들을 지지하는 국민이 30%는 된다며 굳건한 신념으로 주는 세비만 축내고 있다.

여기에 우리 언론은 '포항 앞바다에 유전 가능성이 높다'는 엉터리 발표를 하여도 '검찰이 정권의 시녀'가 되어도 이를 멀뚱멀뚱 바라만 보고 있다. 한 치 벌레도 닷 푼 결기가 있거늘 오히려 "김치찌개와 계란말이가 맛있어요. 더 주세요" 하며 권력의 주변에 얼쩡거린다.

언론인의 사표인 리영희(李泳禧, 1929~2010) 선생이 『우상과 이성』에서 "글을 쓰는 유일한 목적은 진실을 추구하는 오직 그것에서 시작되고 그것에서 그친다. … 그것은 우상에 도전하는 이성의 행위이다. 그것은 언제나, 어디서나 고통을 무릅써야 한다. … 그 괴로움 없이 인간의 해방과 발전, 사회의 진보는 있을 수 없기 때문이다"라 외친 말이 공허할 뿐이다.

비비안 그린의 『권력과 광기』라는 책을 보며 이 모두가 권력이 부른 광기라는 생각이 든다. 책의 첫머리는 "광기의 본질은 선천적 정신질환에 의한 것인가. 아니면 권력 강화를 위한 의도된 수단인가?"로 시작한다. 그러고는 칼리굴라부터 스탈린까지 독특한 시각으로 '권력의 광기'라는 흥미로운 현상을 파고 들어간다. 저자는 '권력의 광기'에 취한 자들을 정신질환자들로 보며 "정신이상자들은 대다수의 동시대인들과 다른 시각으로 세상과 문제들을 바라보기로 결심하여 사회에서 이탈하거나 자신이 속한 환경의 본질에 이의를 제기하는 사람들"로 규정하였다.

또한 '심리적 현상'이 권력자 개인의 마음에만 혼란을 주는 것이 아니라 '국가 및 공공 정책에도 영향'을 미친다고 하였다. 결국 책의 결론은 '권력과 광기로 인하여 국민의 삶이, 정신이 피폐해진다'이다. 권력이 부른 광기는 우리 사회의 건강한 정신 기능들을 손상시킨다. 마치 이는 알코올 중독으로 인한 티아민 결핍의 결과로 발생하는 '코르사코프증후군(Korsakov's syndrome)'처럼 사람들로 하여금 기억력 장애와 비현실적인 행동들을 보이게 하거나 '아노미 이론(Anomie Theory)'처럼 사회적으로 정해진 규범이나 가치 등의 기준에 따르지 않고 일탈 행동을 하는 병리학적 사회를 만들기 때문이다.

067 민주주의 정의조차 부인하는 인지 부조화의 사회 병리학

站

    윤석열 정부 출범 2년 만에 우리 사회에는 '인지 부조화의 사회 병리학'이 깊게 자리 잡았다. 심지어 '독도를 일본에 넘겨도, 나라를 팔아먹어도, 20%는 지지할 것'이라는 이야기도 흔히 듣는다. 대통령도, 여당도, 검찰도, … 국민권익위원회가 발표한 윤석열 대통령의 부인 김건희 여사의 명품 가방 수수 의혹과 관련 무혐의 처분 등을 보며 새삼 '인지 부조화 이론'을 떠올리게 한다.

    1957년, 미국 사회심리학자 레온 페스팅거(Leon Festinger)는 평범한 실험을 진행했다. 실험 참가자들은 극도로 지루한 과제를 수행한다. 그 대가로 어떤 참가자는 1달러를 받고 어떤 참가자는 20달러를 받았다. 참가자는 과제를 완수한 뒤에 자신의 뒤를 이어 과제를 수행하는 사람에게 '과제가 얼마나 재밌었는지' 말해주어야 했다.

    실험 결과, 1달러를 받은 참가자들은 20달러를 받은 참가자들에 비해 과제가 훨씬 더 재밌었다고 답하였다. 왜 이런 결과가 나왔을까? 페스팅거는 1달러를 받은 참가자들의 자존감이 위기에 빠졌기 때문이라는 결과를 도출했다. 재미있다고 정당화라도 하지 않으면 도대체 어떤 사람이 고작 1달러에 아무 의미도 쓸모도 없는 일을 하려고 하겠는가? 1달러를 받은 참가자들은 자신이 행한 행동에 부끄러움을 느끼고 그것을 감추기 위하여 과제가 재미있다고 한 것이다. 반면, 20달러를 받은 참가자들은 어떠했을까? 그들은 받을 만큼 받았기에 굳이 자신이 느끼는 것을 속일 필요가 없었다. 솔직히 "극도로 지루한 과제"였기 때문이다.

이제 페스팅거는 또 다른 실험을 해보았다. 이 실험은 참가자가 자신의 신념과 맞지 않는 시위 팻말을 들고 있도록 했다. 그런데 놀라운 일이 벌어졌다. 분명 '자신의 신념과 일치하지 않는'데도 참가자들은 점차 팻말에 담긴 주장이 가치 있다고 느꼈다.

여기서 페스팅거는 '특정한 입장에 대해 공개적인 지지를 표명했거나 특정한 신념을 지키기 위해 평생을 바쳤는데 나중에서야 그 지지와 신념이 틀렸다는 것을 깨닫게 된다면 어떻게 될까?' 하는 생각이 들었다. 페스팅거는 실제 있었던 사이비 교주 도로시 마틴(Dorothy Martin)의 예에서 그 증거를 찾았다.

마틴은 '시커스(The Seekers)'라는 종교집단 교주였다. 마틴은 외계인으로부터 메시지를 전달받는다며 1954년 12월 21일에 세계 종말을 맞이할 때 외계의 존재들이 자신들을 구출하러 올 것이라고 주장했다. 마틴을 믿는 사람들은 모든 생업을 정리하고 종말의 날을 기다렸다. 하지만 외계인은 끝내 나타나지 않았다. 마틴을 믿었던 사람들은 그를 떠났을까? 그렇지 않았다. 마틴이 새로운 메시지를 들고 나타났기 때문이다. 마틴은 '외계인으로부터 메시지를 전달받는다는 우리들의 믿음이 너무 강하여 오히려 외계인들이 계획을 포기했다. 결국 우리가 세상을 구한 것이다'라는 엉뚱한 궤변을 늘어놓았다. 물론 마틴을 믿는 이들은 더욱 마틴을 섬겼다.

이것이 바로 '인지 부조화(認知不調和)'로 사람들이 자신의 태도와 행동의 결과 따위가 서로 모순되어 양립할 수 없다고 느끼는 불균형 상태를 말한다. 페스팅거는 『인지 부조화 이론(A Theory of

Cognitive Dissonance)』에서, '인간은 자신의 신념과 결과 사이에서 조화로운 지점을 찾으려는 경향이 있으며 이 조화가 무너질 때 심리적 불안감을 겪는다. 따라서 이 불안감을 해소하기 위해 맞지 않는 것을 알면서도 자신의 신념이나 믿음을 끝까지 주장하여 자존감을 지켜내려 한다'고 하였다. 이 자존감을 지키려는 게 '자기 합리화'요, '인지 부조화 이론'이다. 더욱 큰 문제는 잘못된 믿음을 공유하는 사람들이 함께한다면 '자기 합리화'가 '불가살이(不可殺伊, 쇠를 닥치는 대로 먹으며 커지는 괴물로 아무리 해도 죽거나 없어지지 않는다. 나라가 망할 징조로 나타난다)'처럼 더욱 커진다는 무서운 사실이다. 이는 다수결의 원칙이라는 민주주의 정의조차 무색하게 만든다.

068 대한민국 언론과 '견(犬)'의 기호학

站 : 랩독, 아무 생각 없이 따라 짖는 한 마리의 개

야당 대표의 '애완견(愛玩犬, 애완용으로 기르는 개)!' 발언에 언론 (특히 언론 재벌)들이 꽤 못마땅한가 보다. 하지만 현 대한민국의 가짜뉴스와 탈진실의 숙주(宿主)는 바로 언론이 아닌가. 한국언론진흥재단이 공개한 지난해 언론은 신뢰도뿐 아니라 공정성·전문성 등 모든 항목에서 하락했다. 가장 높은 점수를 받은 항목은 '영향력' 으로 3.55점을 받았지만 2021년에 비해서는 0.29점 떨어져 가장 큰 하락 폭을 보였다. 가장 낮은 점수를 받은 '공정성'(3.04점)과 '정확성'(3.16점) 항목도 각각 0.08점, 0.09점 하락했다. 전문성(3.37점), 언론자유(3.43점)는 각각 0.18점, 0.24점 하락했고 TV 뉴스 이용은 급감하여 포털 70% 밑으로 처음 떨어졌다.

주요 요인은 "사회 약자 대변, 정부 비판·감시 역할 잘 못해"였다. '사회적 약자 대변'이 가장 낮은 2.96점을 받았는데, 이는 2021년 (3.20점)에 비해 가장 큰 폭(0.24점) 하락이다. 그다음으로 낮은 점수를 받은 항목은 '정부·공인에 대한 비판 및 감시' 역할로 3.05점이었으며, 이 점수도 2년 전에 비해 0.16점 하락한 것이다. (MBC뉴스가 1위였으나 언론재단은 보고서 미발간하였다. 영국 옥스퍼드대학 부설 로이터저널리즘 연구소가 발표한 〈2024 디지털 뉴스 리포트〉에 따르면 한국 언론자유지수가 180개 조사국 중 62위이다. 2023년 47위보다 15단계나

하락했으며, 언론 신뢰도는 조사 대상 47개 중 38위이다.)

한국 언론의 가장 큰 문제점은 '낚시성 기사'와 '편파적 기사'라는 답변이 가장 많아 공동 1위를 차지했다. '낚시성 기사'는 '기사 내용과 맞지 않거나 선정적 제목을 붙인 기사', '편파적 기사'는 '전체 사건 중 일부 혹은 한 쪽의 입장만 일방적으로 전달한 기사'를 말한다.

"1815년 3월 9일자: 식인귀, 소굴(엘바섬)에서 탈출 → 10일자: 코르시카 태생 식인귀, 후앙 만(灣)에 상륙 → 11일자: 맹호, 가프에 당도하다 → 12일자: 괴물 그르노블(Grenoble)에서 야영 → 13일자: 폭군 리옹(Lyon) 도착 → 18일자: 강탈자, 수도로부터 60마일 밖에서 목격 → 19일자: 보나파르트, 빠르게 전진해 오나 파리 입성은 결코 없을 듯. 보나파르트, 무장 군인을 이끌고 전진 중 → 20일자: 내일, 나폴레옹 파리 입성 예정 → 21일자: 황제 보나파르트, 지금 퐁텐블로궁에 도착 → 3월 22일자: 높고도 귀하신 황제 폐하께서 충성스러운 백성들이 운집한 뛸르리 궁에서 지난밤을 보내시다."

1789년 7월 14일 프랑스 혁명으로부터 4개월 후인 1789년 11월 24일 창간된 '르 모니퇴르 유니버셜(le Moniteur universel)'의 보도 내용이다. 이 신문은 권력에 비굴하게 아부한 상징 언론으로 전 세계에 회자되며 1901년 6월 30일 결국 폐간, 영원히 이 지구상에서 사라졌다.

"언론은 언론학자들 사이에서 흔히 '개'에 비유되곤 합니다. 그중 가장 많이 등장하는 것은 '워치독(Watch dog)'과 '랩독(Lap dog)'입니다. 워치독은 '감시견'을 뜻합니다. 정치권력과 자본권력을 감시하며 자유주의 체제의 가치를 지키는 역할을 수행하지요. 즉, 건강한 정치권력과 자본권력을 위해선 언론의 역할이 그래야 한다는 것입니다. '언론 없는 정부보다는 정부 없는 언론을 택하겠다'던 토머스 제퍼슨의 그 유명한 말은 이 워치독 신봉론의 금과옥조가 되었고, 대통령을 물러나게 했던 워싱턴 포스트지의 워터게이트 사건 보도는 언론의 워치독 역할이 현실세계에서 구현된 가장 좋은 예로 꼽히곤 합니다.

반면 랩독은 말 그대로 권력의 '애완견' 같은 언론을 뜻합니다. 주인의 무릎 위에 올라앉아 귀여움을 독차지하고 달콤한 간식을 받아먹는 그 안락함에 취해버린 언론이라는 비판을 받습니다. 랩독은 결코 권력구조에 비판적일 수 없습니다. 다만 거기에 동화되고 기생할 뿐이지요. 권위주의 시대의 언론은 이런 비판을 받았습니다.

그리고 감시견이나 애완견 같은 단순한 논리로 설명하기 힘든 또 하나의 유형을 학자들은 내놓았습니다. '가드독(Guard dog)', 즉 '경비견'입니다. 가드독의 역할은 좀 복잡합니다. 언론 그 자신이 기득권 구조에 편입되어서 권력화되었고, 그래서 권력을 지키려 하고, 그 속에서 자신의 이익을 추구한다는 것입니다. 그래서 때로는 그들이 지키려 했던 대상을 향해서도 공격적이 되는 것. 물론 그것은 지키려 했던 대상의 권력이 약해졌을 때, 혹은 지키려 했던 대상이 자신의 이익과 반하게 될 때의 이야기입니다." 2016년 4월 27일 이 나라 언론인의 사표가 될 만한 손석희 JTBC 앵커의 브리핑이다.

대한민국 언론, 그 '개(犬)'의 기호학은 어떠한가? '랩독'은 옆집 개가 짖으니 아무 생각 없이 따라 짖는 한 마리의 개에 지나지 않는다. (매우 중요한 이슈가 발생했음에도 불구하고 그냥 눈을 감고 있는 언론인 슬리핑독Sleeping dog도 있다.) "제발 예의를 지키면서 살자!" "나라가 아주 개판이야!" 2014년에 방송된 OCN 드라마 〈나쁜 녀석들〉에 나오는 대사이다. 그 포스터에는 이런 섬뜩한 문장이 적혀 있다.
"완벽한 사냥을 위해선 더 지독한 사냥개가 필요하다."

069 이태원 참사가 특정 세력에 의한 조작된 사건?

站

넷플릭스(Netflix) 시리즈 〈돌풍〉을 보며 깊은 생각에 빠진다. 내용은 권력의 악취가 풍기는 대한민국 정치판을 무대로 정의로운 세상을 꿈꾸는 자들의 목숨 건 활극을 그리고 있다. 부패한 권력을 뿌리 뽑으려는 국무총리 박동호는 재벌과 결탁한 대통령을 심판하려 한다. 하지만 사악한 경제부총리 정수진이 그에 맞서며 대립한다.

박동호는 말한다. "추악한 세상을 견딜 수 없는 나를 위해서, 불의한 자들의 지배를 받을 수 없는 나를 위해서, 같이 가자. 지옥으로. … 한 달만, 세상을 뒤엎을 시간. 한 달의 시간만, 저에게 주시겠습니까?" 하지만 정수진은 싸늘하게 말한다. "강한 것이 옳은 것을 이기죠. 정치가 그래요. … 조심해요. 한 걸음만 더 다가오면, 그때는 밟혀요. 총리님!"

거센 돌풍이 이는 정치판이다. 대화 중, "거짓을 이기는 건 진실이 아니야. 더 큰 거짓말이지"라는 대사가 가슴을 파고든다. 마치 작금의 대한민국의 한 부분을 그대로 옮긴 듯해서다. 저들은 저 대사를 신봉이라도 하듯 눈 하나 깜짝 않고 더 큰 거짓말을 해댄다.

"이태원 참사가 특정 세력에 의해 유도되고 조작된 사건일 가능성도 배제할 수 없다고 했다.""극우 유튜버 방송에서 나오고 있는 음모론적인 이야기가 대통령의 입에서 술술 나온다는 것을 믿기 힘들었다." 김진표 전 국회의장의 회고록『대한민국은 무엇을 축적해 왔는가』에 윤 대통령이 자신과 만난 자리에서 한 말이라고 기록해놓은 문장이다.

"동남아 식당이 조금 있는 이태원은 먹거리나 술집도 별로 없고 볼거리도 많지 않은데 그렇게 많은 인파가 몰렸다는 게 이해가 안 간다." "MBC와 KBS, JTBC 등 좌파언론들이 사고 2~3일 전부터 사람이 몰리도록 유도한 방송을 내보낸 이유도 의혹." 당시 원내 1당의 원내대표로서 수시로 국회의장을 만나왔던 박홍근 민주당 의원이 당시 상황을 적어놓은 자신의 메모장을 제시하며 추가 증언을 한 내용이다.

박 의원은 '김 전 의장이 그 전부터 윤 대통령과 나눴던 대화의 내용을 있는 그대로 공유'해주었다며 "2022년 8월 19일 용산 대통령실에서 가진 윤 대통령과 국회의장단의 첫 만찬을 마친 후, 다음 날 오전에 저와 30분가량 통화하면서 대통령과의 대화 내용, 특히 개별적으로 따로 나눈 내용까지 세세히 알려주셔서 제게 그 기록이 그대로 남아 있다"고 하였다.

대통령 실에서는 부정을 하였지만 이 '부정'을 믿는 국민은 고작 20% 정도일 듯하다. 어쩌다 우리나라가 이렇게 되었는지 이해되지 않는다. 한 나라 대통령이란 자가 극우 유튜브에서 말하는 것과 똑같은 생각을 한다. 하기야 이태원 참사 현장을 찾아서는 무덤덤하게 "여기서 그렇게 많이 죽었다고?" 한 이이기에 놀랍지도 않다.

22대 국회 개원 이후 처음 열린 1일 국회 운영위원회에서는 채상병 순직사건 관련 대통령실 수사 외압 의혹을 둘러싼 여야의 치열한 공방전이 벌어졌다.

고민정 더불어민주당 위원: "국가안보실 회의가 끝나고 800-7070으로 이종섭 국방부장관에게 전화가 간 후 일사천리로 일 처리가 진행됐다. … 누가 전화했기에 국방장관이 움직였나?"

김태효 국가안보실 1차장: "제가 판단할 상황이 아니다."

곽상언 민주당 위원: "02-800-7070은 기밀 사항인가?"

정진석 대통령 비서실장: "대통령실 전화번호 일체는 기밀 보안 사항이다. 아마 이 회의를 실시간으로 북에서도 시청하고 있을 거다."

대통령은 '이태원 참사가 특정 세력에 의한 조작된 사건'이라 하고 그의 수족들은 '모른다 하거나 저잣거리를 떠도는 전화번호가 기밀 사항'이란다. 여기에 언론과 검찰은 거의 망나니급의 칼춤을 추고 여당은 오로지 권력을 놓지 않으려고 발버둥이다. 그렇게 '갈개발(권력에 붙어 덩달아 세력을 부리는 치)', '거통(능력도 없으며 큰소리치는 치)', '멍첨지(돈으로 벼슬을 산 치)', '엇절이(잘난 체하지만 머저리 같은 치)', '만무방(부끄러움도 모르는 막되 먹은 치)'들이 설레발치는 세상이 되어 버렸다. 민주 국가에 국민은 없고 오로지 그들만의 독재만 있으니, 민주공화국이 아닌 독재공화국이다. 무례와 예의, 부조리와 정의, 옳고 그름조차 가리지 못하는 혼돈에 빠진 국민들은 나오느니 한숨이요, 절망의 신음과 괴로운 탄식과 불안한 나날이다.

이 정부 2년 만에 정치, 경제, 사회문화, 언론, … 국방에까지 어느 한 곳도 성한 곳이 없는 상처투성이 대한민국이다. 이러니 국회 국민동의청원에 올라온 '윤 대통령 탄핵소추안 즉각 발의 요청 청원'이 3일 오전 10시 29분에 100만을 넘어섰고 청원인의 폭주로 대기 시간이 길어지고 있다. 기간이 7월 20일까지니 몇 백만 명이 될지 가늠조차 어렵다. 지난달 20일 올라온 이 청원은 사흘 만인

23일 5만 명의 동의를 받아 법제사법위원회 안건으로 자동 회부됐다. 국민동의청원의 탄핵 돌풍이 분다. 이 '돌풍'이 무엇을 쓸어갈지는 아무도 모른다.

〈돌풍〉에서 박동호의 오랜 친구이며 정의를 세우려 경제부총리 정수진 일파의 비리를 조사하다 목숨을 잃은 서기태는 이렇게 외쳤다. "다시 시작하고 싶다, 숨 막히는 오늘의 세상 다 쓸어버리고."

070 탄핵(彈劾) 정국, 그 끝은 국민들의 마음에 이미 와 있다

站

2024년 6월 24일, '윤 대통령 탄핵안 발의' 청원이 23일 상임위를 거쳐 법사위에 회부되었다. (2024년 6월 27일 07:32:16 현재, 23만 1,374 명이다.) 6월 20일 청원서를 올린 지 단 나흘만이기에 청원 국민 동의 숫자가 놀랍다. '국민동의청원'은 국민이 자신의 의견이나 요구를 국회에 진술하는 청원의 한 종류이다. 5만 명 이상이 동의하면 소관 상임위로 회부되며 상임위에서는 심사 결과 청원의 타당성이 인정될 경우 본회의에 부의할 수 있다.

청원인은 청원 취지는 이렇다. "윤석열 대통령 취임 이후 대한민국은 총체적인 위기에 처해있다"며 청원을 제기한 5가지 사유를 들었다. ① 해병대 박정훈 수사단장에 대한 외압 행사: 군사법원법 위반. ② 명품 뇌물 수수, 주가조작, 서울−양평 고속도로 노선 조작: 윤석열−김건희 일가의 부정비리, 국정농단. ③ 전쟁 위기 조장: 평화통일 의무 위반. ④ 일본 강제징용 친일 해법 강행: 대법원 판결 부정. ⑤ 후쿠시마 핵폐수 해양투기 방조: 국가와 국민의 생명 안전권 침해이다.

지난 해 이 '휴헌 간호윤의 참(站)'26 「진 꽃은 또 피지만 꺾인 꽃은 다시 피지 못한다」(2023.11.11)를 통해서 탄핵을 언급하였다. 그것이 현실이 되었다. '탄핵(彈劾)'은 대통령, 국무위원, 법관 등

고위 공무원이 저지른 위법 행위에 대하여 국회에서 소추(訴追, 특정 사건의 재판을 요구하거나 탄핵을 발의하는 일)하여 처벌하거나 파면하는 것을 말한다.

대한민국은 민주주의 국가이다. 민주주의(民主主義, democracy)라는 말은 그리스어(語)의 '데모크라티아(demokratia)'에 근원을 두고 있다. 'demo(국민)'와 'kratos(지배)'의 두 낱말을 합친 것으로서 '국민의 지배'를 의미한다. '국민의 지배'라는 말은 국가의 주권이 국민에게 있다는 뜻이다. 이를 원활하게 하게 위해 선거를 통한 대의민주주의(代議民主主義)를 실행한다.

따라서 대통령은 나라의 지배자(주인)인 국민이 위임한 임시 권력일 뿐이다. '주권재민(主權在民, 국가의 주권이 국민에게 있음)'이기에 탄핵이란 제도를 통하여 위임한 권력을 회수하도록 하였다. 즉 '처벌', 혹은 '파면'이다. 이미 우리는 박근혜 대통령을 파면해보았다. 2017년 3월 10일 오전 11시, 헌법재판소는 재판관 8명 전원 일치로 박 대통령에 대한 파면 결정을 내렸다.

조선 왕권 사회에서도 2번이나 왕에 대한 탄핵이 있었다. 인조반정과 중종반정이다. 중종반정은 1506년 연산군을 몰아내고 이복동생인 진성대군(晉城大君: 중종)을 왕으로 추대한 사건이고 인조반정은 1623년 서인이 광해군을 몰아내고 능양군 종(綾陽君倧: 인조)을 왕으로 옹립한 정변이다. 이를 '반정(反正)'이라 한다. 반정은 '본디의 바른 상태로 돌아가게 한다'는 의미이니, 나쁜 임금을 폐하고 새 임금을 대신 세우는 일이다. 왕권시절에도 부당한 권력에 굴복치 않으려는 백성들의 의지가 반영된 결과다. 중국에서는 이를 '선양방벌(禪讓放伐, 황위를 다른 이에게 물려주거나 황제를 쳐 바꾸는 일)'이라 했다. 역성혁명(易姓革命, 반정)을 인정한 사상이다.

이런 경우를 선조들은 '핵주(劾奏)'라 하였다. 핵주는 '관리의 죄를 탄핵하여 임금이나 상관에게 아뢴다'는 뜻이다. 『조선왕조실록』에 탄핵을 치면 무려 4000여 항목에 이르는 핵주가 뜬다. 그만큼 왕조시절에도 탄핵이 많았다는 뜻이다. 더욱이 현대 민주국가에서는 탄핵이 사실 그렇게 어려운 것도 아니고 법률로도 명백히 규정된 국민들의 권리이다. '대한민국 헌법 제65조'는 이 탄핵을 명시하고 있으며 제헌 헌법에서부터 지금까지 흔들림 없이 명문화 되어 있다.

안타까운 것은 '탄핵'이든, '핵주'이든, '반정'이든, '선양방벌'이든, 이런 말이 사람들의 입에 오르내리는 것 자체가 '현재 국민들의 삶이 피폐한 절망의 시대를 산다'는 뜻이다. 탄핵 정국이 시작됐다. 어떻게 끝날까? 언제든 그렇거니와, 그 끝은 대한민국 국민들의 마음속에 이미 와 있다.

071 '한국 망할 수도 있겠다!'와 이이 선생의 '난세(亂世)'

站

"한국 망할 수도 있겠다!" 3일 어려웠던 우리 경제 상황이 정상화 됐다고 평가하며 한덕수 총리가 한 발언이다. 그는 "(윤석열) 정부 출범 당시 우리가 물려받은 경제를 봤을 때 저는 우리나라가 망할 수도 있겠구나, 그런 생각을 절실하게 했다"며 이어 "대통령의 강력한 리더십이 상황을 그래도 정상화한 것"이란다. 이 정부 출범 2년, 그동안 우리 국민은 무엇을 보고 듣고 느꼈을까? 정치의 불통·정부의 부도덕·법치의 부조리인 '3불(不)'과 국정 무능·인문 무지·단순 무식·예의 무례·비전 무책인 5무(無)로 민생(民生, 국민들의 삶)이 도탄에 빠지지 않았나.

시작부터 손바닥 왕(王) 자와 기차 좌석 구둣발, 건진·천공 무속, 빈부 격차 심화, 압수 수색 공포, 시행령 정치, 인권 유린, 색깔론, 킬수능 문제, 미·중 편중 외교, 한반도 극한 대치, 후쿠시마 오염수, 윤석열 특활비, 양평고속도로, 김건희 디올백, 쌍특검법 등 9개 특검 거부권 행사, 입틀막, 전공의 파업, … 자유민주주의 30위 추락, 세계무역수지 200위, 부자 감세 등으로 전년 대비 12.6%(48조 5000억 원) 세수 감소, OECD 중 청소년·노인 자살률 1위, 중국무역 31년 만에 첫 적자 26조, … '젊은이들이 망친 나라 노인들이 구해야 한다' 따위 막말, 여기에 사악한 언론 장악까지, 2년 만에 대한민국은

"민주화에서 독재화(autocratization)로 전환이 진행되는 국가"로 전락하였다. "한국 망할 수도 있겠다!"는 여기서 써야 하는 게 맞다.

2024년 4월 5일, 22대 국회의원 사전선거결과, 여당 108석 : 야당 192석으로 '3불(不) 5무(無) 정권'에 대한 심판을 하였다. 그런데도 이 정부는 눈 하나 깜짝 않는다. 오죽하면 국민동의청원에 올라온 '윤 대통령 탄핵소추안 즉각 발의 요청 청원'이, 한 총리의 "한국 망할" 운운 발언과 같은 날인 3일 오전 10시 29분에 100만을 넘어섰고 청원인의 폭주로 대기 시간이 길어지고 있다. 기간이 7월 20일까지니 몇 백만 명이 될지 가늠조차 어렵다. 지난달 20일 올라온 이 청원은 사흘 만인 23일 5만 명의 동의를 받아 법제사법위원회 안건으로 자동 회부됐다. 국민동의청원의 탄핵 돌풍이 분다는 뜻이다.

율곡(栗谷) 이이(李珥, 1536~1584)의 『동호문답(東湖問答)』이란 글이 있다. 『동호문답』은 선조 2년(1569), 그의 나이 34세 때 지은 저술로 동호를 방문한 객과 주인이 주고받는 대화체 글이다. '동호'는 지금의 서울 옥수동 부근 한강 나루에 있었던 '동호독서당'이다. 이곳에서 한 달여의 사가독서(賜暇讀書, 문신들 가운데 젊고 유능한 이들을 선발하여 일정 기간 정무를 떠나 학문에만 전념하도록 하는 제도)를 마친 율곡이 왕위에 오른 지 만 2년여밖에 안 된 선조에게 월과(月課, 다달이 치르는 과제)로 제출한 글이다.

율곡은 이 글에서 주인이 되어, 객의 물음에 난세(亂世)를 이렇게 설명한다. "군주가 재능과 지혜가 출중할지라도 자신의 총명만을 믿고 신하들을 불신한다면 난세가 되지요. 또 군주가 재능과 지혜가 부족하여 간사한 자의 말만을 편중되게 믿어 자신의 귀와 눈을 가린다면 난세가 된답니다."

그러고는 두 가지 난세에는 세 차원이 있다 한다. 율곡 선생의 말을 따라가 보자. "속으로는 많은 욕심 때문에 마음이 혼들리고 밖으로는 유혹에 빠져서 백성들의 힘을 모두 빼앗아 자기 일신만을 받들고 신하의 진실한 충고를 배척하면서 자기만 성스러운 체하다가 자멸하는 군주는 '폭군(暴君)'이요. 정치를 잘해보려는 뜻은 가지고 있으나 간사한 이를 분별하는 총명함이 없는 탓에 신뢰하는 자들이 어질지 못하고 등용한 관리들이 재주가 없어서 나라를 망치는 군주는 '혼군(昏君)'이요. 심지가 나약하여 뜻이 굳지 못하고, 우유부단하여 구습만 고식적으로 따르다가 나날이 쇠퇴하고 미약해지는 군주는 '용군(庸君)'입니다."

"한국 망할 수도 있겠다!"는 한 총리 발언과 '지금 이 정부는 저 셋 중 어느 군주에 해당할까?'라는 두 문장이 마구 뒤섞인다.

072 대한민국 윤석열 대통령 세계 지도자들 중 또 1위!(?)

站 : 25개국 중 25위!

"윤석열(Yoon Suk Yeol) 대한민국(South Korea) 긍정(approve) 16%, 모르겠다(Don't know No opinion) 5%, 부정(Disapprove) 78%"로 25개 국 중 당당 25위였다. 긍정에 비하여 부정이 무려 5배에 육박하는 62% 차이다. (참고로 1위는 인도의 수상인 나렌드라 모디Narendra Modi로 긍정 69%, 모르겠다 7%, 부정 24%였다.)

이 조사는 '모닝 컨설트(Morning Consult)'가 7월 8일~14일까지 수 집된 데이터를 기반으로 한 세계 주요국 지도자들 평가였다. 윤 대통령은 취임 초부터 늘 20위 권 밖에서 맴돌며 이미 여러 차례 최하위를 기록했다. (언론이기를 포기한 우리의 레거시 미디어legacy media들은 이를 절대 보도하지 않는다.) 이제는 아예 기시다를 제치고 단연 꼴찌를 했다. (기시다 후미오Kishida Fumio 일본 수상도 늘 하위권이 나, 이번에는 부정률이 68%로 윤 대통령보다는 10%나 높다.)

'모닝 컨설트'는 세계 주요 국가 최고 권력자들을 상대로 국정 지지율을 조사해 순위를 발표한다. 미국 여론조사기관으로 2014년 에 설립되었고 지금은 공신력 있는 국제기구로서 자리매김을 하였 다. "기업의 의사결정을 위한 정보 솔루션을 강화하고 최고 리더들 에게 비즈니스, 경제 및 지정학 전반에 걸친 예측을 제공하는 데 사용된다." '모닝 컨설트'가 이런 조사를 하는 이유다. 따라서 이

조사는 각 국가 경쟁력 차원에서 세계 정치권에 만만찮은 영향력을 유감없이 보여준다.

'모닝 컨설트'는 매일 전 세계 3만 명 이상을 대상으로 정치적·경제적 태도, 브랜드 인식 등 방대한 분야를 조사한다. 그 중 하나가 바로 이 글에서 언급하는 '세계 지도자 국정 지지율'이다. 매일 국가별로 조사한 뒤 일주일 평균을 내서 매주 발표한다. 표본 수는 미국이 4만 5000명으로 가장 많고, 다른 나라는 500~5000명 정도다. 오차범위는 ±1~4%포인트란다.

세계는 지금 국가 간 무한 '생존경쟁(生存競爭: struggle for existence)' 중이다. 이를 찰스 로버트 다윈(Charles Robert Darwin, 1809~1882)과 연결시키면 진화론이다. 다윈의 진화론은 생물을 뛰어넘어 그 개념의 확장이 세계 보편의 변화 원리가 되었으며 경제에도 무난히 적용되어 나날이 진화하고 있다. 『부의 기원』(2007)을 쓴 바인하커(E. Beinhocker)는 진화야말로 "세계의 모든 질서, 복잡성, 그리고 다양성을 설명해 주는 공식"이라고 하였다. 다윈의 진화론은 진화의 메커니즘으로서 경쟁, 경제, 부를 한 동선으로 그린다. 아마도 21세기, 각국은 이 난세(亂世)의 비상구를 '생존경쟁'이론에서 찾자는 의도인 듯하다.

그러나 '모닝 컨설트'의 저 대통령 기록으로 볼 때 대한민국은 진화는커녕 퇴보에 퇴보를 거듭하고 있는 중이다. '혹 내가 윤 대통령에게 편견을 갖고 있는 것이 아닌가?' 하여 AI에게 윤석열 대통령에 대해 물어보았다. 이런 답변이 돌아왔다.

"모든 것이 문제인 정부 탓": 윤석열 대통령이 경제 정책을 비판할 때 자주 사용하는 표현입니다. "경제 상식을 무시한 소득주도성장, 시장과 싸우는 주택정책, 매표에 가까운 포퓰리즘 정책" 등으로 인해 청년, 자영업자, 중소기업인, 저임금 근로자가 고통받는다고 주장합니다.

(1) 자유 발언 논란: 윤석열 대통령이 "가난하고 배우지 못한 사람은 자유가 왜 중요한지도 모르기 때문에 자유주의를 지키기 위해서는 정부가 교육과 경제의 기반을 제대로 세워야 한다"는 발언이 논란이 되었습니다. 이에 대해 "가난하고 못 배우면 자유로운 인간이 될 수 없고 자유롭고 싶어 하지도 않는다는 말이냐"라는 비판도 있습니다.

(2) 부정식품 발언: 윤석열 대통령이 "가난한 사람은 부정식품이라도 먹을 수 있도록 선택의 자유를 존중해야 한다"는 발언을 하여 많은 논란을 일으켰습니다. 이는 국가의 과도한 규제와 단속·처벌을 비판하는 과정에서 나온 말이지만, 많은 사람들이 이를 비판했습니다.

(3) 이러며 "윤석열 정부에 대한 비판 몇 가지를 더 소개해 드릴 게요"라는 글귀가 떠 쳐보니 이렇다. "윤석열 왜 뽑았어요?": 한 조사에서 윤석열 대통령에게 투표한 이유로 '정권 교체'를 가장 많이 꼽았다는 결과가 나왔습니다. 이에 대해 '정권 교체를 위해서라면 누구라도 뽑았을 것'이라는 농담이 나왔습니다.

(4) 월급 빼고 다 올랐다: 윤석열 정부의 경제 정책을 비판하는 말로, '월급 빼고 다 올랐다'는 표현이 자주 사용됩니다. 이는 물가 상승과 생활비 증가를 풍자하는 말입니다.

(5) 특히 "인사 정책"에 대하여: "공직자 인사와 관련해서는 낙제점을 받은 것으로 해석됩니다. 이는 인사 과정에서의 논란과 문제점들이 주요 원인으로 지적됩니다"라는 답변을 내놨다.

AI조차도 대한민국의 현 대통령을 저렇게 분석하고 있다. 그런데 오늘도 대통령은 술타령을 하며 부인을 대동하고 해외 순방이란 명목하에 국고를 낭비하며, 임명된 관리들은 국민은 아랑곳 않고 기이한 행동들을 한다. 모름지기 정권을 잡은 자라면 역사와 국민의 두려워해야 한다. 잠시 주어진 권력이 떼이는 날, 어찌 뒷감당하려고 저러는가.

073 요지경 속 술타령

站

　요지경(瑤池鏡), 상자 앞면에 확대경을 달고 그 안에 여러 그림을 넣어서 들여다보게 한 장치이다. 본래 신선이 산다는 구슬연못에서 유래하였지만 천태만상의 세태를 뜻하는 '요지경 속 세상'이라는 의미로 쓰인다. 요즈음 한국의 대통령과 그 주변을 보면 저 요지경을 보는 듯하다. 그 요지경 중, 끊임없이 화제가 되는 게 술타령이다. 그렇게 술을 잘 먹는다고 하여 하루가 멀다고 뉴스감이 된다. 얼마 전에는 군기훈련 도중 숨진 육군 훈련병의 영결식 당일에 윤석열 대통령이 국민의힘 국회의원 워크숍에 참석해 의원들과 술자리를 가져 "젊은이 목숨 값이 당신에게 겨우 그 정도냐"는 비판을 받았다.

　해외 순방(스위스)을 가서도 "제가 이 홀로 들어오는데 술과 음식이 보이지 않아가지고 이렇게 손님들 초대해 놓고 어떡하나 걱정했는데 준비가 됐다니 정말 다행입니다"라 한다. 정말 국내 건 국외건, 가는 곳마다 술타령이다. 오죽하면 〈술잔 돌린 尹 대통령에 동아일보 "정신이 혼미한 듯한 尹 언제 깨어날까"〉라는 기사도 보인다. '그래 이 정도로 술을 좋아하면 어느 수준일까?' 하는 생각에 술에 대해 일가견이 있으신 조지훈(趙芝薰, 1920~1968) 선생의 「주도유단(酒道有段)」을 읽어 본다.

선생은 술을 마시면 누구나 다 기고만장하여 영웅호걸이 되고 위인현사도 안중에 없는 법이다. 그래서 주정만 하면 다 주정이 되는 줄 안다. 그러나 많이 안다고 해서 다 교양이 높은 것이 아니듯이, 많이 마시고 많이 떠드는 것만으로 주격(酒格)은 높아지지 않는다"며 술을 먹는 데도 엄연히 단(段)이 있다고 한다.

그러며 '첫째, 술을 마신 연륜이 문제요, 둘째, 같이 술을 마신 친구가 문제요, 셋째는 마신 기회가 문제며, 넷째, 술을 마신 동기, 다섯째, 술 버릇' 따위를 종합해 주도(酒道, 술자리에서 도리) 18단을 만들었다.

"부주(不酒): 술을 아주 못 먹진 않으나 안 먹는 사람-9급, 외주(畏酒): 술을 마시긴 마시나 술을 겁내는 사람-8급, 민주(憫酒): 마실 줄도 알고 겁내지도 않으나 취하는 것을 민망하게 여기는 사람-7급, 은주(隱酒): 마실 줄도 알고 겁내지도 않고 취할 줄도 알지만 돈이 아쉬워서 혼자 숨어 마시는 사람-6급, 상주(商酒): 마실 줄 알고 좋아도 하면서 무슨 이득이 있을 때만 술을 내는 사람-5급, 색주(色酒): 성생활을 위하여 술을 마시는 사람-4급, 수주(睡酒): 잠이 안 와서 술을 먹는 사람-3급, 반주(飯酒): 밥맛을 돕기 위해서 마시는 사람-2급, 학주(學酒): 술의 진경(眞境)을 배우는 사람/ 주졸(酒卒)-1급." 여기까지 살펴보니 윤 대통령 술타령은 해당 급수가 보이지 않는다. 그렇다면 단수를 높여서 보자.

"애주(愛酒): 술의 취미를 맛보는 사람/ 주도(酒徒)-초단, 기주(嗜酒): 술의 진미에 반한 사람/ 주객(酒客)-2단, 탐주(耽酒): 술의 진경(眞境)을 체득한 사람/ 주호(酒豪)-3단, 폭주(暴酒): 주도(酒道)를 수련(修練)하는 사람/ 주광(酒狂)-4단, 장주(長酒): 주도 삼매(三昧)에 든 사람/ 주선(酒仙)-5단, 석주(惜酒): 술을 아끼고 인정을 아끼는 사람/ 주현(酒賢)−6단, 낙주(樂酒): 마셔도 그만 안 마셔도 그만 술과 더불어 유유자적하는 사람/ 주성(酒聖)−7단, 관주(觀酒): 술을 보고 즐거워하되 이미 마실 수는 없는 사람/ 주종(酒宗)−8단, 폐주(廢酒): 술로 말미암아 다른 술 세상으로 떠나게 된 사람/ 열반주(涅槃酒)−9단." 아무리 눈을 씻고 찾아도 없다.

선생은 글 말미에 "술 좋아하는 사람 쳐 놓고 '악인(惡人)'이 없다"라 하였다. 그러나 저 이의 술타령과 하는 행태를 보면 위 문장은 삭제해야 마땅하다고 생각한다. 생각에 생각을 거듭해도 결코 '선인(善人)'이란 생각이 안 들어서다. 그래 〈춘향전〉에서 이몽룡이 암행어사로 출두하기 전, 탐관오리 변학도 잔칫상 시나 읊조려 본다. "황금술통에 담긴 잘 빚은 술은 천 백성의 피요, 옥쟁반 위의 맛좋은 안주는 만백성의 고름이라. 촛농이 떨어질 때 백성의 눈물도 떨어지고 노랫소리 높은 곳에 백성들 원망소리 높구나!"

074 기이한 나라 깜빡 공무원의 "깜빡했어요!"

站

2022년 3월 11일, 한국갤럽이 유권자 1002명을 대상으로 '20대 대선 사후 조사'를 발표하였다. 이에 따르면 윤 후보에게 투표했다고 밝힌 423명 중 39%가 '정권 교체'를 이유로 들었다. '상대 후보가 싫어서/ 그보다 나아서'는 17%, '신뢰감'은 15%, '공정/정의'는 13%였다. 이 외에는 '국민의힘 지지/ 정치성향 일치'가 7%, '민주당이 싫어서' 5%, '부동산 정책'이 4%였으며 '단일화' 3%, '여성가족부 폐지' 2%였다.

윤 후보에게 투표하지 않았다고 밝힌 유권자 457명은 '경험부족(18%)'과 '무능/무지(13%)'를 가장 큰 이유로 제시했다. 뒤이어 '검찰 권력/검찰 공화국' 6%, '가족 비리' 5%, '비호감' 5%, '부정부패'와 '토론에 실망'이 각각 4%로 나타났다.

정권 교체는 분명히 되었다. 그러나 정권 교체를 원한 유권자들이 원하는 정부가 되었는지는 의심스럽다. '하!' 하는 일마다 '기이(奇異)'해서다. 당연히 기이하다는, 행동하는 사람이 '보편적인 상식을 넘어서는 행동'을 한다는 말이다. 2년 동안 그 '기이한 행태(行態)'를 한두 번 본 게 아니기에 이제 익숙해질 만도 한데, 늘 '새로운 기이함의 진화'를 따라잡기가 힘에 부친다.

김건희 씨가 받은 디올백 진화는 거의 궤변(詭辯) 수준을 넘어

기이함에 가깝다. 올해 1월 19일 대통령실은 규정에 따라 국가에 귀속되어 관리 보관하고 있다고 설명했다. '대통령 기록물'이라는 뜻이다. 그리고 사흘 뒤, 1월 22일에는 '친윤계 핵심'이니, '복심'이라 불린다는 이 아무개의원이 절차를 거쳐 국고에 귀속된 물건을 반환하는 건 '국고 횡령'이라 목청을 높였다. '디올백은 대한민국 정부의 것'이니 돌려주면 범죄가 된다는 억지이다.

궤변은 더욱 진화하더니 6월 10일, 국민권익위는 전원위원회에서 논의한 결과라며 김건희 씨의 디올백 수수 의혹 사건 조사를 거수 표결에 부쳐 종결 처리했단다. 디올백 수수 의혹은 종결 9표, 이첩 3표, 송부 3표였고 이에 대해 '대통령 배우자에 대한 처벌 제재 규정이 청탁금지법에 없어 처벌이 불가능하다'는 이유를 들었다. 또 김건희 씨가 받은 디올백은 대통령과 직무 관련성이 없고, 설사 관련성이 있다 해도 '최재영 목사가 외국인'이기 때문에 신고 대상이 아니라는 기이한 궤변을 당당히 하였다.

그러더니 7월 1일 국회에서 정진석 비서실장은 더욱 기이한 말을 한다. 대통령이나 대통령 배우자가 받은 선물은 공직자 윤리법에 적용되는 것이 아니고 '대통령 기록물 관리법'이 우선 적용된다며 그 대통령 기록물로 분류하는 작업은 아직 기한이 되지 않았다. 그래서 아직 대통령 기록물로 분류하지 않았고 올해 말에 분류할지 말지를 판단한다는 설명을 장황히 늘어놓았다.

그런데 이번에는 더욱 기괴한 장면을 목도한다. 김건희 씨가 최재영 목사와 만나 디올백을 받은 당일 곧장 디올백을 반환하라고 지시했다는 진술을 검찰이 확보했다는 보도가 나왔기 때문이다. 15일자 중앙일보 보도에 따르면 서울중앙지검 형사1부(부장 김승호)는 김건희 전 대표를 수행하는 대통령실 유모 행정관으로부터 "김 여사가 최 목사에게 명품 가방을 받은 건 사실이지만, 면담 자리가 끝난 직후 최 목사에게 가방을 다시 반환하라는 지시를 내렸다"는 것이다. 유 행정관이 가방을 다시 반환하라는 대통령 부인의 지시를 어긴 이유는 "깜빡했어요!"라는 기념비적인 어록이다.

이 유 행정관은 최재영 목사와 일정을 조율해, 2022년 9월 13일 코바나 컨텐츠 사무실에서 김씨에게 디올백을 선물케 한 인물이다. 유 행정관은 코바나 컨텐츠 직원 출신으로 오늘도 김씨를 보좌하는 공무를 성실히 수행하는 공무원이란다. 그러고 보니, 나도 '이런 글을 쓰지 말자' 해놓고는 '깜빡'하고 쓰니, 차라리 '깜빡 공화국'이 되어 이러한 기이한 행태들을 모두들 '깜빡! 잊었으면 좋겠다.'

075 막장 블랙 코미디

站 : "민주라는 단어만 들어도 소름 끼친다"는 방통위원장 후보자

"민주라는 단어만 들어도 소름 끼친다." 방통위원장 후보로 지명된 이진숙이라는 이의 말이다. 언론인으로서 저 이는 세월호 참사 혐오 보도에 앞장섰고, 'MBC가 청년을 이태원에 불러내 참사를 일으켰다'는 말에 동의하고 5·18 민주화운동을 폭도라는 글에 공감하였다. 이명박 정부 들어 낙하산 사장으로 임명된 김재철 MBC 사장 시절, 홍보국장과 대변인, 기획조정본부장 등을 역임하며 '김재철의 입'으로 불렸고 기자들의 공정 보도 탄압, 노조 탄압 등에 앞장섰다는 비판을 받는다. 기획조정본부장 시절인 2012년 10월엔 최필립 정수장학회 이사장과 함께 MBC 민영화를 밀실 논의한 사실도 있다. 그러니 '궤벨숙'이라는 별칭까지 얻는다.

연예인에게도 '색깔론'을 씌워 좌파와 우파, 2분법적으로 매도하였다. 저 이에 의하면 '좌파 영화는 베테랑(1,300만)·택시운전사(1,200만)·암살(1,200만)·변호인(1,100만)·설국열차(900만)·기생충(1천만)·JSA(500만)·웰컴투동막골(800만)·괴물(1,300만)이요, 우파 영화는 국제시장(1,400만)·태극기 휘날리며(1,100만)·인천상륙작전(700만)·연평해전(600만)이란다. '궤벨숙'답다.

나치 독일의 최고선전가로 1933년부터 1945년까지 대중계몽선전국가부의 장관이었던 파울 요제프 '괴벨스(독일어: Paul Joseph

Goebbels, 1897~1945)'는 이렇게 말했다. "언론은 다른 누구의 것도 아닌 바로 우리의 것이다. 우리는 방송이 우리 이념에 복무하도록 할 것이다. 그리고 어떤 다른 이념도 발언하게 하지 않을 것이다. 언론은 정부의 손 안에 든 피아노여야 한다. 연주는 정부가 해야 한다." 괴벨스는 독일 언론을 이렇게 '히틀러의 피아노'로 만들어 놓았다. 그 결과가 어떠했는지는 세계인이 다 안다.

경영인으로서도 저 이의 행태는 도무지 이해가 안 간다. 대전 MBC 사장 취임 후 쓴 법카는 혀를 내두르게 한다. 근무지가 대전인 데도 서울 자택 근처에서 결제된 내역만 수 십 건이요, 심야에 지하 단란주점에서 100만 원 등 3건의 단란주점 결재, 재임 3년 간 자택 반경 5km 이내에서 결제한 내역은 1,600만 원, 주말 골프장에서만 30회 총 1,530만 원, 사직서를 낸 날에도 제과점 등에서 100만 원이 넘는 금액을 법카로 결제했다. 특급호텔 5,000만원, 고급식당 ,7500만원 … 도무지 이해할 수 없는 법카 남용이다. 2018년 1월 12일 MBC 주총에서 해임이 임박하자, 그 나흘 전에 사표를 제출하고 퇴직금 1억 8,600만 원 수령한 저 이는 사상 연봉은 8.5% 인상을 했으나 직원들 특별성과급은 체불했다. 이러니 재임 중, 대전MBC 영업 이익은 90%가 줄었단다.

방통위원장 후보 청문회에서 보여주는 저 이의 몰상식한 태도는 더욱 역겹다. 미제출 자료만 223건이 넘고 법카 쓴 내용을 물으니 "개인 사생활"이라는 등 청문회장을 희화화한다. 저런 이를 한 나라 언론의 최고위직인 방통위원장으로 임명하려는 이 정부의 행태에 기함할 뿐이다.

에스트라공: 멋진 경치로군 (블라디미르를 돌아보며) 자, 가자.

블라디미르: 갈 순 없어.

에스트라공: 왜?

블라디미르: 고도를 기다려야지. ….

아일랜드 출신의 극작가 사무엘 베케트(Samuel Barclay Beckett, 1906
~1989)의 『고도를 기다리며(Waiting for Godot)』라는 희곡의 한 장면
이다. 블라디미르와 에스트라공은 오지 않는 '고도(Godot)'를 매일
저렇게 기다린다. '고도가 누구인지? 무엇인지?'는 아무도 모른다.
하지만 우리는 보편적인 욕망을 지닌 인간이기에 '고도를 기다린
다'는 말에 고개를 주억거린다. 그 고도가 '우리가 바라는 그 무엇인
지'는 알기 때문이다.

에스트라공: 만일 안 온다면?

블라디미르: 내일 다시 와야지.

에스트라공: 그리고 또 모레도.

블라디미르: 그래야겠지.

에스트라공: 그 뒤에도 죽—"

블라디미르와 에스트라공처럼 고도가 무엇인지 모르지만 '우리
의 기다림이 희망'이기 때문에 이 '희곡'을 기리는 것이다.

그런데 이 땅에서 저 희곡과는 다른 저급한 '막장 블랙 코미디'가
펼쳐진다. 검찰은 외부에서 휴대폰과 신분증을 뺏기며 김건희를
조사하였단다. 국방부 장관은 북한의 오물 풍선을 띄우는 곳을 폭
격하겠단다. 채상병 특별법은 최종 부결되었다. 6표 차이로. "민주
라는 단어만 들어도 소름 끼친다"는 저 이는 국민이 보건 말건 오늘

도 청문회에서 인간실격 작태를 보인다. '다람쥐 살림에도 규모가 있고 두꺼비 눈 깜짝에도 요량이 있다.' 어찌 한 나라를 책임지는 이 윤석열 정부가 그리는 고도와 '대한민국은 민주공화국이다'를 읽는 국민의 고도가 이렇게 다른가.

작품의 마지막은 이렇다.

에스트라공: 그럼 갈까?
블라디미르: 가자.
(두 사람 다 움직이지는 않는다.)

'두 사람 다 움직이지는 않는다'가 마지막 구절이다. 이 작품은 '기다림' 외에는 사실상 아무것도 일어나지 않는다. 그런데 이 마지막 장면에서 우리 대한민국의 비극적 자화상이 보이는 것은 왜일까?

076 그런데 이제 또, '이승만 동상'을 세워야 하는가?

站

"김건희 여사, 한인기독교회 찾아 이승만 잊힌 위업 재조명"

기괴한 윤석열 정부 권력서열 1위(?)라는 저 여사의 이런 기사 때문인가? 때 아닌 '이승만 동상 건립' 운운이 여기저기 보인다. 그래 얼마 전 지인이 보내온 책이 생각났다. 여러 사람이 쓴 책으로 '미주 한인 역사 120주년 기념'이란 부제가 붙었다. 그 중 이승만(李承晚, 1875~1965) 전 대통령에 대한 글을 읽다가 한참 동안 눈길이 멈췄다. 글을 보면 이승만은 1904년 8월 9일, 조선에서 5년 7개월의 투옥 생활을 끝냈다. (고종이 독립협회 지도자들을 체포 구금하고 만민공동회를 무력 진압하는 과정에서 황제 퇴위 음모에 가담하였다고 한성감옥에 투옥시킨 사건이다.)

석방된 이승만은 밀서를 갖고 미국 대통령 루스벨트(Franklin Delano Roosevelt, 1882~1945) 만나러 1904년 12월 31일 워싱턴에 도착했다. 1905년 1월 5일 '워싱턴포스트'와 인터뷰를 했다. (밀서를 갖고 간 임무는 실패하였다.) 그리고 대뜸 1907년 6월 조지워싱턴대학교를 졸업했다고 나온다. 2년 만에 대학을 졸업했다는 말이다. 더 흥미로운 것은 1907년 9월 하버드대학교 석사과정에 입학하여 1910년 2월에 학위를 받는다. 그런데 졸업 전인 1908년 9월에 프린스턴대학교 박사과정에 입학하였다. 석사과정 1년 만에 졸업도 안

한 학생을 프린스턴대학교에서 박사과정에 입학을 허가하였다는 믿지 못할 기록이다.

더욱 의아한 것은 박사과정에 입학한 지 1년 9개월 뒤인 1910년 6월, 프린스턴대학교에서 박사학위를 받는다. 1910년 2월에 하버드대학교에서 석사학위를 받고, 같은 해인 1910년 6월에 프린스턴대학교에서 박사학위를 취득했다는 믿기 어려운 이력이다. 어찌 되었건 이승만은 미국에 건너온 지 5년 6개월 만에 학사, 석사, 박사학위를 취득하였다는 전설 같은 사실(事實)이다.

이런 글을 만나면 참 난감하다. 아무리 100년 전이요, 또 그것이 타국이라 하여도 사실은 정확히 기술해야 한다. 실증을 중시하는 미국의 학력이기에 더욱 그렇다. 여기에는 여러 이유가 있을 것이다. 그러나 글은 아무런 실증적인 자료도 제시하지 않았고 이에 대한 의문도, 해석도 없었다.

우리가 다 알듯이 이승만의 삶은 영욕(榮辱, 영예와 치욕)이 교차한다. 그의 관운(官運)은 대단하여 대한민국 임시정부 초대 대통령, 대한민국 초대, 2대, 3대 대통령을 지냈다. 임시정부 초대 대통령은 1925년 임시의정원(지금의 헌법재판소) 탄핵심판위원회에서 탄핵으로 물러났다. 이때 그는 미국에 있었고 사유는 '미국에 대한민국을 위임통치하라는 청원서를 썼다'는 이유였다. 이때, 단재(丹齋) 신채호(申采浩, 1880~1936) 선생은 "이완용은 있는 나라를 팔아먹었지만 이승만은 없는 나라를 팔아먹었다"라 치를 떨었다.

해방이 되자 돌아온 이승만은 1948년 7월 20일 제헌국회에서 실시한 정부통령 선거에서 초대 대통령으로 선출된다. 이후 두 번이나 개헌을 감행하며 '독재자'로 거듭난다. 이 과정에서 반민특위 해체(1949.6.6), 백범(白凡) 김구(金九, 1876~1949) 선생 암살사건(1949.

6.26)이 일어난다. 독재 장기 집권의 기반을 다진 그는 '3·15부정
선거'를 통해 3선 개헌을 꾀했으나, 1960년 4·19혁명에 의해 망명길
에 올랐다. 임시정부의 '탄핵'으로부터 38년 뒤 일이다. 견문이 좁아
서인지 나는 아직 '이승만 박사'에 대한 사실(事實)을 사실적(査實的,
사실을 조사하여 알아봄)으로 기술한 책을 보지 못했다.

　이 이승만과 연(緣)이 있는 대학이 인하대학교이다. 1903년 인천
항에서 하와이 호놀룰루 사탕수수 밭 노동꾼으로 102인이 조국을
떠났다. 이들을 모태로 1953년, 조국의 발전을 기원하면서 대학을
세워달라고 피눈물로 모은 자금을 보내왔다. 당시 대통령이 이승만
이었고 이 자금으로 세워진 대학이 바로 '순수 민족대학 인하'다.
'인하'는 그 노동꾼으로 떠난 항구 인천의 '인(仁)'과 하와이의 '하
(荷)'를 딴 것이다. 이후 인하대에 이승만 동상이 세워졌지만 1980년
대 '반독재 민주화 운동' 속에서 인하대생들에 의해 철거되며 역사
의 뒤안길로 사라졌다.

077 2024년 8월, '25시'를 향해 달려가는 검찰공화국 대한민국

站

'윤 대통령 명예훼손 수사'를 한다며 검찰이 3000명을 통신조회 했단다. 정치인은 물론 지역 언론 기자와 민간인까지. 언론의 공직자에 대한 대법원 판례가 낯부끄럽다. 대법원은 "감시와 비판은 언론 자유의 중요한 내용 중 하나… 이러한 보도로 공직자 개인의 사회적 평가가 다소 저하될 수 있다고 해, 바로 공직자에 대한 명예 훼손이 된다고 할 수 없다"(출처: 2004다 35199 판결 참조)라고 판결하였다.

2021년 12월 23일, MBC 뉴스데스크의 '3류 바보, 미친 짓, 거칠어진 막말 폭주 기관차'라는 제하의 기사를 본다. "이거 미친 사람들 아닙니까. 공수처장만 사표만 낼 것이 아니라, 당장 구속 수사해야 하는 것 아닙니까." 이렇게 힘주어 말한 이는 다름 아닌 당시 대통령 후보요, 지금은 대한민국 제 20대 대통령의 발언이다. 대검공수처에서 국민의힘 소속 의원 7명의 통신자료를 조회했다며 한 말이다.

같은 날 그는 페북에 〈정치 사찰 공수처, 이대로는 안 됩니다〉라는 글도 올렸다. "공수처가 국민의힘 소속 의원 7명의 통신자료를 조회했습니다. 불과 며칠 전, '언론 사찰'이 논란이 되더니 이제는 '정치 사찰'까지 했다니 충격입니다. 이는 명백한 야당 탄압"이라 규정하고 "공수처가 '빅 브러더'가 지배하는 공포 사회를 만들고 있"다 하였다.

'빅 브러더(Big Brother, 『1984년』에 등장하는 독재자로 '대형大兄', '위대한 동지' 정도의 의미)'는 사회를 통제하는 관리 권력, 혹은 그러한 사회 체계를 일컫는 말이다. 사회학적 통찰과 풍자로 시대를 비판한 영국의 소설가 조지 오웰(George Orwell, 1903~1950)의 소설 『1984년』에서 비롯된 용어이다. 『1984년』에서 빅 브라더는 텔레스크린을 통해 소설 속의 사회를 끊임없이 감시한다. 텔레스크린은 사회 곳곳에, 심지어는 화장실에까지 설치되어 있다. 실로 가공할 만한 사생활 침해다. 빅 브라더는 이 정보 수집으로 사회를 지배한다. 그런데 이 소설 속의 빅 브러더와 흡사한 검찰의 감시 체제가 2024년 대한민국에서 현실화되었다.

당시 윤석열 대통령 후보의 글은 이렇게 이어졌다. "대한민국 민주주의 시계를 20세기로 거꾸로 돌리고 있습니다. 지금껏 드러난 의원 숫자만 7명입니다. 얼마나 더 많은 야당 의원과 보좌진, 당직자 등을 사찰했을지 의심스럽습니다. 국회의원은 한 사람, 한 사람이 헌법기관입니다. 게다가 국민을 대표해서 행정부를 견제하고 감시하는 역할을 수행합니다. 때문에 국회의원에 대한 사찰은 국민에 대한 사찰이기도 합니다. 이런 식이라면 일반 국민도 사찰하지 말라는 법이 없습니다. 이 정도면 검찰의 존폐를 검토해야 할 상황이 아닌지 생각하지 않을 수 없습니다."

그런데, 이 정권에서 '윤 대통령 명예훼손 수사'를 한다며 통신조회를 한 인원이 정치인, 언론인, 일반인을 막론하고 무려 3000명! 모골이 송연한 이 숫자를 대한민국 헌법 제21조 1항 "모든 국민은 언론·출판의 자유와 집회·결사의 자유를 가진다"라는 문장을 만든 이들은 어떻게 이해할까?

루마니아 작가 콘스탄틴 비르질 게오르규(Constantin Virgil Gheorghiu, 1916~1992)의 『25시: La Vingt-cinquième Heure』라는 소설이 있다. 이 소설은 제2차 대전 중 주인공 요한 모리츠의 비극적인 삶을 다루고 있다. 요한 모리츠는 권력자들의 농간과 전쟁의 틈바구니에서 희생당한 약소국 국민으로서 그의 청춘과 삶을 모두 빼앗겼다. 늙은 몰골로 돌아온 고향, 이미 지나간 과거를 회복할 길은 없다. 요한 모리츠에게 정상적인 하루 24시간은 그렇게 없었다. 아무도 구원해 줄 수 없는 '절망의 시간', 그에게는 25시만이 있을 뿐이다. 윤석열 정부의 폭주하는 검찰공화국 대한민국 열차는 오늘도 25시를 향해 질주한다. 대한민국 국민 20%만 태우고….

078 환상통을 앓는 대한민국

 : 하루아침에 부자가 되기 위해 너무 많이 훔치면 잡힙니다

"존경하고 사랑하는 국민 여러분. 감사합니다. 국민 여러분의 위대한 선택에 머리 숙여 깊이 감사드립니다. 저는 오늘 대한민국 제 19대 대통령으로서 새로운 대한민국을 향해 첫걸음을 내딛습니다. 지금 제 두 어깨는 국민 여러분으로부터 부여받은 막중한 소명감으로 무겁습니다. 지금 제 가슴은 한 번도 경험하지 못한 나라를 만들겠다는 열정으로 뜨겁습니다. 그리고 지금 제 머리는 통합과 공존의 새로운 세상을 열어갈 청사진으로 가득 차 있습니다."

2017년 5월 10일, 제19대 대통령에 당선된 문재인 대통령의 취임사다. 가슴이 뛰었다. 촛불혁명의 결실이 맺어지는 순간이었다. 감격에 찬 그의 목소리는 간결하면서도 힘차게 이어졌다.

"존경하는 국민 여러분, 지난 몇 달 우리는 유례없는 정치적 격변기를 보냈습니다. 정치는 혼란스러웠지만 국민은 위대했습니다. 현직 대통령의 탄핵과 구속 앞에서도 국민들이 대한민국의 앞길을 열어주셨습니다. 우리 국민들은 좌절하지 않고 오히려 이를 전화위복으로 승화시켜 마침내 오늘 새로운 세상을 열었습니다. 대한민국의 위대함은 국민의 위대함입니다. 그리고 이번 대통령 선거에서 우리 국민들은 또 하나의 역사를 만들어주셨습니다."

문장은 맑은 물이 흐르듯 청량감이 있었다. 벗들과 광화문에 가

서 박근혜 전 대통령의 탄핵을 외치던 그 날들이 떠올랐다. 가슴이 울컥하였다. 새 대통령의 힘찬 말은 다시 이렇게 이어졌다.

"나라 안팎으로 경제가 어렵습니다. 민생도 어렵습니다. 선거과정에서 약속했듯이 무엇보다 먼저 일자리를 챙기겠습니다. 동시에 재벌개혁에도 앞장서겠습니다. 문재인 정부 하에서는 정경유착이라는 낱말이 완전히 사라질 것입니다. 지역과 계층과 세대 간 갈등을 해소하고 비정규직 문제도 해결의 길을 모색하겠습니다. 차별 없는 세상을 만들겠습니다."

이어지는 문장은 길이 역사에 남을 명문이 되었다.

"거듭 말씀드립니다. 문재인과 더불어민주당 정부에서 기회는 평등할 것입니다. 과정은 공정할 것입니다. 결과는 정의로울 것입니다."

이런 나라가 될 줄 알았다. 그러나 그 19대 대통령이 20대 대통령을 위한 숙주(宿主)가 될 줄은 몰랐다. 19대 대통령을 숙주 삼아 태어난 20대 대통령은 국민들의 뜻은 아랑곳 않고 이렇게 명령한다.

"콩고민주공화국(민주콩고)에는 헌법이 14조뿐이다. 그러나 '헌법 15조'라는 관용어가 있다. 벨기에의 식민지였던 이 나라의 공용어인 프랑스어로 '데브루예 부(débrouillez-vous)'이다. 이 법조문을 해석하면 '너 스스로 해결하라', '혼자 알아서 헤쳐가라', '너 자신은 네가 지켜라'라는 뜻이다. 이 '헌법 15조'를 공포하니 모름지기 너희들 스스로 살아가라. 이 말은, 윤석열 정부는 국민의 의사를 따르지 않으니 국민은 윤석열 정부에 순종하라는 뜻이다. 아니면 모두 검찰행이다."

'데브루예 부'는 국가가 국가 역할을 못하니, 각자 알라서 살아가라는 '각자도생 생존법'이다. 콩고민주공화국의 독재자 모부투 세

세 세코(Mobutu Sese Seko, 1930~1997) 시대에 창조된 말이다. 모부투는 벨기에 식민지 시대에 군에서 콩고인이 오를 수 있는 최고인 소령까지 지냈다. 그는 1970년 헌법 개정으로 자신의 '대중혁명운동(MPR)'을 유일한 합법 정당으로 만들어 장기 독재를 시작했다. 모부투는 반대파 세력에 대한 탄압과 자신의 우상화에 열정적이었다. 이는 부정부패와 경제 파탄으로 이어졌다. 1994년 르완다에서 일어난 끔찍한 인종 청소 당시 50만 투치족 학살에도 관여했다. 그렇게 장 베델 보카사, 시아드 바레, 이디 아민, 멩기스투 하일레 마리암과 함께 아프리카 역사상 최악의 독재자 중 한 명이 되었다.

모부투는 '친미·반공'을 내세워 언론을 탄압하고 국가 권력을 이용한 국민침탈 행위로 아예 '클렙토크라시(kleptocracy: 도둑 정치)'라는 신조어도 만들었다. '클렙토크라시'는 '절도(kleptomania)'와 '민주주의(democracy)'의 합성어다. '도둑정치 또는 도둑체제'라는 이 말은 이제 독재체재로 개인의 권력을 탐하느라 국가의 사회·경제적 문제들을 등한시함으로써 위기에 직면한 악하고 무능한 권력자를 뜻한다.

냉전 종식과 함께 친미반공이 사라지자 서방 세계는 모부투에게 등을 돌렸다. 이후 무소불위 권력을 휘둘렀던 모부투는 몰락으로 치닫는다. 1997년 국민들에게 잡혀 축출된 그는 전립선암으로 한 병실에서 초라하게 죽었다. 자신이 언젠가 말한 "하루아침에 부자가 되기 위해 너무 많이 훔치면 잡힙니다"라는 말처럼.

8·15 광복절 기념식조차 사라진 대한민국, 20대 대통령이 취임하며 정치·경제·언론…, 심지어 역사 왜곡까지, 무엇 하나 정상적인 게 없는 혼돈의 세상이다. 그래서인가. '데브루예 부', '클렙토크라시'라는 말을 주억거리고 제 19대 대통령의 취임선서를 다시 읽으

며, 욱신욱신 환상통(幻想痛, phantom pain, 신체 일부가 절단되었거나 원래부터 없어 물리적으로 존재하지 않는 상태인데도 그 부위와 관련해서 체험하게 되는 통증)을 앓는다.

079 2024년 친일파들, "너희들의 기억을 전량 회수한다!"

站

2024년 8월 15일 오늘, 일본으로서는 패전일이다. 기시다 후미오 총리는 A급 전범이 합사된 야스쿠니 신사에 공물을 봉납했다고 교도 통신이 당당히 보도했다. 대한민국, 이 땅에서는 윤석열 정부 출범 2년 만에 8·15 광복절이 사라졌다. 윤석열 정부 출범 후, 대한민국 국민은 기억이 혼미하다. 무엇이 옳고 그른지조차 혼들린다. 나라를 이끌어가는 사법, 행정에 문제 인사들이 포진하며 정상과 비정상은 이제 구분조차 못하게 되었다.

'대한민국 독립기념관'은 국가보훈부 산하 준정부기관이자 역사박물관으로, 충청남도 천안시 동남구 목천읍 독립기념관로 1(남화리 230)에 있다. 1982년 일본의 역사교과서 왜곡에 대응하며, 국민모금을 통하여 1987년 8월 15일 개관했다. 이런 관장에 친일 발언을 서슴지 않는 기괴한 자를 임명했다. 그는 안익태, 백선엽 등 친일 행적이 드러난 역사 인물들에 대해 각별한 관심을 보였다. 작곡가 안익태는 "친일을 뛰어넘어 음악을 통해 세계평화를 이루려고 했다"며 "항일과 친일이라는 이분법적 잣대로 재단할 수 없다"고 했다. 백선엽에 대해선 "간도특설대에 근무한 사실만으로 진실을 오해한 것 아니냐"며 "친일파라는 불명예를 쓰고 별세했다"고 한다.

그는 독립기념관장 면접 자리에서 일제 강점기 한국인의 국적은

'일본'이라 당당히 말했다. 이런 자가 면접 점수 82점으로 1위였다. 취임한 그는, 일성이 "친일파 명예를 회복시키는 것"이라고 외쳤다. 그러고는 '뉴라이트 성향 논란'이 확산하자, 12일 광복절 경축식을 없앴다. 1987년 8월 15일 개관 이후 37년 만에 처음이다. 저들은 내가 알고 있는 상식, 예의, 도덕, 역사 등 지식을 제 마음대로 탈취해 가고 있다. 마치 '너의 기억은 나의 것'이란 듯이.

〈토탈리콜(Total Recall)〉(1990)이란 영화가 있다. (2012년 렌 와이즈먼이 동명으로 리메이크도 하였다.) 번역하자면 '전량 회수'로, 폴 버호벤 감독, 주연은 아놀드 슈워제네거, 레이첼 티코틴이 맡았다. 주인공 더글러스 퀘이드는 리콜이라는 회사에서 기억을 이식받아 화성에서의 삶을 꿈꾸게 된다. 그러나 퀘이드는 자신이 알고 있던 모든 것이 거짓임을 알게 되고, 사실은 '화성의 독재자 코하겐'의 음모에 휘말렸음을 깨닫는다. 이 과정에서 반란군과 함께 코하겐에 맞서 싸우며, 자신의 진짜 정체성을 찾는다는 내용이다. 영화는 현실과 가상 사이의 경계가 모호하여 무엇이 진실이고 무엇이 거짓인지를 모른다. 즉 내 진실의 기억을 남이 쥐고 거짓으로 만들 수도 있다는 가설(假說)이 행간(行間)을 가른다.

우리 국민이 어떻게 되찾은 이 나라요, 얼마나 많은 선현들의 피로써 이루어진 광복절인가. 그런데 이제 안중근, 윤봉길, 김구, 홍범도 선생 같은 애국지사들이 테러리스트가 될 판이다. 윤석열 정부는 역사를 쥐락펴락하는 자리에 전형적인 친일 뉴라이트 인사들을 임명하고 있다. 저들은 '독도'조차 우리 땅이 아니란다. 2010년 잠실역·안국역에 설치한 독도 조형물도 철거하였다. 1986년부터 매년 2차례씩 독도 방어를 위한 정례 훈련도 올해는 아직까지 계획조차 없다. 일본의 끈질긴 압박과 이 정부 방관으로 독일 베를린에

4년 전 설치된 소녀상이 철거 위기에 놓였다. 일제 강점기 조선인이 강제로 끌려간 참혹한 노동 현장 사도광산을 세계유산으로 등재하는 데 저들은 부역만 하였다. 대한민국의 자존심을 유린하고 일본 제국주의 망령을 소환하며 친일을 미화하여 '그들만의 세상'을 만들려 한다.

폭염이 연일 계속된다. 끈질기게 괴롭히는 염천(炎天)보다 더한 2024년 대한민국 친일파들, 저들은 "너희들의 기억을 전량 회수한다!"고 코하겐처럼 국민들에게 명령한다. 〈토탈리콜〉 원작은 필립 K. 딕-소의 『도매가로 기억을 판다(We Can Remember It for You Wholesale)』이다. 하지만 우리 국민은 도매가로 기억을 판 적이 없다. 그렇기에 오히려 국민이 준엄한 명령을 내린다. "2024년, 이 땅의 친일파들! 너희들의 기억을 전량 회수한다! 영원히!"

이 글을 쓰는데 바짝 마른하늘이 '번쩍'하더니, 날벼락이 치고 이내 시원한 빗줄기가 우렁우렁 쏟아진다. (2024.8.15, 17:15)

080 '식민 지배 미화 인사 공직 진출 금지법'을 제정하라

站

독립기념관장이란 자는 "일제 강점기 한국인의 국적은 일본"이라 당당히 말한다. 고용노동부장관이란 자는 "청춘남녀, 개만 사랑하고 애 안 낳아", "1919년에 무슨 나라가 있나"라는 어록을 만들고 국가안보실 1차장은 대통령의 광복절 경축사를 엄호한답시고 언론에 나와 "마음 없는 사람을 다그쳐 억지 사과 받아내는 게 진정한가?"라며 "중요한 건 일본의 마음"이라 한다. 공영방송인 kbs는 광복절날 일본을 미화하고 기미가요가 연주되는 〈나비부인〉을 방영했다. 해양수산부 업무보고에서는 2022년부터 지속적으로 '독도'라는 단어가 아예 사라져버렸다.

경향신문 분석 결과에 따르면 윤석열 정부의 역사·역사교육 관련 기관 임원 중 최소 25개 자리를 뉴라이트나 극우 성향으로 평가되는 치들이 차지한 것으로 확인됐다"(경향신문, 2024.08.20)고 한다. 이런 발언을 감싸고 옹호하려는지 "민주라는 단어만 들어도 소름 끼친다"는 이를 방통위원장에 앉혔다. 눈 뜨고 번연히 저 행태를 보고 들으면서도 눈과 귀를 의심한다. 모두 '꿈에 떡 같은 소리(꿈속에서 떡을 얻거나 먹었다는 허황된 소리라는 뜻으로, 하나도 들을 가치가 없는 허튼소리)' '손도(損徒, 오륜에서 벗어난 행위를 하여 그 지방에서 쫓겨나거나 배척을 당하는 것을 말함)' 맞을 일이건만 이 정부에서는 저런 무리들이 외려 요직을 차지한다. 오죽하면 아버지처럼 섬긴다는 이종찬 광복회장이 20일 "대통령 주변에 옛날 일진회(대한제국시기 친일단체) 같은 인사들을 말끔히 청산하라!"고 일침을 놓을까.

그래, 모든 것을 잊으려 잠을 청하지만 오늘도 가위를 눌린다. 『오주연문장전산고(五洲衍文長箋散稿)』란 책이 있다. 오주(五洲) 이규경(李圭景, 1788~1863) 선생이 쓴 책으로 오늘날로 치면 백과사전이다. 이 책 『인사편○인사류/ 성행(性行)』에「몽변증설(夢辨證說, 꿈에 대한 변증설)」이 보인다. 이는 『주례(周禮)』「춘관종백(春官宗伯)」'점몽(占夢)'에 보이는 3몽(夢)과 6몽(夢)을 인용한 기록이다.

3몽은 치몽·기몽·함척으로 치몽(致夢)은 낮에 생각한 것이 꿈으로 이어졌다고 풀이하고, 기몽(觭夢)은 꿈으로 얻은 것을 말하고, 함척(咸陟)은 꿈꾼 것을 모두 얻는다는 것으로 모두 점서(占書)를 이름한 듯하다.

6몽은 평안한 상태에서 저절로 꾸는 정몽, 깜짝 놀라서 꾸는 악몽, 낮에 생각했던 일이 꿈으로 나타나는 사몽, 깨달은 바가 있어서 꿈으로 나타나는 오몽, 낮에 있었던 기쁜 일이 꿈으로 나타나는 희몽, 두려워서 꾸는 꿈이 구몽이다.

그렇다면 내가 꾸는 꿈은 분명 '악몽'이다. 악몽이건 구몽이건 모두 불길한 무서운 꿈인 흉몽(凶夢)이니, 악몽(惡夢)이요, 염몽(厭夢)으로 가위를 눌리게 한다. 생각해보니 이 정부 탄생 전, 기차 좌석에 다리 올리는 것을 보고 '구몽'을 꾼 기억이 난다. 가위 눌리는 꿈은 이때부터 시작된 듯하다.

오주 이규경 선생은 "환이란 것은 깨어 있을 때의 꿈이요, 꿈이란 것은 잠들었을 때의 환이다(幻也者, 覺時之夢也, 夢也者 睡中之幻也)"라 하였다. 선생은 깨어 있을 때의 꿈과 잠들었을 때의 환이 만났다

하니 '환몽(幻夢)'이다. 환몽은 허황된 꿈이니 허몽(虛夢)일 시 분명하다고 하였다.

그러나 무명자(無名子) 윤기(尹愭, 1741~1826) 선생은 「몽설(夢說, 꿈에 대하여)」에서 꿈의 의미를 가치 있게 논한다. 선생은 성현들이 꿈을 허황되다고 보지 않았다며 그 한 증거로 여동래(呂東萊)의 다음과 같은 말을 끌어왔다. "생각이 없으면 원인이 없고 원인이 없으면 꿈이 없으니, 온 천하의 꿈은 생각에서 벗어나지 않을 뿐이라(無想則無因 無因則無夢 擧天下之夢 不出於想而已矣)." 즉 '마음이 있어 꿈을 꾼다'라는 뜻 아니겠는가.

나 같은 방안풍수인 학구선생(글방선생)도 몽매(夢寐, 잠을 자면서 꿈을 꿈)에도 잊지 못해 나라 걱정을 하나보다. 그런데 이왕이면 악몽이 아닌, 길몽(吉夢)이면 좋겠다. 한 야당 정치인이 '식민 지배 미화 인사 공직 진출 금지법'을 제정한다니, 오늘 밤에는 좋은 일이 꿈으로 나타나는 '희몽'을 청해본다. 가위 좀 눌리지 않게.

---

*일본은 역사 왜곡을 한 사람은 법적 책임을 진다. 독일은 홀로코스트를 부정하는 발언을 하는 경우 형법 제130조 3항에 따라 처벌받는다. 벨기에는 나치에 의해 범해진 반인륜적 행위를 부인·용인·찬양·정당화하는 행위에 대해 최대 3년까지 징역형으로 처벌한다. 프랑스는 나치즘과 같은 전체주의 사상을 홍보하거나 옹호하는 행위를 법으로 금지하고 있다.

081 임시정부의 법령을
站 위월(違越: 위반)하는 자는 적으로 인(認: 인정)함

광복 79주년이 되었지만 아직도 이 나라는 친일파들 세상이다. "우리 부모님, 후보자 부모님, 일제 치하에서 국적이 다 일본이냐?"고 국무위원 내정자에게 묻자, "일본이지 그걸 모르나. 그럼 일제시대 때 국적이 한국이냐. 상식적인 이야기를 해야지 말이 안 되는 이야기를 하면 안 된다", "아무리 인사청문회지만 일제시대 때 무슨 한국이 국적이 있었나. 나라가 망했는데 무슨 국적이 있나"라 오히려 묻는 이를 꾸짖는다.

2006년 역사왜곡과 독도 문제 대응을 위해 설립된 동북아역사재단 이사장은 『해방전후사의 재인식』이라는 뉴라이트 성향 서적의 공동 저자이다. 이 책은 일제 식민지 시기 조선 경제가 발전했다는 '식민지 근대화론'을 옹호한다. 그는 취임 이후 기자간담회에서 "일본이 과거에 대해 사죄하지 않는다는 기성세대의 역사인식을 젊은 세대에게 강요해선 안 된다"고 강변한다. 국사편찬위원회장은 친일파인 "이광수와 윤치호에 대해 방법만 다를 뿐, 독립운동을 했다"고 주장한다. 또 다른 '3대 역사 기관' 중 하나인 한국학중앙연구원장은 "일제의 징용과 위안부 강제성을 부정하고 독도가 우리 영토라는 근거도 부족하다"고 주장한 『반일 종족주의』 저자 중 한 명이다. 이 책에서 그는 "일제에 의한 쌀 반출은 수탈이 아닌 수출"이라 했다.

여기에 독립기념관장에게 "1945년 광복 인정하나?" 묻자, "노코멘트!"라 한다. 이런 이들을 임명한 '반(反)국가세력' 운운하는 윤석열 정부는 '역사 관점은 다양하여 임명도 맞고 해임할 이유도 없다' 한다. 한 마디로 '이상한 나라의 앨리스 증후군(Alice in wonderland syndrome)'을 앓고 있는 '윤석열 정부의 이상한 나라'이다. '이상한 나라의 앨리스 증후군'은 1955년 영국의 외과의사 J. Todd가 자신의 논문에서 다룬 질환으로 일부 편두통을 가진 환자에게서 보고된 증상이다. 『이상한 나라의 앨리스』에서 앨리스가 커지고 작아짐에 따라 물체가 크고 작게 보인 것처럼, 어떤 실체가 실제보다 작아 보이거나 크게 보이는 등 형태적으로 왜곡(歪曲, 사실과 다르게 해석하거나 그릇되게 함)되어 인식하는 질환이다.

저들의 인식을 따져본다. "1943년 11월 23일부터 26일까지 이집트 카이로에서 미·영·중 3국 정상들이 모여 회의를 개최, 결과를 12월 1일 세계에 선언했다. 이 '카이로 선언'으로 대한민국의 독립이 국제적으로 처음 보장을 받는다. 한국은 당시 연합국으로부터 독립을 보장받은 유일한 국가로 이는 대한민국 임시정부의 외교 활동이 거둔 가장 큰 성과였다. '3·1 독립만세 운동' 한 달 뒤인 1919년 4월 11일, 대한민국임시정부에서 〈대한민국임시정부 헌장 법률 및 명령〉 반포라는 역사(歷史)가 있어서다.

반포한 '대한민국 임시헌장 선포문' 제1조가 "대한민국은 민주공화제로 함", … 제10조가 "임시정부는 국토회복 후 만 일주년 내에 국회를 소집함"이다. 그리고 '대한민국 원년 4월'이라 명시하고 '임시 의정원 의장 이동녕, 임시정부 국무총리 이승만, 내무총장 안창호, 외무총장 김규식, 법무총장 이시영, 재무총장 최재형, 군무총장 이동휘, 교통총장 문창범' 등 정부 부서와 장(長)을 적시하였다.

카이로 회담에서 3국 정상들이 한국을 독립하자는 또 한 이유는 "한국인의 노예 상태에 유의하여 적당한 시기에 한국을 자유 독립하게 할 것을 결의"에서 찾는다. 이는 루스벨트 대통령의 특별 보좌관인 홉킨스의 다음과 같은 초안 문구에서부터 보인다. "우리는 일본에 의한 한국인들의 비참한 노예상태를 기억하고…(We are mindful of the treacherous enslavement of the people of Korea by Japan, …)." 저들조차 일제치하를 "비참한 노예상태(treacherous enslavement)"로 보았기에 독립 국가를 결의한 것이다.

그런데 이 정부 들어 '일제 강점기 대한민국은 없고 조선인은 일본 국민'이라는 이들이 발호(跋扈, 권세나 세력을 제멋대로 부리며 함부로 날뜀)한다. 이들이야말로 '반국가세력' 아닌가. 〈대한민국임시정부 헌장 법률 및 명령〉 그 마지막 '정강' 제6조에 이런 강령이 있다. "임시정부의 법령을 위월(違越: 위반)하는 자는 적으로 인(認: 인정)함."

082 '독서지수'와 '계엄령'의 함수 관계

站

2021년 미국의 퓨 연구센터(Pew Research Center)는 17개 선진국의 성인 1만 7천 명을 대상으로 '당신의 삶을 의미 있게 하는 가치는 무엇인가?'라 물었다. 16개 국가가 '가족'(38%), '직업'(25%) 순이었다. 17개국 중 단 한 나라, 한국만이 '물질적 풍요'(19%)를 가장 중요한 가치로 꼽았다. 다른 국가에서는 '친구 관계' '교육과 배움' '자연을 즐기는 삶' 등이 있으나 한국인들은 그런 가치를 외면했다. (아이러니한 것은 종교인 숫자가 국민 총수를 넘는다는데 종교를 선택한 사람은 1%뿐이었다.) 다른 국가와 또 다른 점은 다른 국가는 복수 응답이 대부분이었고 한국인들은 단수 응답을 많이 했다. 오로지 '물질'에 가치를 두기 때문이다.

한국이 이렇게 된 데에는 우리의 역사가 있다. 일제치하를 견딘 대한민국은 6·25 이후 최빈민국에서 개발도상국가를 지나 이제 물질적으로는 OECD국가로까지 진입하였다. 그러나 물질에만 치중한 우리의 문화 수준은 최빈국과 다를 바 없다. 문화 척도인 독서 지수를 보아도 그렇다. 문화체육관광부가 발표한 '2023 국민 독서 실태 조사'에 따르면 지난해 우리나라 성인 10명 중 6명(57%)은 1년에 단 한 권도 책을 읽지 않는 경이로운 기록을 보인다.

2021년에 비해 4.5% 감소한 것으로 1994년 조사가 실시된 이래 가장 낮은 수치다. 1994년 86.8%에 달했던 성인 종합 독서율은 2013년(72.2%) 이후 줄곧 내리막길을 걸으며 매년 역대 최저 기록을 갱신중이다. 연간 평균 독서량은 3.9권, 이 역시 지난 조사보다 0.6권 줄어든 역대 최저다. 종이책 독서량은 1.7권에 그쳤다. 평균 책 구입량은 종이책 1.0권, 전자책 1.2권이 고작이다.

성인이건, 학생이건, 책을 안 읽는 이유는 '일 때문에 시간이 없어서'(24.4%)가 가장 높았고 '책 이외 매체(스마트폰·텔레비전·영화·게임 등) 이용'(23.4%), '책 읽는 습관이 들지 않아서'(11.3%) 순으로 나타났다. 문제는 나이 들수록 더 책을 안 읽는다는 사실이다. 그 격차도 커서 20대가 74.5%인 반면, 30대 68.0%, 40대 47.9%, 50대 36.9%, 60세 이상은 더욱 떨어져 15.7%로 가장 낮았다. 나이가 들어가며 책을 안 읽는다는 것은 그만큼 국민 의식이 퇴보하고 있다는 증거이다.

OECD 국가 중 가장 책을 많이 읽는 나라는 스웨덴이다. 스웨덴의 독서지수가 높은 이유는 어릴 적부터 길들인 독서 습관이다. 스웨덴에서는 부모가 자녀에게 책을 읽어주는 것이 일상화다. 아동문학이 크게 발달한 것도 독서율 세계 1위의 비결 중 하나다. 공공 도서관도 활성화되어 있다. 예를 들어, 스톡홀름 내의 도서관들은 대부분 지하철역에서 30분 이내에 위치한다. 또 스웨덴 정부의 문화 정책도 국민의 독서율을 높이는 데 기여하고 있다. '북스타트' 운동과 같은 프로그램이 독서 문화를 장려하는 대표적인 정책이다.

이러니 국민의 의식 수준이 높을 수밖에 없고 이는 민주주의 지수와 연결된다. 영국 시사주간지 이코노미스트의 부설 경제분석기관인 '이코노미스트 인텔리전스 유닛'(EIU)에서 매년 발표하는 자료에 따르면 2020년 기준으로 스웨덴은 자유민주주의 지수(Liberal

Democracy Index, LDI)에서 9.26점으로 세계 3위이다. 분석 점수 항목은 '8점 이상 완전한 민주주의', '6점 초과~8점 이하 결함 있는 민주주의', '4점 초과~6점 이하 민주·권위주의 혼합 체제', '4점 미만 권위주의 체제'이다.

대한민국의 민주주의 지수는 2020년 8.01점으로 23위에 오르며 5년 만에 '결함 있는 민주주의'에서 '완전한 민주주의' 대열에 합류했다. 2021년에는 크게 올라 8.16점으로 16위였다. 이 순위가 윤석열 정부가 출범한 2022년 8.03점, 24위로 주저앉았다. '완전한 민주주의' 기준인 8점을 간신히 넘긴 것이다. 하락의 주요 원인은 '정치 문화' 항목에서 점수가 크게 떨어졌기 때문이다. 2023년 발표한 민주주의 지수는 8.09점으로 22위로 겨우 8점을 넘겼다.

한국은 항목별로 보면 ▲선거 과정과 다원주의 9.58점 ▲시민 자유 8.82점 ▲정부 기능 8.57점 ▲정치 참여 7.22점 ▲정치 문화 6·25점 순이었다. 즉 '정치 참여', '정치 문화'는 '결함 있는 민주주의' 수준임을 보여준다. 뜬금없이 대한민국에서 미개 국가에서나 있을 법한 '계엄령' 운운이 설왕설래하는 이유도 여기서 찾아야 한다.

스웨덴 민주주의 지수는 2023년 9.39점으로 노르웨이(9.81점), 뉴질랜드(9.61점), 아이슬란드(9.45점)에 이어 4위이다. 이들 국가 모두 독서 지수가 높은 나라들로 "계엄령" 운운은 사전 속에나 있는 '박제된 용어'일 뿐이다. 세계 대통령 여론조사 기관인 미국의 모닝컨설트(Morning Consult)가 8월 28일~9월 3일까지 조사한 '국제 지도자 지지율(Global Leader Approval Rating Tracker)'을 보면(한국인 대상임) 윤석열 대통령은 '반대 75%, 지지 17%, 무응답 8%'로 25개 국가 정치지도자 중 여전히 꼴찌인 25위이다. 하지만 한국의 여론조사 회사는 이번 주도 현 대통령 지지가 20% 초반이라 우기고 국민들은 그러려니 한다. (모닝컨설트는 2년 이상 10%대로 최하위이다.)

아침저녁으로 선선한 바람이 분다. 흔히 가을은 독서의 계절이라 한다. 독서 수준은 그 나라 문화와 의식 수준의 가늠자이다. 흥미로운 것은 우리나라 사람들이 책을 읽지는 않아도 독서의 유용성에 대한 인식은 여전하다는 점이다. 독서가 삶에 도움이 된다고 생각하는 비율은 성인 67.3%, 학생 77.4%로 독서 인구보다 많기 때문이다. 특히 대한민국의 독서지수를 끌어내리는 60세 이상은 더욱 책을 가까이 했으면 좋겠다. "계엄령" 운운을 실행할 자들은 20대보다는 60세 이상이기 때문이다.

083 고담시의 빌런들과 대한민국

站

'이런 나라'가 있단다. 지난 2일, 22대 국회 개원식에 현 대통령이 불참하였다. 1987년 이후 행정부의 수장이 입법부의 개원식에 참석하지 않은 유일한 예다. 이유는 야당이 자신을 조롱할 거래서란다. 그러고 그날 간 곳이 자기 부인의 생일 파티였다. 말썽 많은 그 부인은 "제 인생에서 가장 잊지 못할 만큼 감동적인 생일"이라고 행복해했다.

한 공직자로 추대된 이는 일제하 '조선인의 국적은 일본'이라 하고 또 한 이는 '중요한 것은 일본의 마음'이란다. "동성애는 사회주의 혁명, 공산주의 혁명의 중요한 핵심적 수단이요, 진화론에 대해서 과학적 증명이 없다"고 주장하는 이가 '성별과 장애, 종교, 성적 지향 등을 이유로 차별받아선 안 된다'는 내용의 차별 금지법을 추진하는 인권위원회의 수장으로 낙점을 받았다.

'의사 증원 2000명'의 무리한 밀어붙이기로 의료대란이 왔는데도 국민의 생명을 보호해야 할 의무가 있는 대통령은 "잘 돌아간다" 하고 의료대란으로 응급실을 못 찾아 죽어가는 환자들이 속출하고 있다는 보도들이 줄을 잇는 가운데 부총리 겸 교육부 장관이란 자는 "6개월만 버티면 이깁니다"고 했다.

급기야는 '충암파의 계엄령 설'까지 흉흉하게 떠돈단다. 대통령의 충암고 1년 선배인 국방장관 후보자가 그의 후배들인 수방사령관, 특전사령관, 방첩사령관을 한남동 공관으로 불렀기 때문이다. 근거 없는 낭설로 여기기에는 너무 구체적인 게 여기에 또 다른 충암고 출신인 행정부 장관까지 합치면 계엄령을 건의, 선포, 집행하는 주체 세력이 되기 때문이다.

더욱이 2016년 박근혜 정부 시절 계엄령 준비 문건, 끝없이 추락하는 대통령 지지율, 민주주의의 퇴행과 검찰의 정치 보복, 국민은 안중에도 없는 안하무인 행동과 정치의 불통·정부의 부도덕·법치의 부조리인 '3불(不)', 국정 무능·인문 무지·단순 무식·예의 무례·비전 무책인 5무(無)로 민생(民生, 국민들의 삶)은 도탄에 빠져 70%가 넘는 국민들이 현 정부를 불신하고 있는 게 현실이다. 그러니 절박한 저들로서는 생각해볼 만한 카드가 계엄령이라는 것은 필요충분조건을 갖춘 셈이다.

여기에 사실을 전달한 언론은 '포항 앞바다에 유전 가능성이 높다'는 엉터리 발표를 하여도 '검찰이 정권의 시녀'가 되어도 이를 멀뚱멀뚱 바라만 보고 있다. 한 치 벌레도 닷 푼 결기가 있거늘 기자란 자들이 오히려 "김치찌개와 김말이가 더 주세요" 하며 권력의 주변에 얼쩡거릴 뿐이다.

'이런 나라'를 보니 마치 영화 〈조커(Joker)〉에서 빌런들이 창궐하는 고담시(Gotham City)에 비견된다. 〈조커〉는 2019년에 개봉한 미국 심리 스릴러 영화다. 호아킨 피닉스가 주연을 맡은 이 영화는 아카데미상을 수상하며 세계적으로 큰 주목을 받았다. 1981년을 배경으로 실패한 광대이자 스탠드 업 코미디언인 아서 플렉이 광기와 허무주의에 빠져, 퇴락한 고담시에서 '부유층에 대항하는 폭력혁명'을 불러일으킨다는 스토리다. 이 아서 플렉으로 인하여 고담시는 '빌런'들이 창궐하는 세상으로 빠져든다.

보통 영화에서 악당을 '빌런(Villain)'이라 한다. 빌런은 영화, 소설, 만화, 게임 등에서 주인공인 히어로(Hero)와 대립하는 악당 캐릭터이다. 악당, 악마, 마왕, 괴물, 범죄자 등을 뜻하며 상황에 따라 주인공의 대척점에 있는 인물이다. '고담시(Gotham City)'는 'DC 코믹스(슈퍼히어로 물을 주로 출판하며 대표작으로 배트맨, 슈퍼맨, 원더우먼, 저스티스 리그 등이 있다)'에서 만든 가상의 도시이다. 이 도시는 범죄와 타락, 어둠이 지배하는 곳으로 묘사된다. 이 고담시에서 배트맨은 빌런들과 대결을 벌이며 정의와 도덕적인 규범, 인간성을 지키려 한다. 하지만 영화 〈조커〉에서 배트맨은 보이지 않는다.

'부유층에 대항하는 폭력'을 '국민에 대항하는 폭력'으로 바꾼다면 고담시는 영락없는 작금의 '이런 나라' 대한민국이다.

084 의료 대란

站 : 한가위 둥근 달을 보며, 그야말로 '개가 웃을 일!'

"언론 노출은 처음이라서 카메라 앞에 이렇게 서는 것도 어렵습니다. 사실 언제 어디가 아파도 상급병원에서 VIP 대접을 받는 권력자들이 의료 현안에 대해서, 의료 정책에 대해서 결정한다는 게 화가 납니다. 저는 마취과 전공의였습니다. 저는 소아 마취를 전문으로 하는 의사를 꿈꿔왔습니다. 그렇지만 그 꿈을 접었습니다. 제가 드릴 말씀은 여기까지입니다."

앳된 얼굴의 서울삼성병원 전공의 대표가 검찰에 출두하며 떨리는 목소리로 하는 말이다. 병원에 있어야 할 저 전공의가 왜 피의자로 검찰청 포토라인에 서있는가. (이날 포토라인에 선 각 병원 전공의 대표들은 셀 수조차 없다.) '의료 대란'의 피해는 환자뿐 아니다. 의료인과 의료 현장, 의료 교육, 관련 업계, 국민들까지 일파만파 퍼져간다.

이러니 누구나 다 인정하는 한국 보수계의 원로 조갑제 선생까지 이런 말을 한다. "윤석열 대통령이 개를 좋아한다는 것, 그런 것은 뭐, 세상이 다 아는데. 과연 '그가 키우는 개만큼 인간 생명을 존중하는지'에 대해서 의구심이 될 정도입니다. 사실이 아닌 것이 들통이 났는데도 그것을 계속 들고나가면서 많은 국민들의 생명에 위해를 가할 때, 어떻게 해야 되느냐? 그런 대통령은 존재 자체가 위험하니까. 국민들은 그럼 보고만 있어야 되느냐. 국민들이 윤석열의 교체에 대해서 이제 심각하게, 심각하게 생각할 단계에 왔다는 느낌을 더욱 갖게 됩니다." 저 이뿐만 아니다. 보수논객을 자청하는 이들도 윤석열 정부에 등을 돌린 지 오래다.

다음 주면 추석 연휴다. 우리의 최대 명절이지만 국민들 마음은 불편하기 이를 데 없다. 응급실 가기가 하늘에 별 따기가 되어 버려서다. '응급실 뺑뺑이'란 말이 올해의 고사성어가 될 판이다. 이런데도 총리란 자는 "'응급실 뺑뺑이' 속출에도 의료 붕괴 걱정할 상황 아냐"라고 말한다. 그 대통령에 그 총리이다. 응급실에 오지 못하게 응급실 의료 수가를 급기야 350%까지 올렸다.

이러니 '그가 키우는 개만큼 인간 생명을 존중하는지?'와 같은 의문이 드는 것이다. 이래저래 개판인 대한민국, 개 이야기 좀 해보겠다. 위대한 개들의 이야기는 즐비하다. 개에 대한 속담도 여간 많은 게 아니다. 심심파적으로 세어보니 한글학회에서 펴낸 『우리말큰사전』에는 어림잡아 52개나 된다. 대부분 상대의 허물을 꾸짖는 비유로 등장한다. 그만큼 우리와 삶을 같이하는 동물이라는 반증이다.

각설하고 18세기, 지금부터 3세기 전이다. 어전(語典)에 '애완견', 혹은 '반려동물'이라는 명사가 없을 때다. 계층이 지배하는 조선 후기, 양반이 아니면 '사람'이기조차 죄스럽던 때였다. 누가 저 견공(犬公)들에게 곁을 주었겠는가. 그 시절 연암(燕巖) 박지원(朴趾源, 1737~1805) 선생은 "개를 기르지 마라(不許畜狗)" 하였다. 왜 그랬을까?

선생은 이렇게 말한다. "개는 주인을 따르는 동물이다. 또 개를 기른다면 죽이지 않을 수 없고 죽인다는 것은 차마 할 수 없는 일이니 처음부터 기르지 않는 것만 못하다(狗能戀主 且畜之 不得無殺 殺之

不忍 不如初不畜也)"라고. 선생의 말눈치로 보아 '정(情) 떼기 어려우
니 아예 기르지 마라'는 소리이다. 당시 개는 보신용이었던 시절
아닌가. 그러려면 키우던 개와 정을 떼야만 했다. 학문이라는 허울
에 기식(寄食)한 수많은 지식상(知識商) 중 정녕 몇 사람이 저 개(犬)
와 정(情)을 농(弄)하였는가?

이렇게 미물 목숨도 걱정했던 선생이었기에 서얼(庶孼)을 가까이
했고 벼슬이나 하려는 과거를 접고 만백성에게 실용되는 학문인
실학(實學)을 하였다. 선생을 연구해 보니 매우 여린 심성과 강인함
을 동시에 갖고 불의를 보면 몸을 파르르 떠는 의협인(義俠人)이자
경골한(硬骨漢)이었다. 위선자들에게는 서슬 퍼런 칼날을 들이대는
단연(斷然)함을 보이다가도 가난하고 억눌린 자, 심지어는 미물에게
까지 목숨붙이면 모두에게 정을 담뿍 담아 대하였다. 정녕 '개를
키우는 이'라면 저런 사람이어야 한다.

그런데 개를 키우며 사람에게 정은 주지 않고 폭력을 쓰며 생명
에 위해를 가하고, 키우는 개가 '개사과'할 때나 필요한 개라면, 개
키울 자격이 없다. 작금의 의료대란, 한가위 둥근 달을 보며 그야말
로 '개가 웃을 일'이다.

085 유종지미·권불십년·화무십일홍, 그리고 철면피 공화국

站

"저런 놈들이 철면피지요." 동생뻘 되는 이가 몹시 화가 나 한 말이다. 그렇지 않아도 단잔(單盞)인 추석 차례를 집안 어른 우환으로 지내지 못했다. 그렇다고 오가며 인사차 들리는 친척들을 마다할 수는 없다. 술자리가 벌어지고 이런저런 말이 넘다 정치로 들어가니 폭염보다 더한 말들이 쏟아진다.

추석 연휴를 시작한 게 엊그제 같았는데 그렇게 끝났다. 출생에서 죽음이란 사람의 일생만이 아니다. 모든 시작은 반드시 끝이 있게 마련이다. 그래 그 끝이 중요하여 끝을 잘 마무리해 보자는 '유종지미(有終之美)'라는 성어도 있다.

추석맞이 대통령의 국정 운영 평가는 대구 경북조차 처참한 수준이다. 70%가 넘는 국민이 고통 속에 하루하루를 보낸다. 하지만 모든 게 '연휴 끝'처럼 끝이 있다. '대통령 퇴임 후 거주할 사저' 운운하는 것을 보니, 윤석열 대통령의 5년 임기도 과반을 넘어섰나 보다. 권불십년(權不十年)이요, 화무십일홍(花無十日紅)이다. 십 년 가는 권세 없고 그 붉은 꽃도 열흘이면 비쩍 말라버린다.

그런데 이 사저 비용이 또 시끄럽다. 대통령 퇴임 후 경호시설 신축에 3년 동안 약 140억 원의 사업비가 소요된단다. 전임 대통령들에 비해 사업비 규모가 2배 넘게 늘어난 수치다. 단독주택 형태로 사저를 준비하기 위해 서울에서 차량으로 1시간 정도 거리에 있는 강원도나 경기 양평, 가평 등 지역을 물색하여 그렇단다.

'2025년도 예산안 및 기금운용계획안 사업설명자료'에 따르면 2027년 5월 9일 이후 거주하게 될 사저 인근에 경호시설을 신축 비용으로 건물 보상비 10억 원, 실시 설계비 1억 100만 원, 2026년도에 119억 880만 원, 완공 및 입주에 들어가는 2027년도에는 8억 2300만 원이 편성될 예정이다. 내년도 예산안 11억 6900만 원까지 합치면 총 139억 8000만 원이 된다(출처: 주간조선, http://weekly.chosun.com).

여기에 '의료 대란' 추석 즈음, 대통령 부인이 강변 순찰에 나서 직접 공무원들에게 일장 훈시를 하였다. 검찰은 하라는 수사는 안 하고 애꿎은 사람들만 괴롭히고 신(新)친일파가 설쳐대니 의식 좀 있는 언론은 그야말로 아비규환(阿鼻叫喚)을 보도한다. 그러니 동생 뻘 되는 이의 '철면피' 운운도 일리 있다. '철면피'는 쇠로 만든 낯가죽으로 흔히 염치없고 뻔뻔스러운 사람을 비유하여 이르는 말이다.

철면피의 유래는 오대(五代) 때 왕인유(王仁裕)가 지은 『개원천보유사(開元天寶遺事)』와 송나라 손광헌(孫光憲)의 『북몽쇄언(北夢瑣言)』 등에 보인다. 그 이야기는 이렇다. 송나라 때 왕광원(王光源)이란 자가 있었다. 비상한 두뇌의 소유자인 것은 분명한데 출세욕이 너무 지나쳤다. 어느 날 권력자가 잔치를 벌였다. 거나하게 취한 권력자가 갑자기 벌떡 일어서더니 말채찍을 집어 들고 소리쳤다. "누가 이 채찍으로 한번 맞아 볼 텐가?" 왕광원은 조금도 주저하지 않고 그 앞에 엎드렸다. 권력자는 채찍을 휘둘렀다. 왕광원은 그 채찍을 맞으면서 화를 내기는커녕 오히려 웃으며 듣기 좋은 말로 권력자의 비위를 맞추었다.

이를 본 사람들이 "부끄럽지 않냐?" 묻자 왕광원은 "그 사람에게 잘 보여 손해 볼 것 없잖나" 하더란다. 그래 사람들이 "참안후여갑(慚顔厚如甲, 부끄러운 얼굴 두껍기가 쇠와 같아) 부지불치(不知羞恥, 부끄러움을 알지 못한다)"라 하였다는 데서 '철면피'가 유래하였다. 물론 맞은 왕광원만 부끄러움을 모르는 게 아니다. 권세를 이용하여 죄 없는 이에게 말채찍을 휘두른 저 권력자 또한 철면피임에 분명하다.

오늘 윤석열 대통령 부부는 그들을 추종하는 이들과 체코 순방길에 올랐다. "원전 수주 확정 세일즈 외교 전개"라며. 이러다 진짜 "대한민국은 민주공화국"이 아닌, "대한민국은 철면피 공화국"이란 법문이 생길지도 모르겠다. 물론 그 나라 사람들은 '유종지미'고 '권불십년'이고 '화무십일홍'이라는 말을 모를 것이다.

086 '대통령'이란 호칭을 박탈한다

站 : 대통령은 국민의 '공복(公僕)'이다

　'호칭(呼稱)'은 그 사람을 이름 지어 부르거나 또는 그 이름을 말한다. '대통령(大統領)'은 국어사전에 "명사: [법률] 외국에 대하여 국가를 대표하는 국가의 원수. 행정부의 실질적인 권한을 갖는 경우와 형식적인 권한만을 가지는 경우가 있는데 우리나라는 전자에 속한다"로 적바림해 놓았다. 그 예로 『한국어대사전』에는 "대통령은 국민의 공복(公僕)이지 지배자가 아니다. → 대통령"으로 기술되어 있다.

　두어 해 전쯤인가 보다. 서재 근처 미용실을 찾았더니(내 서재 근처에는 이용원理容院이 없다. 어쩔 수 없이 미용실을 이용한다) 해끄무레한 청년이 카운터에서 "어느 선생님께 시술받으시겠어요?" 하는 게 아닌가. 기겁을 하여 나왔다. 이발하는 곳에 '선생님'이 웬 말이며, 또 이발하는 기술이 의료 행위인 시술이라니. 멀쩡한 내 머리를 어떻게 수술한다는 말인가? 국어사전을 아무리 뒤져도 이발사를 '선생님'이라 호칭하며 이발 기술을 가리켜 '시술'이라 한다는 정의는 없다. 그런데 언제부터인지 시술이 온 나라를 거쳐 미용실로까지 퍼진 듯하다.

　선생님(先生-님)은 '선생'을 높여 이르거나 나이가 어지간히 든 사람을 대접하여 이르는 말이다. 유의어로는 스승, 은사가 있다.

선생(先生)은 학생을 가르치는 사람, 혹은 학예가 뛰어난 사람을 높여 이르는 말이다. '간 선생'이나 '과장 선생'처럼, 성(姓)이나 직함 따위에 붙여 남을 높여 이르기도 하지만, 내 이발(理髮, 머리털을 깎고 다듬어 주는 일) 해 주는 이를 선생이라 호칭하지는 않는다. 영어사전에서도 선생(teacher)은 교사로 자신을 가르치는 이를 칭한다. 그러니 이발 기술을 전수하는 선생과 제자 사이에 호칭이지 손님에 대한 호칭은 아니다.

더욱이 '시술(施術)'은 의술을 베풀 때 쓰는 특수 용어이다. 뜸 시술(뜸施術, 한의학에서 약쑥을 비벼서 쌀알 크기로 빚어 살 위의 혈灸에 놓고 불을 붙여서 열기가 살 속으로 퍼지게 하는 시술), 박피 시술(剝皮施術, 의학용어로 피부 표면에 있는 흉터나 혼적들을 깎아 내어 없애는 시술), 흉터 시술(흉터施術, 흉터를 제거하기 위한 시술)처럼 의학 전문 용어이다. 주로 미용을 목적으로 하는 보정 시술(補正施術)도 있지만 이 또한 의학에서 얼굴이나 신체의 부족한 부분을 바르게 하는 시술이다. 즉 '시술'이란 환자의 환부(患部)를 치료하는 수술을 칭한다.

외국도 동일하다. 『옥스퍼드 사전』에도 시술(procedure)을 '내과적 수술(medical operation)'이라 풀이하고 있다. 즉, 시술은 수술과 유사한 의료 행위를 칭하는 용어이다. 이 외에 최면술 따위의 술법도 시술이라 하지만 이발 기술에 웬 시술이란 말인가.

마치 양복을 잘 갖춰 입고 갓 쓴 모양이요, '가게 기둥에 입춘' 격이니 그야말로 개도 웃을 일이다. 하기야 요즈음 물건을 사러 들어가면 "여기 커피 나오셨습니다", "여기 잔돈 200원이십니다", 심지어는 병원이나 약국에서도 "○○○님! 여기 ○○○원(약) 나오셨습니다"라 한다. 손님을 높이려고 쓰는 '-시-'이지만 커피나 돈이나 약을 높인 꼴이다. 귓구멍과 콧구멍이 두 개씩이기 망정이지 하나라면 기가 막혀 어찌 될지 모를 일이다.

조금 더 설명하자면, '-시-'는 주체 높임 선어말 어미로 문장의 주어를 높여준다. '선생님께서- 계시다, 잡수시다, 편찮으시다' 따위에 쓴다. 이렇듯 반드시 말하는 화자보다 주체, 즉 주어가 나타내는 대상이 높을 때 사용한다. '제가 아시는 분 중에~'도 틀렸다. 말하는 이가 자신을 높였기 때문이다. 모르는 바 아니다. 미용실이나 이용원에서는 직업 기술 품격을 높이고자 의료의 '시술'을 쓴 것이요, '-시-'는 손님의 품격을 높이고자 그러한 것이다. 하기야 국격을 높이려는 의도인지 국가공무원들조차 모든 민원인에게 '선생님'이라 호칭하더니, 온 나라가 이제는 선생님 천지다.

모두 품격을 높이려는 의도이나 정녕 '언어의 품격'은 바닥을 나뒹군다. 언어에 과부하가 걸려도 단단히 걸렸다. 언어는 한 나라 문화의 지평이요, 살아있는 생명체다. 우리가 언어를 소중히 여겨야 할 이유요, 언어의 품격을 지켜줘야 할 의무이다. 언어의 품격이란 그 뜻에 맞게 사용하고 그 뜻에 맞게 행동함이다. 이 '선생님'이란 호칭은 그래도 괜찮다. 그렇게 호칭을 부르거나 불렸다고 크게 해를 끼치지는 않기 때문이다.

하지만 '대통령'은 다르다. '대통령'이란 호칭은 '국민의 공복인 단 한 사람'에게만 국민이 붙여준 칭호이기 때문이다. '공복'이란, 국가나 사회의 심부름꾼이라는 뜻으로, '공무원'을 달리 이르는 말이다. 저 위의 『한국어대사전』의 예는 그래 저렇게 기술한 것이다. 그러나 현재 대한민국 '대통령'이란 자의 호칭이 그에 적합한지 묻고 싶다. 국민의 공복이 아닌 대통령은 '대통령'이란 호칭을 붙여서는 안 된다. 그렇다면 그 호칭을 박탈해야 하지 않을까? 국민의 이름으로.

087 거짓이 판치는 시대에 진실을 말하는 법!

站

"거짓이 판치는 시대에는 진실을 말하는 것이 곧 혁명이다." 영국의 소설가 조지 오웰(George Orwell, 1903~1950)의 말이다. 그러나 말이 쉽지, 무엇이 거짓이고 무엇이 진실인지를 모른다. 더욱이 '혁명(革命)'은 멀고 먼 용어일 뿐이다.

『탈무드』의 〈굴뚝 청소한 두 아이〉를 보자. 두 아이가 굴뚝 청소를 했는데, 한 아이는 얼굴이 더럽고, 다른 아이는 깨끗하다. "누가 세수를 할까?" "아이가 세수를 한다"가 맞다. 이유는? 더러운 아이는 상대방 얼굴이 깨끗하여 자기 얼굴도 깨끗한가 보다 하고 씻지 않지만, 깨끗한 아이는 상대방의 얼굴이 더러우니 내 얼굴도 더럽다고 생각해 씻는다.

그런데 이게 정답일까? 굴뚝 청소를 함께 했다. 어떻게 한 아이 얼굴은 깨끗하고 한 아이 얼굴은 더러울 수 있는가? 그렇다면 이 이야기의 거짓과 진실은 무엇일까? "누가 세수를 할까?"라 물은 자가 거짓이다. 유대인 교육의 중요한 부분인 하부르타(토론식 학습)의 예시로 자주 사용되는 이야기다. 이 이야기로 유대인들은 아이들의 논리와 비판적 사고를 키운단다.

이제 이솝 우언 중 유명한 〈거북이와 토끼〉를 보자. 토끼와 거북이가 달리기 경주를 했다. 달리다가 토끼는 나무 그늘에서 잠을

잤다. 거북이는 꾸준히 달려 승리했다. 이 우언의 교훈은 "천천히 노력하는 자가 승리한다"라 배웠다. 그런데 과연 그럴까? 수중 경기라면 몰라도 토끼가 질 확률이 0.1%나 될까? 토끼의 '노력'과 거북에게 없는 '겸손'이 인간의 삶에 모두 중요한 것은 사실이지만, 보편적 결과로 타당치 않다. 즉 〈거북이와 토끼〉 이야기의 거짓은 '노력의 가치'를 지나치게 과장한 점이요, 진실은 '거북이와 토끼는 달리기 경주를 시키면 안 된다'가 진실이다.

『지금은 없는 이야기』에 수록된 〈가위바위보〉란 이야기도 있다. 모든 일을 오른손 가위바위보로 결정짓는 마을이 있다. 그런데 한 사람이 마을 일을 하다가 오른손을 다쳐 펼 수 없게 된다. 사람들은 그가 주먹밖에 내지 못한다는 것을 알고 보를 내어 마음대로 부려 먹는다. 그는 불공평하다는 생각에 마을 대표를 찾아갔다. 가위바위보를 왼손으로 하게 해달라고. 마을 대표는 우리의 규칙은 신성한 것이며 신성한 일은 반드시 오른손으로 해야 한다며 이렇게 말한다. "규칙이란 언제 어디서나 지켜져야 하는 거야. 그래야 그게 규칙이지. 반드시 가위바위보는 오른손으로만 해야 해."

그가 "마을 일을 하다 다친 건데 너무 억울합니다" 하고 다시 호소했다. 마을 대표는 마침내 한 가지 방법이 있다며 따르겠냐고 묻는다. 그는 당연히 "따르겠습니다" 하였다. 마을 대표의 말은 이렇다. "자, 내 말 잘 들어보게. 자네 말대로 하겠네. '왼손으로 가위바위보를 해도 좋다'는 규칙을 걸고 가위바위보를 하는 걸게. 자네가 우리 모두를 이기면 자네 뜻대로 규칙을 바꾸는 거지. 어떠한가? 자네 뜻대로 됐지. 규칙은 지켜야 하는 것 아닌가." 그렇다. 말도 안 되는 억지다.

하지만 우리는 이렇듯 억지 논리로 문제만 풀고 답만 외우는 공부를 하였다. 마치 플라톤의 『국가』 제7권에 보이는 '동굴의 우상' 처럼, 배운 것만이 진리라 생각한다. 지하 동굴의 지도자들은 서로 묶여 동굴 안 벽만 바라보아야 '진정한 사람'이라 가르쳤다. 빛은 동굴 입구에서 점점 동굴 안으로 비춘다. 물론 뒤를 돌아보는 것은 '금기'이다. 하지만 사람들은 빛을 보지 못하고 벽에 비친 자신들의 그림자만 보고 진실이라 믿는다. 손과 발이 서로 묶여 앞만 보는 그림자가 거짓인데도 우상처럼 믿는다. 진실은 '벽에 비친 그림자 는 내가 아니다'이다.

위의 '세 이야기'에서 진실을 찾으려면 동굴 밖 세상으로 나가려 는 '용기'가 있어야 한다. 거짓이 판치는 시대는 진실을 찾으려는 용기가 없을 때 만들어진다. 진실을 말하는 법! 그것은 진실을 찾으 려는 '용기'와 '행동'이 있을 때만 가능하다. 그러할 때 '혁명'이 비둘 기 날갯짓처럼 조용히 일어난다.

088 윤석열 정권에서 묘청의 난을 생각하는 이유

站

"내가 만든 정권 내가 무너뜨릴 수도 있는 거죠. 그게 뭐 대수입니까."(주기자live) 나날이 처음 사는 오늘이다. 누구든 '오늘'을 처음 산다. 처음 살지만 오늘을 경이롭게 느끼지 못하는 이유는 어제와 아롱이다롱이다 때문이다. 그러나 이 정부 들어 대한민국 국민으로서의 삶, 그 나날이 못 보던 풍경을 본다. 그 풍경들은 '경이롭다'를 가볍게 뛰어 넘은, '경악스런 사건'들로 일신(日新, 날로 새롭고) 우일신(又日新, 또 날로 새롭다)한다.

"검찰이 22대 총선 당시 김건희 여사의 창원 선거구 공천 개입 의혹 관련자로 지목된 김영선 전 국민의힘 의원과 명태균 씨 간 금전거래 의혹 수사에 속도를 낸다." 이 보도의 주인공 김영선이란 이는 일본의 후쿠시마 원전 오염수 방류가 무슨 잘못이냐며 수조의 물을 손으로 떠먹은 '수조 괴담'의 장본인이다. 위 "검찰이…"는 저이가 대한민국 5선 국회의원이 될 때 일어난 이른바 '명태균 게이트의 한 지류'를 보도하는 내용이다.

'명태균 게이트'에 거론되는 이름도 김종인·이준석·천하람 등 정치인에서 칠불사 스님까지 다양하다. 여기에 '홍매화'도 운운의 주술적인 삽화도 섞어드니, 그야말로 '전설 따라 삼천리'의 신 버전이다. 이러니 국민들도 "윤석열·김건희 협박하는 명태균의 당당함에 나라꼴이 말이 아니다"라는 기사를 보고 들어도 예사로 넘긴다.

단재 신채호 선생이 『조선사 연구초』에서 거론한 묘청의 난이 오버랩 되는 이유다. 선생은 이 '묘청의 난'을 '조선 역사상 1,000년 래 제1대 사건'이라고 평했다. '묘청의 난(妙淸-亂, 1135년 1월 19일음력 1월 4일~1136년)'은 고려 인종 때 승려 묘청과 정지상(鄭知常, ?~1135) 등이 일으켰다.

'묘청의 난'이 일어 난 시점, 고려는 474년 역사의 딱 중간 지점인 1130년대 허리를 지나고 있었다. 200여 년을 지나는 고려는 여기저 기 악폐가 생기기 시작했다. 가장 고약한 것은 외척의 득세였다. 그 원인은 고려가 '여인 천하'였기 때문이다. 귀족들은 딸을 낳으면 모두 궁중으로 들여보내 가문의 권세를 드높이려 했다. 대표적인 집안이 인주 이씨(仁州李氏)였다.

현종이 거란의 침입으로 공주로 피난 갔을 때 공주 절도사였던 김은부가 세 딸을 바쳐 모두 왕후로 만든 게 발단이었다. 이 김은부 의 아내가 바로 인주 이씨 이허겸의 딸이었다. '이자겸(李資謙, ?~ 1126)의 난'은 이때 이미 예약되어 있었다.

고려 16대 왕 예종(睿宗)의 왕비가 이자겸의 딸 순덕왕후이다. 1122년 4월, 예종이 등에 난 종양으로 병석에 누운 지 한 달 만에 갑작스레 사망하자 14세의 어린 왕태자 해(楷)가 왕위에 올랐다. 이가 고려 제17대 왕 인종(仁宗)이다. 왕의 장인이자 외조부가 된 그는 사위인 인종에게 두 딸을 다시 시집보냈다. 인종에게는 두 이모였으니 그야말로 '경악스런 일'이다. 이것이 1126년(인종 4) 2월 에 일어난 '이자겸의 난'의 모태이다. 당연히 이 시절 안으로 왕권은 휘청거렸고 백성의 삶은 곤궁했다. 밖으로는 거란과 북송을 잇달아 누른 금나라가 고려에 사대를 요구하는 등 국제 정세가 요동쳤다.

'묘청의 난'은 이러한 국태민란 속에서 일어났다. 묘청은 '금나라 정벌론'과 '서경 천도론'을 강력히 주장하며 세력을 규합했다. 그 바탕은 음양비술로 이른바 '주술적인 풍수설'이었다. 물론 김부식(金富軾, 1075~1151) 등을 중심으로 한 개경 귀족들은 자신들의 권력을 유지하려 극력 저항하였다. 결국 묘청은 서경(西京, 평양)에서 국호를 대위(大爲), 연호를 천개(天開), 군호(軍號)를 천견충의군(天遣忠義軍)으로 하는 대위국(大爲國)을 선언하였다. 이후 고려는 망국의 길을 걷게 된다.

오늘도 언론을 뒤덮고 있는 '명태균 게이트', '무소불위 김건희 왕국', … '대한민국 역사상 제2대 사건'이 일어날지도 모를 '경악스런 일'들이 일어난다. '윤석열 정권'에서 '묘청의 난'을 생각하는 이유다.

089 '오빠'와 '그들'의 눈물

站

"담화를 읽어 내리는 박 대통령의 눈가에 눈물이 스쳤다. 여당 대표는 이 담화를 보고 아주 펑펑 울었다 한다. 총리로 지명 받았다는 김병준 총리 내정자도 기자들과 대화 중 손수건을 꺼내 눈가를 훔쳤다. 국정을 '농단(壟斷)'한 최순실은 아예 울음보를 터뜨렸고 엊그제 귀국한 차은택도 눈물을 흘렸다."

2016년 11월 12일 13:40에 필자가 쓴 「광화문 광장을 다녀와」란 글 서두이다. 이로부터 채 5개월을 이틀 남겨둔, 2017년 3월 10일, 헌법재판소는 재판관 전원 일치로 대통령 박근혜 탄핵 소추안을 인용해 대통령직에서 파면하였다. 그 시작은 박근혜 대통령의 주변 인인 '최순실과 전 남편 정윤회 비선 실세 권력 개입'이라는 보도에서 시작되었다.

당시 「박관천의 황당한 '권력서열' 강의」란 주제의 '동아일보 기사'(2015.01.07) 내용이다. "수사 초기 박 경정(박관천)은 한창 조사를 하던 검사와 수사관에게 뜬금없이 "우리나라의 권력 서열이 어떻게 되는 줄 아느냐"면서 박근혜 정부의 권력 지형에 대한 강의를 시작했다고 한다. "최순실 씨(정윤회 씨 전 부인이자 고 최태민 목사 딸)가 1위, 정씨가 2위이며, 박근혜 대통령은 3위에 불과하다"는 황당한 내용이었다." 기사는 '비선 실세의 국정농단은 황당한 내용'

이라 했지만 사실이었고 박 대통령은 탄핵되었다.

이로부터 10년도 못 되어, 이번에는 아예 서열이 아니라 '김건희 왕국'이 등장했다. 이 '왕국'과 연관하여 근 한 달째 '명태균 게이트'가 대한민국을 휘몰아친다. "철없이 떠드는, 우리 오빠, 용서해주세요. 무식하면 원래 그래요. 지가 뭘 안다고" 명태균 씨가 공개한 카톡 내용이다. 대통령실에서 서둘러 '오빠'는 윤석열 대통령이 아닌 김 여사 친오빠라고 해명하자 명씨는 JTBC에서 "(대통령이) 맞다. 스토리도 봐라. 대통령이지 않느냐"고 거듭 밝혔다. 마치 '오빠를 찾습니다', '오빠는 풍각쟁이'라는 유랑 극단을 보는 듯하다. 15일 CBS 인터뷰에서도 명씨는 김 여사와 카톡 대화 내용을 언급하며 "내가 알기로는 그런 거 한 2000장은 된다"고 주장했다. 그는 또 "(대통령실에서) 사적 대화라고 하니까 내일은 공적 대화를 올려줄까"라며 "대통령이 '체리 따봉' 하는 것도 있다. 내용은 나보고 '일 잘한다'는 것"이라고 강조했다.

이뿐만이 아니다. 국민의힘 대선 경선 당시 홍준표 당시 후보보다 윤 후보가 2%p 앞서는 결과를 만들어달라고 지시하는 내용이 담긴 명씨 녹취가 공개됐다. 여론조사 조작임에 분명하고 여파는 일파만파이다. 이 여론 조작은 대선 9일 전까지 이어진다.

국정 개입 증거도 있다. 지난해 3월 15일 오전 10시, 윤석열 대통령은 제14차 비상경제 민생회의를 직접 주재했다. 첨단산업 생태계 구축을 위한 '국가첨단산업단지 14곳 선정'이었다. 국가의 명운과 이권이 개입되었기에 극비리에 진행되었다. 하지만 회의는 물론 발표 하루 전인 2023년 3월 14일 오후 3시 51분, 이미 명씨는 이를 알고 있었다. 명씨가 강혜경 씨에게 전화를 걸어 현수막을 제작하라는 통화 녹음 파일이 공개돼서이다.

이쯤이면 '농단(壟斷)'이란 말은 맞지 않는다. '농단'은 『맹자』 '공손추'에 보인다. 한 상인이 '높은 언덕'(농단)에서 시장에 무엇이 부족한지 등을 살펴 폭리를 취했다는 말이다. 거래를 좌지우지하여 사사로이 이익을 독차지한다는 정도의 뜻이 '농단'이다. 하지만 국가 권력을 쥐락펴락하여 나라를 위태롭게 하는 일이기에 턱도 없는 소리다.

 나라의 병이 골수에 든 작금의 상황에 맞는 말은 '방벌(放伐)'이다. 방벌은 임금이 악정(惡政)을 하면 내쫓아서 죽여도 거리낄 바 없다는 뜻으로 전통적인 동양의 왕조 교체 통념이다. (현대 국가에서는 이 방벌을 순화하여 '탄핵'이라 한다.) 걸왕(桀王)이 말희(妹喜)와 주왕(紂王)이 달기(妲己)에 빠져 각각 탕왕(湯王)과 무왕(武王)에 의해 방벌을 당했을 때 그들과 그들의 주변에서 권력을 향유했던 자들도 분명 눈물을 흘렸다. 물론 박 대통령도 파면되어 서울구치소에 수감된 날, '탄핵의 눈물'을 흘렸으리라. 저 '오빠'와 오빠의 곁에 있는 '그들'이 당장 눈물보를 터트린들, 조금도 어색할 것 같지 않은 작금의 대한민국이다.

090 환후수사(桓侯遂死)

站 : 돌 던져도 맞고 가겠다

　"돌을 던져도 맞고 가겠다." 22일 부산 범어사를 찾아 한 말이란다. 국민의 한 사람으로서 울분이 솟구친다. 저 이가 선거를 통해 당선된 대통령이라는 게 믿기지 않는다. 김 여사를 둘러싼 갖은 의혹을 해소하라는 국민의 명령을 어떻게 저리도 무시하는가. 김 여사의 어그러진 행태들을 꾸짖는 국민의 말이 그야말로 '하늘에 돌 던지는 격(하늘을 향하여 침을 뱉어 보아야 자기 얼굴에 떨어진다는 뜻으로, 자기에게 해가 돌아올 짓을 함을 비유적으로 이르는 말)'이 되었다.

　이쯤이면 '돌부처가 웃을 노릇(너무나 어처구니없는 일이 생긴 경우를 비유적으로 이르는 말)'이다. 저 이를 대통령으로 뽑아놓고 이 나라를 잘 되게 해 달라 기원했으니 '돌부처보고 아이 낳아 달란(도저히 실현되지 않을 대상이나 사물에게 무리한 것을 소망하는 어리석은 일을 비유적으로 이르는 말)' 격 아닌가.

　병에 걸려도 단단히 걸린 듯하다. 진작에 불통(不通), 부도덕(不道德), 부조리(不條理) '3불(不)'과 무능(無能), 무지(無知), 무식(無識), 무례(無禮), 무책(無策) '5무(無)' 병을 앓는다는 것을 알았지만, 그 병증이 꽤 깊다. '편작치병(扁鵲治病, 편작의 병 다스림)'이란 말이 있다. 편작은 창공·화타와 더불어 전설적 3대 명의이다.

　『한비자』「유노(喩老)」에 보이는 '편작치병'을 따라가 보면 이렇다. 편작이 하루는 채(蔡)나라 왕 환후(桓侯)를 알현하였다. 잠시 환후를 본 편작은 이렇게 말했다. "왕께서는 병증이 살결에 있습니다. 초기 단계인 지금 치료하지 않으면 장차 심해질까 두렵습니다. 이에 환후가 말했다. "과인은 병이 없다." 편작이 물러가자 환후는 이렇게 편작을 조롱하였다. "의원이란 병이 없는 사람을 치료하고 그로써 공 세우기를 좋아한단 말이야."

열흘 뒤, 편작은 다시 환후를 보고 말했다. "왕의 병환이 살가죽 속에 들어갔으니 지금 치료하지 않으면 더욱 깊어질 것입니다." 그러나 환후는 대꾸조차 하지 않았다. 편작이 물러간 뒤 환후는 매우 언짢아하였다. 그 뒤 열흘이 지나, 편작이 다시 환후를 만나 말했다. "임금의 병환이 이미 위와 장에 이르렀습니다. 지금 치료하지 않으면 더욱 심하게 될 것입니다." 환후는 이번에도 외면하였다.

다시 열흘이 지나 환후를 본 편작은 아무 말도 없이 몸을 돌려 나가버렸다. 이상히 여긴 환후가 사람을 시켜 그 까닭을 물었다. 편작의 말은 이랬다. "병이 살결에 있을 때는 환부를 찜질하고 약을 바르면 나을 수 있습니다. 병증이 근육과 피부에 파고들었으면 침으로 치료가 가능합니다. 위와 장에 침투하였을 때는 탕약으로 치료가 가능합니다. 하지만 병증이 골수까지 파고들었으면 어찌할 도리가 없습니다. 지금 환후의 병증은 이미 골수까지 침투한 지라 신은 치료를 청하지 않은 것입니다."

그 뒤 어떻게 되었을까? 그로부터 닷새가 못 되어 환후는 온몸에 통증을 느꼈다. 그때서야 사람을 시켜 편작을 찾도록 하였으나, 편작은 이미 제나라를 떠나 진(秦)나라로 가버린 뒤였다. 채나라 환후는 결국 그렇게 죽음을 맞고 말았다.

"돌을 던져도 맞고 가겠다." 저 말 한 마디는 저 이의 병증이 이미 골수까지 파고들어 어떠한 치료 방법도 없다는 것을 말한다. '길 아래 돌부처도 돌아앉는다(아무리 온순한 사람일지라도 자기의 권리나 이익을 침해당할 경우에는 가만있지 않음을 비유적으로 이르는 말)' 하였다.

대한민국은 민주공화국이다. 따라서 이 나라의 주인인 국민들이 든 탄핵의 촛불이 타오를 것이다. 그 불길은 '평양 돌팔매 들어가듯(사정없이 들이닥치는 모양을 비유적으로 이르는 말)' 할 것이고 그 끝은 '환후수사(桓侯遂死, 환후는 결국 그렇게 죽었다)'일 것이다.

091 한글날, 축사(祝辭)가 조사(弔辭)로 들리는 까닭

站 : 한국어 파괴의 병참기지가 된 윤석열 정부

엊그제 10월 9일, 578돌을 맞은 '한글날'이다. 한덕수 국무총리는 한글날 축사에서 "우리에겐 한글을 더욱 발전시켜야 할 책무가 있다"며 "우리말에 대한 무관심, 외국어와 외래어의 남용, 신조어와 축약어의 범람 등이 올바른 소통의 장애가 되지 않을까 염려하고 있다"고 말했다. 아니다. '염려'는 저 문장이 아니라, '윤석열 정부의 말'들이다.

그 시작은 "국회에서 이 새끼들이 승인 안 해주면 바이든이 쪽팔려서 어떡하나"부터 시작하여, "부정식품이라면 없는 사람들은 그 아래 것도 선택할 수 있게 해야, 먹는다고 당장 어떻게 되는 것도 아니고"라 하니, "먹는 얘기할 때가 제일 기분이 좋아요"라는 이의 말치고는 입맛이 사뭇 쓰다.

국회 소통관 기자회견에서 "메이저언론을 통해 문제 제기하라", 코로나 초기 대구에 가서는 "대구가 아니고 다른 지역이었다면 민란부터 일어났을 것", 전북대학교 최영희홀에서 "극빈하고 배운 게 없으면 자유가 뭔지도 몰라", 국민의힘 대선경선 토론회에서는 "청약통장 집 없어서 만들어 본 적 없다", 꿈과 혁신 4.0 간담회에서 "여성 사회진출 많아져 군사기 저하", 국민의힘 대선경선 토론에서 "아무래도 여자들이 점 보러 다니곤 해", 안동대학교 학생 간담회에서는 "손발 노동은 아프리카나 하는 것", 내일을 생각하는 청년위원회에서 "머리도 별로 안 좋은 기성세대"라 하여, 지역·빈부·성·인종·세대 차별적인 발언들을 일삼는다. 말 많은 게 꼭 "과붓집 종년(과부 혼자 살면 바깥소식이 궁하기 때문에 그 계집종이 안팎을 드나들며 쉼 없이 떠든다는 뜻으로, 말 많은 사람을 비꼬아 이르는 말)" 짝이다.

워싱턴포스트와 인터뷰에서 "100년 전 역사로 인해 일본이 사과하기 위해 무릎 꿇어야 한다는 인식은 받아들일 수 없다", 3.1절 기념사에선 "일본은 과거 군국주의 침략자에서 우리와 보편적 가치를 공유하고", 부산일보 인터뷰에서는 후쿠시마 오염수에 대해 "후쿠시마 원전이 폭발한 것은 아니다"라 친일파나 할 말만 하니, '말 살에 쇠 살(합당하지 않은 말로 지껄임을 이르는 말)"임이 분명하다.

전라남도 선대위 출범식에서는 "80년대 민주화운동, 외국에서 수입해 온 이념", 삼프로 TV에선 "토론 많이 하는 게 도움 안 돼", 주한미국상공회의소에선 "한국 청년 대부분은 중국 싫어한다", 경북선대위 출범식에선 "독재정부가 경제 살렸는데, 무식한 삼류 바보들 데려다가 나라 망쳤다. 이런 사람하고 토론해야겠나. 너무 같잖다", 국무회의에서는 "국무위원들은 전사(戰士)가 되어야"라며 싸움질을 부추기니 나라꼴이 엉망이다. '입 걸기가 사복개천이다(말을 조금도 삼가지 아니하고 상스럽게 함부로 지껄임)'는 이럴 때 쓰는 속담이다.

가족은 또 어찌나 위하는지 국민의힘 의원들을 만나 처가 관련 의혹을 적극 해명하며 "내 장모가 사기당한 적은 있어도 누구한테 10원 한 장 피해준 적 없다. 내 장모는 비즈니스를 하던 사람일 뿐", 중앙일보 논설위원 칼럼에 따르면 "제가 집사람한테 그런 말 할 수 있는 처지가 아닙니다"라 했다 하고, KBS 특별대담에서 디올백 받은 것을 "대통령이나 대통령 부인이 어느 누구한테도 박절하게 대하긴 참 어렵다"라 감싸고 "해외순방이 곧 일자리 창출이자 민생"이라며 오늘도 부부 동반 외유 중이다. '혀 밑에 죽을 말 있다(말을 잘못하면 재앙을 받게 되니 말조심을 하라는 말)'는 속담을 챙겨 볼 일이다.

'말이 미치면 소도 미친다'더니 이 정부 임명장을 받은 이들도 하나같이 저 모양새다. 대통령이 미국 가서 "국회에서 이 새끼들이…" 하자 김은혜란 이는 "지금 다시 한 번 들어봐 주십시오 '국회에서 승인 안 해 주고 날리면'이라고 되어 있습니다"라 하여 모든 국민에게 보청기를 끼라 강권하고 이를 처음 보도한 MBC에 대한 재판에선 "이 새끼는 맞는데 바이든인지 날리면인지 몰라서 MBC가 잘못"이라는 희대의 판결문을 내놓는다.

'말 죽은 밭에 까마귀(까맣게 모여 어지럽게 떠드는 모습을 이르는 말)'라더니 권성동이란 이는 피감 기관장을 향해 "뻐꾸기냐. 혀 깨물고 죽지"라 하고, 정진석이란 이는 "조선, 일본군 침략으로 망한 것 아냐", 이진숙이라는 이는 "민주라는 단어만 들어도 소름 끼친다", 김문수란 이는 "文, 총살감이라 생각, 청춘남녀 개만 사랑하고 애 안 낳아, 1919년에 무슨 나라가 있나"라 하여, 망언 보따리들을 들고 다니며 충성 중이다.

건듯 건듯해도 이 정도니 톺아본다면 밤새 써도 시간이 모자랄 듯하다. 몽땅 '말 살에 쇠 뼈다귀(얼토당토않음을 이르는 말)' '하늘 무서운 말(사람의 도리에 어긋나 천벌을 받을 만한 말을 이르는 말)'들이지만, 그 중 제일은 2023년 1월 5일 교육부 업무보고에서 "학교 다닐 때 국어가 재미가 없었다. 우리말을 뭣 하러 또 배우나"이니, 훈민정음의 자음과 모음 28자가 이 정부 말을 기록하기 부끄럽다

손사래 치고 세종대왕께서 통곡할 일이다. 한글날 축사가 '조사(弔辭, 죽음을 슬퍼하는 글·말)'로 들리는 까닭이다.

092 권총 든 다섯 살짜리 꼬마 애와 김 여사의 수렴청정(垂簾聽政)

站

"다섯 살짜리 꼬마 애가 권총을 들었어요. 그러면 자기도 죽일 수도 있고, 부모도 줄일 수 있고, 다른 사람도 죽일 수 있죠. 맞아요? 안 맞아요? 우리 대통령은 정치를 한 적이 없어요." 그렇기에 그 다섯 살짜리가 위험하지 않게끔 자기가 도와주었다는 명태균 씨의 말이다. 총 들고 다니는 다섯 살짜리 꼬마를 대통령으로 만든다? 아무리 도와준 들 다섯 살짜리 꼬마가 대통령직을 수행치 못하기에 명씨의 말 자체부터 모순이다. 하지만 이 나라 대통령을 '다섯 살짜리 권총 든 꼬마 애'로 비유하였는데, 그 비유가 매우 적절하다는데 고개를 주억거리지 않을 수 없다.

실제 "다섯(만 4세) 살 아들이 쏜 총에 아빠 숨져…美, 충격"(2013. 06.11, 07:06 kbs 뉴스) 이런 보도가 있다. 미국 애리조나의 시골마을. 아빠 저스틴이 4살 아들을 데리고 이웃 친구 집에 갔는데, 얼마 지나지 않아 총성이 울렸다. 호기심 많은 아들이 소형 권총을 집어 아빠에게 방아쇠를 당긴 것이다. 아빠는 그 자리에서 즉사하였다. 이렇게 총을 든 아이의 비극은 지금도 미국에서는 자주 일어나는 일이다. 이 또한 한 가족의 비극이요, 저 물 건너 미국의 일이라 손사래 칠 게 아니다.

2024년 10월 대한민국 이 땅에서 일어나는 일이 저와 크게 다르지 않다. 북한에는 전단이 남한에는 오물풍선이 떨어지고, 연일 대남 대북 확성기 송출로 강화·파주 등 접경지대 주민들의 삶은 피폐해졌다. 우크라이나에 북한 병사가 파견되었고 이 정권 역시 국정원 간부를 우크라이나에 보냈다. 이를 이용해 국민의힘 소속 한 의원은 우크라이나에 배치된 북한군을 심리전의 전략적 표적으로 삼자고 국방장관을 지낸 국가안보국장에게 문자를 주고 화답하였다.

이러니 대한민국은 군사 리스크에 걸려 환율이 1400원을 넘어서며 그렇지 않아도 휘청거리는 경제에 적색등이 켜졌다. 여기에 대외 무역수지 적자, 국내로는 부자감세가 불러온 연이은 재정적자가 2023년 56조, 2024년 현재 30조다. 대한민국 헌법에 규정되어 있는 무상교육과 무상급식도 그칠 판이다. 여기에 어제는 김영선 불법 공천 개입하는 대통령 육성까지 공개되었다. 대통령 지지율은 역대 최저이고 '탄핵'이란 말이 일상화되었다. 그야말로 헌정 중단 사태이나 오늘도 이 정권은 '다섯 살짜리 권총 든 꼬마 애'를 감싸려는 헛소리만 해댄다.

다섯 살짜리가 한 나라의 왕위에 오르면 반드시 국가가 혼들린다고 역사는 기록한다. 우리 역사 최초 기록인 고구려 제6대 국왕인 태조대왕(太祖大王, 47~121(?))이 7세에 즉위하자 모친인 부여태후가, 신라 제32대 효소왕(孝昭王, 687~702)이 6세(만 5세)에 즉위하자 모친인 신목태후가 정치에 관여했다. 바로 수렴청정이다. 어린 나이에 즉위한 왕을 대신하여 어머니나 할머니가 섭정(攝政, 왕을 대신하여 정치하는 행위)하는 것을 동양에서는 수렴청정(垂簾聽政, 발을 드리우고 정사를 듣다)이라 한다. 왕대비가 신하를 접견할 때 그 앞에 발을 늘인 데서 유래한다.

조선의 제6대 국왕 단종(端宗, 1441~1457)은 이보다는 많은 12세에 즉위했으나 숙부 세조에 의해 비참한 죽음을 맞았다. 조선 제13대 국왕 명종(明宗, 1534~1567) 역시 12세에 즉위하였다. 단종보다는 낮지만 어머니 문정왕후(文定王后, 1501~1565)에 의해 그 역시 휘청거리는 왕 노릇을 하다 33세로 쓸쓸한 죽음을 맞는다. 이 시절 1545년(명종 즉위년) 을사사화, 1549년 충주에서 이홍윤의 옥사로 충청도가 청홍도로 바뀌었다. 이언적·노수신·정황·유희춘·권응정·이천제·권벌·백인걸 등 수많은 이가 처벌되는 피바람이 불었다. 1559년부터 3년간 전국을 휩쓴 '임꺽정의 란'도 외척정치의 결과물로 농민 생활이 파탄에 이르러 일어난 사건이었다.

법과 원칙, 공정과 정의가 사라진 저 역사로부터 400년도 더 지나, 지금 또 이 나라에서 저 시절이 보인다. 이번에는 아예 '수렴청정'이 아니라 '김 여사의 왕국'이 등장했다. 이 '왕국'과 연관하여 근 석 달째 '명태균 게이트'가 대한민국을 휩쓸아친다. "철없이 떠드는, 우리 오빠, 용서해 주세요. 무식하면 원래 그래요. 지가 뭘 안다고." '권총 든 다섯 살짜리 꼬마 애'와 '김 여사의 수렴청정', 그 끝은 어디일까?

093 '수산나와 두 늙은이' 이야기를 통해 우리의 갈 바

站 : 나는 이 여자 죽음에 책임이 없다!

"여러 힘든 상황이 있지만 업보로 생각하고 나라와 국민을 위해 좌고우면하지 않고 일하겠다." 엊그제 대한민국 통수권자란 이의 발언이다. "돌을 던져도 맞고 가겠다"라고도 하였다. 이 말의 의미를 모르는 한국인은 없다. '할 테면 해 봐라. 난 흔들림 없이 내 부인을 지키겠다'는 협박이요, '누구든 내 부인을 건드리지 마라'는 경고이다. 가슴 아픈 것은 '누구든'에는 대한민국 국민 모두가 포함된다는 점이다. 어떻게 국민을 향하여 협박성 발언을 서슴지 않는지 모골이 송연할 따름이다. 민주주의가 완성된 듯해 보였던 이 나라가 어쩌다 이 지경까지 되었나. 0.7%를 원망한 들, 아직도 지지한다는 20%의 국민에게 물은들 해답은 없다.

그렇다면 80%의 국민들은 어떠한 행동을 해야 할까? '공정', '정의'에 자주 인용되는 '수산나와 두 늙은이' 이야기를 통해 우리의 갈 바를 생각해 본다. 수산나(Susanna)는 로마가톨릭교회와 동방정교회에서 제2 경전으로서 인정하는 70인 역 『구약성경』의 '다니엘서 13장'(개신교의 히브리 판은 성경은 12장으로 구성되었다)에 등장하는 인물이다. 성경에 묘사된 수산나는 뛰어난 미인으로 남편 요아킴과 바빌론에 살았다. 요아킴이 워낙 명망가여서 많은 사람들이 이 부부의 집을 방문하였다. 수산나의 집에 출입하던 사람 중에는 재판관이자 장로인 두 늙은이가 있었다. 이들은 수산나의 미모에 반해 재판관과 장로란 지위를 이용하여 욕망을 채우려 하였다.

어느 더운 날 수산나가 시종들을 내보내고 정원에서 혼자 목욕할 때, 담을 넘은 두 늙은이는 수산나에게 달려들어 관계를 맺자고 강요한다. "자, 정원 문은 잠겼고 우리를 보는 이는 아무도 없다. 우리는 너와 관계를 원한다. 그러지 않으면 어떤 젊은이가 너와 함께 있었고 바로 그 때문에 너는 하녀들을 내보냈다고 증언하겠다. 사람들은 우리가 장로이고 재판관이기에 우리 말을 믿을 것이다." 수산나는 이들의 요구를 거절하였고 두 늙은이는 수산나가 젊은 남자와 간통했다는 거짓말을 퍼트려 법정에 세웠다. 수산나는 간통죄로 결국 사형 선고를 받았다.

수산나는 형장으로 끌려가면서 하느님께 억울함을 호소하였다. 하느님은 수산나의 누명을 벗겨 주고자 다니엘에게 성령을 불어넣었다. 다니엘은 "나는 이 여자의 죽음에 책임이 없다!"고 외친다. 많은 사람들이 의아해하면서 왜 그런지 이유를 물었다. 다니엘은 여인을 심문도 확증도 없이 하는 처단은 잘못된 일이라면서 재판관이 되어 두 늙은이를 분리해 심문한다.

간통 장면을 어디에서 목격하였는지 묻자, 한 늙은이는 '유향나무 아래'에서라 하고 다른 늙은이는 '떡갈나무 아래'에서 목격했다고 진술하였다. 이렇게 거짓말이 드러나고 늙은이들은 결국 사형에 처해졌다. 이 이야기는 부패한 권력(두 늙은이)에 대한 용기와 저항(수산나), 진실(다니엘)의 중요성을 강조하며, 인간의 본성과 정의에 대한 깊은 성찰을 제공한다.

하지만 이를 그린 그림은 작가에 따라 다르다. 16세기 베네치아의 대표 화가 틴토레토(Tintoretto, 1518~1594)의 작품에서 수산나는 거울로 자신의 아름다움에 취해 주변 상황은 전혀 인식하지 못한다. 왼쪽 아래에서 두 늙은이가 쳐다보는 것도 아랑곳하지 않는다. 마치 관객 역시 늙은이들과 함께 수산나의 몸을 훔쳐보는 듯한 구도이다. 바로크 시대의 거장, 페테르 파울 루벤스(Peter Paul Rubens, 1577~1640) 그림 역시 유사하다. 늙은이들은 강인한 근육질로 이 둘에 둘러싸인 수산나의 얼굴은 두려움으로 가득 차 있다. 겁먹은 듯한 수산나의 모습과 틴토레토 그림처럼 수산나의 알몸을 강조하고 있다.

그러나 바로크 시대의 거장인 렘브란트(Rembrandt Harmenszoon van Rijn, 1606~1669)의 그림은 저들과 다르다. 한 늙은이가 수산나의 몸을 덮은 수건을 벗기려 하는 순간을 포착했고 그녀는 슬픈 표정으로 그림 밖의 관객을 간절한 눈길로 쳐다본다. 렘브란트는 그림 밖의 관객들에게 수산나의 진실에 동참하기를 호소한 것이다.

"돌을 던져도 맞고 가겠다"라는 위협성 발언을 들은 우리는 어떠해야 할까? 불의의 권력에 맞서는 수산나와 다니엘의 교훈을 곰곰 새겨 보아야 하지 않을까? 그래야만 정의와 진실을 찾기 때문이다. 그러려면 다니엘처럼, "나는 이 여자의 죽음에 책임이 없다!"고 외쳐야만 한다.

094 낭패 부부의 낭패불감

站 : 대통령의 대국민담화 및 기자회견을 보고

명태균 게이트가 더욱 요란하게 국정을 흔든다. 그런데 그 비유하는 말들이 적나라하면서도 정곡을 찌른다. 명씨는 부부를 싸잡아 '장님 무사와 앉은뱅이 주술사'라 하였다. 명씨는 또 현 대통령을 '권총을 든 다섯 살짜리 꼬마 애'라 하고, 김 여사는 '철없이 떠드는, 우리 오빠'라 응수한다. 그러더니 급기야 명씨의 입에서 이들을 '낭패 부부'라 칭한다. 똑떨어지는 비유이다.

국어 선생인 나도 혀를 내두를 정도로 그 비유가 참신하다는 데 동의할 밖에 없다. '낭패(狼狽)'를 국어사전에서 찾으면 "계획한 일이 실패로 돌아가거나 기대에 어긋나 매우 딱하게 됨"이라 적바림되어 있다. 따라서 어떤 일이 차질을 빚을 때 "낭패를 당하다"라 한다.

『대한화사전』에는 '낭(狼)'은 이리의 한 종류로 늑대보다는 조금 크고 귀가 쫑긋하며, 성질이 사나워 사람과 가축을 해치는 포악한 짐승이다. 꾀는 부족하지만 맹렬하며 이 놈이 앞다리는 길고 뒷다리가 짧다. '패(狽)' 역시 이리의 한 종류이다. '낭'과는 반대로 꾀는 많지만 겁쟁이로 앞다리가 짧고 뒷다리는 길다. 따라서 두 짐승이 늘 함께 도와야만 살아가기에, 이 둘 사이가 벌어져 균형을 잃게 되면 당황한다는 데서 유래한 말이다. 이 말이 점차 일이 어렵게 되거나 계획한 일이 실패로 돌아가게 된 경우를 가리키는 뜻으로까지 넓게 쓰인 것이다.

당나라 단성식(段成式)이 지은 『유양잡조(酉陽雜俎)』 「모편(毛篇)」에도 보이는데, '낭(狼)'이 항상 '패(狽)'에 업혀 다녀서 이 둘이 떨어지면 넘어지게 되므로 둘 중의 하나가 없으면 어떤 일을 성공적으로 도모할 수 없다고 하였다. 모두 '개사슴록변(犭(=犬))'으로 사납고 거칠고 고약한 짐승들이기에, 이 '낭패'가 들어가는 어휘는 하나같이 뜻이 좋지 않다.

순우리말에 '계획한 일이 어그러지는 형편'이란 뜻을 가진 '낭판'도 이에 연유한다. 한자어 '狼狽'는 15세기부터 문헌에 보이고 18세기에 한글 표기는 '랑패'였다. 최성환(崔瑆煥, 1813~1891) 선생이 중국의 도교 경전 『태상감응편도설(太上感應篇圖說)』을 풀이하여 1852년에 간행한 언해서에는 "늙도록 낭픽ᄒᆞ여 쳔ᄒᆞ고 궁곤ᄒᆞ더니"와 같은 예도 보인다.

좀 더 살펴보면, '배반낭자(杯盤狼藉)'는 술잔과 접시가 마치 이리에게 깔렸던 풀처럼 어지럽게 흩어져 있다는 뜻으로 술을 마시며 한창 노는 모양, 혹은 술자리가 파할 무렵 또는 파한 뒤 술잔과 접시가 어지럽게 흩어져 있는 모양을 이르는 말이다. '호랑(虎狼)'은 '범'과 '이리'라는 뜻으로, 욕심이 많고 잔인한 사람을 비유적으로 이르는 말이요, '전호후랑(前虎後狼)'은 앞문에서 호랑이를 막고 있으려니까 뒷문으로 이리가 들어온다는 뜻으로, 재앙이 끊일 사이 없이 닥친다는 의미이다.

이런 '낭패 부부'가 국정을 농간하니, 그야말로 주위에는 '낭패위간(狼狽爲奸, 흉악한 무리들이 모략을 꾸미는 것을 이르는 말)'하는 무리들이 '낭자(狼藉, 여기저기 흩어져 어지럽거나 왁자지껄하고 시끄럽다)'

하여, 그야말로 나랏일이 '도처낭패(到處狼狽, 하는 일마다 잘 되지 아니함)'이다.

대통령은 '낭패불감(狼狽不堪, 어떤 상황에 닥쳐 어쩔 수 없어, 이러기도 어렵고 저러기도 어려운 처지)'하여, 7일 용산 대통령실 청사에서 대국민담화 및 기자회견을 하였으나 변명 일관이다. 그야말로 기자들과 주고받는 말이 길어질수록 궤변과 동문서답이니, '전돈낭패(顚頓狼狽, 엎어지고 자빠지며 갈팡질팡함)'일시 분명하다.

그러나 '낭패'란 말이 꼭 부정어로만 쓰이는 게 아니다. '대사에 낭패 없다(관혼상제와 같은 큰일은 시작만 해 놓으면 어떻게든 치러 내게 된다는 말)'라는 말처럼, 국민들은 '낭패 부부'의 국정농단을 '낭패일세' 하고 수긋이 받아들이지 않는다. 이제 80% 넘는 국민들 뜻은 이 정권의 '하야(下野)나 탄핵(彈劾), 아니면 임기 단축 개헌'을 원한다. 물론 대한민국을 만든 국민들이 하는 일이기에 대사에 낭패는 없다!

095 눈과 귀가 아프다. 이제, '분노 유발자, 대통령 놀이' 그만 둬라!

站 : 2024년 11월 7일, 대국민담화 및 기자회견을 보며

마치 '분노 유발자의 대통령 놀이'를 보는 듯하다. "우리가 전두환 대통령이 군사 쿠데타와 5·18만 빼면 잘못한 부분이, 이제 그런 부분이 있지만, 그야말로 정치는 잘 했다고 얘기하는 분들이 많습니다. …이 분은 군에 있으면서 조직 관리를 해봤기 때문에, 예, 맡긴 겁니다."

2021년 10월 19일 부산 해운대구 갑 당원협의회에서 당시 국민의힘 대선 후보인 윤석열 후보가 한 말이다. (특유의 "예-"라는 허사虛辭, 아무런 의미 없이 생각을 가다듬기 위해 길게 뽑는 말와 한 말 또 하는 "이제 그런 부분이 있지만"…등은 생각 없거나 거드름 피우는 이들이 흔히 말하는 어법語法이니 논할 가치조차 없다.)

비판이 일자, 그는 며칠 뒤인 10월 21일 오전, "설명과 비유가 부적절했다는 많은 분들의 지적과 비판을 겸허히 수용하고 유감을 표한다"는 사과를 하였다. 그러나 그날 SNS엔 개에게 사과를 주는 사진을 올려놓았다. 그것도 두 차례나. 당시 많은 이들이 "개가 국민이냐"며 분노하였던 것이 엊그제 같다.

그는 2024년 11월 7일 오전, '대국민담화 및 기자회견장'에서 마지못해 두 번째 사과를 하였다. 그가 국민의힘 대통령 후보가 돼서부터 지금까지 김 여사와 함께 벌인 행각은 대한민국 사초(史草,

한 나라의 역사 기록)에 단 한 번도 겪어보지 못한 일로 기록될 것이다. 차마 두 눈을 뜨고 못 볼 지경인 행태를 보였기에 민심이 돌아섰고 지지율이 폭락하자 다시 사과를 들고 나온 것이다. 그런데, 허리를 숙여 사과를 하였다지만 사과를 받은 국민이 몇 %나 되는지 모르겠다.

모두 발언부터 문제다. "…막상 취임하고 보니 모든 여건이 생각했던 것보다 훨씬 더 어려웠습니다. …하나하나 잘못된 점을 바로잡으면서 이제 경제가 기지개를 켜고 있습니다."

헛소리다. 현재 한국 경제는 물가를 보면 안다. 세계 주요 투자은행(IB)도 올해 한국 성장률 전망치 2.5에서 2.3% 하향했으며 내년 전망치도 2.0%로 낮추고 있는 실정이다. 물론 '하나하나 잘못된 점을 바로잡은 것'이 어디 하나라도 있나? 그가 오로지 2년 동안 한 일이라곤 김 여사 특검을 지키고 검찰을 동원해 야당 대표 잡기와 일본과 손잡고 낡은 이념을 내세워 국민 편을 가르고 해외여행한 정도 밖에 더 있나. 여기에 '명태균 게이트'까지 생성해 놓은 것이 전부이다. 오로지 실정(失政, 정치를 잘 못함)에 실정을 거듭하였을 뿐이다.

그 뒤 기자회견은 더 가관이다. 내용은 차치하고, 어떻게 '무식한', '미쳤냐', '인마', '부부싸움을 하겠다', 사회자에게는 "하나 정도만 하자. 하나 정도만 해. 목이 아프다 이제. 그래 더 할까?" 외국인 기자(채드 오캐럴 기자)가 '평양 드론 사건에 대한 입장'을 묻자 "말귀를 못 알아듣겠다" 하는 등 막말을 내뱉는가. (이런 무례함은 그 즉시 일본 마이니치 등 외국 언론에 보도되었다.)

더욱이 '김건희 특검법'과 관련해서는 "명백히 자유민주주의 국가의 삼권분립 체계에 위반된다"며, '정치선동', '인권유린'…를 언급한다. "국회의 특검 결정은 헌법 위배"이고 자신이 거부권을 행사한 '김건희 특검 수용불가는 정당'하다는 아전인수 해석이다. 아예 대한민국의 헌법까지 무시하는 발언이다. 여기에 김 여사의 각종 행위를 "국정농단이라고 한다면 그거는 국어사전을 좀 다시 정리"하라고 빈정거리고 [악마 같은 사람들이] 순진한 김 여사를 '악마화', '침소봉대'하였다고 한다.

명태균 씨와 통화에서 밝혀진 김영선 공천(2022년 5월 9일, "공관위에서 나한테 들고 왔길래, 내가 김영선이 경선 때부터 열심히 뛰었으니까. 그거는 김영선 좀 해줘라 그랬는데 말이 많네. 당에서")에 대해 묻자 '까짓 게 그 뭐 대수냐'라 한다. "무슨 공천에 관한 얘기한 기억은 없습니다마는 '누구를 꼭 공천 줘라'라고 그렇게 저, [멈칫] 사실 얘기할 수도 있죠. 그게 뭐 외압이 아닌 의견을 얘기하는 거지만" 한다. (분명 '외압'이며 '공천 개입'으로 탄핵 사유이다.)

하도 답답해 한 기자가 '구체적으로 사과한 게 뭐냐?' 묻자, 구체적으로 말하기가 좀 어렵다며 "어찌 됐든 제가 사과를 드리는 것은 불필요한 얘기들 안 해도 될 얘기들을 하고…"라 한다. '사과(謝過)'란, 사과하는 주체가 자기의 '잘못'을 인정하고 객체에게 '용서'를 비는 행위이다. 따라서 '무엇을 잘못'했다는 목적어가 분명해야지만 그는 두루뭉수리한 말만 늘어놓았다.

그가 말하며 손을 휘휘 젓거나 삿대질, 분노한 듯한 목소리와 부릅뜬 눈에서 읽는 안하무인 태도는 여분(餘分) 분노거리다. 하지만 그는 모두 발언에서 "저는 2027년 5월 9일, 제 임기를 마치는 그날까지 모든 힘을 쏟아 일을 하겠습니다" 하였다.

이런 대통령 대담을 보고 오죽하면 끝나기도 전에 '술주정 기자회견', '폭망 담화', 횡설수설, 방약무인 등 무수한 부정어들이 이

가을 낙엽처럼 우수수 떨어진다. 그러나 대통령을 지지한다는 한 패널은 "바가지 긁었다고 국정농단?"이냐며 이죽거리고 대통령실에서는 '최선을 다한', '진심 어린' '안정적이고 좋았다'는 반응을 내놓는다.

절대 안 된다. '그'의 국어사전에만 있는 말을 듣는 국민들은 눈과 귀가 아프다. 이제 '분노 유발하는 대통령 놀이' 그만 둬라!

096 파블로프의 개와 빨간약

站

　"윤석열 대통령, 골프 연습 재개…트럼프 시대 대비책"

　'폭망!'이란 두 글자로 정리되는 '대국민담화' 여운이 채 가라앉기도 전, 이틀 뒤, 저 이는 골프장에 모습을 드러냈다. 이른바 '골프광' 트럼프 미국 대통령 당선인과 만남을 대비한 연습이란다. 실상 트럼프는 재임 중에 한 나라 지도자와 골프 회동을 한 것은 신조 아베 일본 총리가 고작이란다. 이러니 'THE TIMES OF INDIA' 등 세계 유수 언론에서 이를 조롱하고 나섰다.

　이 행위가 "한국을 부정적인 영향으로부터 보호하지 못"하며 "CIA 분석가는 많은 지도자들이 신조 아베가 트럼프와 가졌던 우정을 재현하고자 하겠지만, 개인적 관계가 일본에 실질적이고 입증 가능한 이익을 가져왔다는 증거는 없다"고 뼈아픈 일갈을 던졌다. 대한민국을 세계인의 웃음가마리로 만든 셈이다. 그런데 오늘 뉴스를 보니 이마저 아니었다. "北 도발 당일 윤 대통령 골프…이 달도 토요일마다"라는 기사가 보이니 말이다. 어느 나라 대통령이 정치서부터 경제·교육·사회…, 나라가 망국으로 치닫는데도 아랑곳 않고 골프를 칠까.

　마치 르네 마그리트의 〈금지된 재현〉(1937)이라는 그림을 보는 듯하다. 이 그림 속의 사내는 거울을 보는데 거울에는 자신의 뒷모습만 보인다. (반면 사물인 책은 정확히 반사되어 보인다.) 저 이의 행동은 마치 이 그림처럼 자기가 자기를 보지 못하기에 일어나는 현상과 유사하다. 저 이는 비슷한 가짜인 시뮬라크르(Similacre: 시뮬라크르는 원래 플라톤에 의해 정의된 개념이다. 플라톤에 의하면, 사람이 살고 있는 이 세계는 원형인 이데아, 복제물인 현실, 복제의 복제물인 시뮬라크르로 이루어져 있다. 여기서 현실은 인간의 삶 자체가 복제물이고, 시뮬라크르는 복제물을 다시 복제한 세계로 가상현실이다)의 눈만 지녔기 때문이다. '시뮬라크르'란, 실제로는 존재하지 않는 대상을 존재하는 것처럼 만들어놓은 '가상현실'을 의미하는 철학개념으로 영어로는 시뮬레이션이다.

이를 저 골프를 치는 대통령에게 대입하면 저 이는 아직도 '검사'일 때의 세계에 살고 있다. 그 '검사의 시뮬라크르 눈'으로 세상을 보니 국민들은 모두 '잠재적 전과자'들로 미덥지 않다. 오로지 국민들을 얼마든 합법적으로 옭아맬 수 있는 자신만이 정의의 사도이다. 검사로서 경험한 문화는 이미 지나간 과거(가상현실)임을 전혀 인식하지 못하기 때문이다. 시뮬라크르의 눈으로는 자기를 찾을 수 없다. '파블로프의 개'처럼 과거에 검사로서 향유한 검사 문화에 길들여진 '조건반사(conditioning)'로 반응하기 때문이다.

또 다른 가상현실을 다룬 워쇼스키 형제(후일 자매)가 만든 〈매트릭스〉가 있다. 이 영화는 인공지능(AI)에 의해 인간이 지배당하는 미래가 배경이다. 주인공 네오(키아누 리브스 분扮)는 낮에는 평범한 회사원이지만, 밤에는 해커로 활동한다. 어느 날, 그는 '매트릭스'라는 가상현실에 대한 의문의 메시지를 받고, 모피어스와 트리니티를 만난다.

모피어스는 네오에게 두 개의 알약을 건넨다. '빨간약'은 진실을 본다는 고통이 따른다. 파란약은 가상공간을 현실로 인식하며 거짓 속에서 안주하는 삶이다. 네오는 빨간약을 선택하고, 매트릭스 진실을 알게 된다. 그 진실은 인간들이 기계에 의해 에너지원으로 사용되고 있으며, 매트릭스는 그들을 속이기 위한 가상현실이라는 사실이다. 이후 네오는 모피어스와 함께 매트릭스에서 벗어나기 위한 고된 싸움을 시작한다는 내용이다.

영화는 시뮬레이션 속의 존재가 자신을 실재 존재라는 착각에서 시작한다. 자아를 인식하려면 '빨간약'을 복용해야 하는데 이에는 큰 고통이 따른다. 저 이는 '대통령'이라는 현실과 '검사'라는 가상현실의 경계에 대한 깊은 성찰이 전혀 없다. '파블로프의 개'처럼 현실을 인식하지 못하는 과거의 '검사'는 한 나라의 운명을 짊어질 수 없다. 고뇌와 깊은 성찰이 따르는 '빨간약'을 복용하여 거울에서 자신의 얼굴을 정확히 보는 이라야만 한 나라의 지도자로서 자격이 있기 때문이다.

097 전실판사(全失判事)의 숙녹비법전(熟鹿皮法典) – 이재명 야당 대표의 〈선거법 유죄 판결〉을 보고

站

: 〈한성진 결송〉이란 소설

이재명 대표에 대한 판결이 나라를 뒤흔든다. 법치주의에서 검사의 기소와 구형, 판사의 판결에 이의를 단다는 게 구차스럽다. 하지만 대한민국 국민이 이 나라의 주인이고 검사나 판사는 법원 소속 국가공무원이란 점에서 몇 자 적는다.

우리 문학사에 이런 재판과 관련된 소설이 있다. 백성끼리 분쟁이 있을 때, 관부에 호소하여 판결을 구하던 일을 다룬 소설로 '송사소설(訟事小說)', 혹은 '공안소설(公案小說)'이라 한다. 이들 소설은 대개 현명한 재판관을 만나 억울함을 풀며 이야기가 끝난다.

하지만 이 소설들 중 재판관의 농간이나 어리석음으로 오히려 피해자가 억울한 죄를 뒤집어쓴 소설(우언이라고도 한다)이 한 편 있다. 〈황새결송〉이다. '결송(決訟)'이 백성들 사이에 일어난 송사를 판결하여 처리하는 일이니, 풀이하자면 '황새 재판관의 농간에 의한 재판' 정도의 의미이다. 〈황새결송〉은 조선 후기의 풍자소설로, 부패한 사회와 뇌물·모략에 의해 좌우되는 재판의 부조리를 비판하고 있다. 그 내용은 대략 이렇다.

옛날 경상도에 큰 부자가 있었는데, 그의 친척 중 간악한 이가 재산의 절반을 요구하며 행패를 부린다. 부자는 참다못해 서울로 올라가 형조(刑曹, 법원)에 소송을 제기한다. 하지만 간악한 친척이 재판관은 물론 그 수하에 있는 형조에 있는 서리들에게도 뇌물을 써서 결국 재판에서 승소한다. 부자는 억울함을 참지 못해 형조 관원들에게 다음과 같은 이야기를 들려준다.

옛날에 꾀꼬리, 뻐꾸기, 따오기가 살았다. 셋은 서로 제가 우는 소리가 가장 좋다고 다투었다. 결정이 나지 않자 학장군 황새를 찾아가 송사를 벌인다. 따오기는 자신의 소리가 가장 못나다는 것을 알고 미리 황새가 좋아하는 여러 곤충들을 잡아다 뇌물로 바친다. 드디어 재판날이 되었다. 황새는 세 짐승이 각기 소리를 내어 보도록 하고는 '뇌물 판결'을 내린다. 황새는 꾀꼬리의 소리는 애잔하여 쓸데없다고 하여 내친다. 또 뻐꾸기의 소리는 궁상스럽고 수심이 깃들었다 한다. 그러고는 따오기의 소리가 가장 웅장하다며 최고의 소리로 판결한다.

〈황새결송〉은 이렇듯 부자가 짐승들의 이야기를 빗대어 물욕에 잠겨 뇌물을 받고 그릇된 판결을 내린 법관들을 비꼬아 풍자한 소설이다. 다산 정약용 선생의 법 관련 서적인 『흠흠신서(欽欽新書)』에도 이와 유사한 이야기가 나온다.

어떤 부잣집 자식으로 허랑방탕한 놈이 있었다. 그 자식은 외간 놈들과 짜고 돈 200냥을 쓴 것으로 위조증서를 만들며 그것이 원래 공금이었다고 한다. 그런 다음 또 아전을 끌어들인다. 그러고는 아전이 부잣집 자식을 관에 고발한다. 수령은 곧 부자집 자식을 잡아다가 가두어 놓고 빚을 독촉하는 한편, 그 부형을 잡아들여 아들 대신 돈을 바치라고 한다. 부자가 돈을 바치자 허랑방탕한 부잣집 자식 놈, 외간 놈, 아전 셋이 나누어 갖는다.

다산은, 수령은 마땅히 저 세 놈을 벌주어야 하는데 어리석어 옳고 그름을 판결치 못하여 부자의 재산 반을 잃게 하였다며, 이런 어리석은 재판관들을 '반실태수(半失太守)'라 하였다. 이는 '절반을 잃게 하는 재판관'이라는 의미이다. 재물을 다투는 소송에서 재판관이 사리를 정확히 분별해 시비를 가리기보다 양측에 절반씩 적당히 나누는 식으로 판결하는 것을 말한다. 다산은 이 반실태수를 "최하 등급의 판관이다(此最下者也)"라 하였다.

'숙녹비대전(熟鹿皮大典, 엉터리 경국대전 해석)'이란 말도 저러한 무능한 판관의 그릇된 판정을 말한다. '숙녹'은 삶은 사슴 가죽이다. 속담에 "녹비('피'가 아닌 '비'로 읽는다)에 가로왈 자(鹿皮曰字)"라는 말이 있다. 부드러운 녹비에 쓴 왈(曰) 자는 그 가죽을 당기는데 따라 '날 일(日)' 자도 되고 '가로 왈(曰)' 자도 된다는 뜻이다. 이는 곧 주견머리 없이 남의 말에 붙좇아 일이 이리도 저리도 되는 것을 비유하는 말이다. 그러니 '숙녹비대전'은 조선시대 법전인 『경국대전(經國大典)』을 여기서는 이렇고 저기서는 저렇게 해석하여 내리는 엉터리 판결을 조롱하는 말이다.

이 시절 이재명 야당 대표의 판결을 보며 '반실태수'가 '전실판사(全失判事, 모든 것을 잃게 만든 판사)'로 '숙녹비대전'이 '숙녹비법전(熟鹿皮法典, 엉터리 대한민국법전 해석)'으로 퇴화한 듯하여, 보기에 딱하고 안타깝다. 후일 이 판결을 한 이의 이름을 따 〈한성진 결송〉이란 소설이 역사 속에 적바림 될지도 모르겠다.

---

*『흠흠신서』의 '흠흠'은 "삼가고 삼가는 게 본디 형벌을 다스리는 근본이다(謂之欽欽者何也 欽欽固理

刑之本也)"에서 제목을 취하였다. 재판관은 개인에게는 생사와 일생을, 사회로는 시비와 선악을, 국가로는 나라의 기강을 세우는 법을 집행하는 기관이기 때문이다. 당연히 법을 집행하는 자들은 '흠흠', 즉 '삼가고 또 삼가라'는 말을 좌우명으로 새겨야 한다.

098 '레밍'으로 소환(召喚)된 한국 정치

站

이재명 대표에 대한 '법난(法難, 법의 난장판)의 시대'가 참혹하다. 그래서인가. 현 정국을 바라보는 한 국민의힘 국회의원(박정훈)의 말이 귀에 쟁쟁하다. 그는 MBC 라디오 〈김종배의 시선집중〉에 출연해 "쥐 중에 레밍이라고 있잖느냐. 걔들이 왜 이유 없이 바다 절벽에 떨어져서 다 죽잖느냐"라며 "똘똘 뭉쳐서 비극적인 상황으로 가는 것"이라며 자당의 대통령을 직격(?)했다.

'레밍(Lemming)'은 나그네쥐로 비단털쥐과(Cricetidae) 나그네쥐족(Lemmini)에 속한다. 자살하는 동물로 알려져 있지만 사실이 아니다. 나그네쥐들은 개체 수가 많아지면 무리 지어 이주를 시작하는 것까지는 사실이지만 바다나 절벽으로 돌진하지는 않는다. 나그네쥐는 일정 수 이상의 개체가 밀집될 경우 메뚜기마냥 갑자기 행동 양상이 바뀌어, 떼를 지어 무작정 몰려다니기 시작하는 습성은 있다. 일단은 먹이가 바닥나서 다른 지역으로 이주하려는 행동이지만, 한번 떼를 지으면 무작정 앞을 향해 우르르 몰려가기만 한다는 게 괴이한 점이다. 심지어 험한 강을 만나도 어지간해선 그냥 수영해서 앞으로 나아가려 한다. 이 때문에 자살하는 동물로 잘못 알려지게 되었다.

나그네쥐들이 절벽에서 뛰어내린다는 이야기를 처음으로 퍼뜨린 것은 1958년 제작한 다큐멘터리 〈하얀 황야(White Wilderness)〉이다. 이 다큐멘터리에서 많은 수의 레밍들이 바다로 가기 위해 절벽에서 뛰어내리고, 건너갈 수 없는 바다를 헤엄쳐 가는 모습이 나온다. 툰드라에 사는 브라운 색의 작은 설치류 레밍(나그네쥐)이 개체수 조절을 위해 스스로 절벽에서 뛰어내리는 모습이라 하였다. (이 프로는 레밍의 이러한 희생정신이 살아있는 전설이라고 찬사를 아끼지 않았으며 '레밍의 희생정신'이란 신화를 만들었다. 하지만 2003년 디즈니사는 이 다큐는 완전히 조작된 것이라고 밝혔다.)

일찍이 이 '레밍'을 한국 정치에 인용한 이가 있었다. 한미연합군사령관이자 주한미군사령관으로 제30대 육군참모총장을 지낸 존 위컴 2세(John Adams Wickham Jr)이다. 그는 1980년 8월 8일 미국 'LA 타임스'에 "한국인들은 들쥐(field mice: 레밍이라는 의미로 사용)와 같은 근성을 지녀서 누가 지도자가 되든 옳고 그름을 따지지 않고 복종을 할 것이며, 한국인에게는 민주주의가 적합지 않다(koreans are like field mice, they just follow whoever becomes their leader. Democracy is not an adequate system for koreans)"고 하였다.

1979년 취임한 그는 12·12 사태와 1980년 5·18을 지켜보면서 한국 정치에 매우 실망하였다는 발언이다. 따라서 전두환 군부가 한국 국민의 광범위한 지지를 받고 한국의 안보가 유지된다면 이를 한국 국민의 뜻으로 받아들여 전 장군(전두환을 지칭)을 지지할 것이라면서 한 말이다. (하지만 당시 경향신문과 동아일보 등은 위컴의 이 외신 인터뷰를, 쥐 발언이 포함된 내용을 빼고 그저 '미국이 전두환을 지지할 것이다'라는 내용으로 왜곡해 보도했다. 경향신문 1980년 8월 8일자 1면 등 참조.)

하지만 존 위컴 2세가 한국인의 정치 수준을 폄하하기 위하여

한 저 말은 역사 속으로 사라졌다. 그 뒤, 대한민국은 명실 공히 세계적인 민주주의를 이뤄냈기 때문이다. 국민의힘 국회의원은 대통령과 함께 자당이 공멸한다는 의미에서 '레밍'을 끌어왔다. '레밍'이 자살하는 동물이 아닌 것은 분명하지만, 떼를 지어 무작정 앞을 향해 직선으로 우르르 몰려가기만 한다는 것은 사실인 듯하다.

현재 대한민국 민주주의는 현 대통령에 의해 중대한 위기에 봉착했다. 모쪼록 국민의힘 의원들이 저 대통령을 따라 눈 가리고 내달리는 '레밍'이 되지 않기를 경고한다. 민심이란 성난 횃불이 타오르기 때문이다.

099 대한민국 정치 인식, 그 박학한 무지와 무지한 박학

站

"처음에 그들이 사회주의자들에게 왔을 때 나는 침묵했다. 나는 사회주의자가 아니었기에. 다음은 그들이 노동조합원들에게 왔을 때, 나는 침묵했다. 나는 노동조합원이 아니었기에. 다음에 그들이 유대인들에게 왔을 때, 나는 침묵했다. 나는 유대인이 아니었기에."

홀로코스트 추모관에 새겨진 독일 루터교회 목사 프리드리히 구스타프 에밀 마르틴 니뮐러(Friedrich Gustav Emil Martin Niemöller)의 시이다. 그는 이렇게 자신의 침묵이 홀로고스트를 만들었다고 고백했다.

'대한민국 사람들의 정치에 대한 견해?' 딱 두 부류로 나뉜다. 한 부류는 저 니뮐러 목사의 시와 같다. 그렇게 말을 많이 하면서도 유독 '정치' 두 글자만 나오면 마치 득도하려는 스님처럼 손사래를 치며 묵언수행 중이다. 새 까먹는 소리라도 중얼거려야 정치는 변한다. 이 나라를 움직이는 가장 우듬지가 정치이기 때문이다. '침묵'은 "나는 무지하다는 사실 이외에 스스로 아무것도 모른다"는 소크라테스의 박학한 무지의 실천궁행에 지나지 않는다.

"윤석열, 푸틴과 트럼프 경고에도 우크라 참전 만지작", "'김 여사 특검법' 세 번째 거부권 행사…민주화 이후 최다 기록" 기사가 나와도, "윤석열 정권 2년 반 동안 대한민국은 대통령의 끝을 알 수 없는 무능, 대통령과 그 가족을 둘러싼 잇따른 추문과 의혹으로 민주공화국의 근간이 흔들리고 민생이 파탄 나고 있다. … 대통령의 즉각적인 퇴진과 함께 현 정부의 다음과 같은 국정 전환을 강력하게 요구한다", "나는 폐허 속을 부끄럽게 살고 있다"는 대학 교수들의 시국선언문이 줄을 잇고, 사제들조차 "어째서 사람이 이 모양인가" 외쳐도, 민주주의가 전체주위로 후퇴해도, 침묵으로 일관해야 한단 말인가? "당신이 정치에 무관심하다 해도, 정치는 당신을 생각합니다"라는 미얀마의 아웅산 수 찌(Aung San Suu Kyi)의 삶을 그린 영화 〈The Lady〉에 나오는 대사를 되새김질해 보았으면 한다.

또 한 부류는 오로지 '내 말은 맞고 너는 틀리다'이다. 전지전능한 정치신이라도 된 듯이 모든 것을 다 안다. 이 역시 무지한 박학일 뿐이다. 빅데이터와 인공지능이 생산하는 컴퓨터에서 유사한 어휘만 모이게 작동하는 알고리즘만 철석같이 믿는 꼴이다. 비행기를 예정된 경로와 고도로 항행하기 위한 자동항법장치가 작동하는 언론만 본 정치적 견해이다.

이를 '더닝 크루거 효과(Dunning-Kruger effect)'라 한다. 더닝 크루거 효과는 인지 편향의 한 학설이다. 능력 없는 사람이 잘못된 판단을 내렸지만 능력이 없기에 자신의 잘못을 알아차리지 못하는(반대로 능력이 있는 사람은 많이 알기에 다른 사람들이 나보다 나을 거라 여겨 위축된다) 현상이다. 흥미로운 사실은 능력이 없는 사람 쪽이다. 이 사람들은 환영적 우월감으로 자신의 실력을 과대평가해 다른 사람의 능력을 알아보지 못할 뿐 아니라, 자신이 곤경에 처한 것조차 인지하지 못한다.

벌건 대낮에 저급한 토론 실력과 수준 낮은 정치적 견해를 얼굴하나 붉히지 않고 오히려 목소리까지 높이는 이들을 보면 참 경이롭기까지 하다. 이런 무지한 박학을 열변하는 이들에게 찰스 다윈은 "무지는 지식보다 더 확신을 가지게 한다"는 경종을 남겼다.

'박학한 무지'든, '무지한 박학'이든, 이런 국민의 '정치'에 대한 매우 부정적인 병리학적 현상은 '병리학적 정치인'을 생산한다. 〈논개〉의 시인 변영로 선생의 말처럼 "정치는 미봉(彌縫, 임시변통)의 소산이 아니다. 대정견(大定見, 큰 일정한 주장)이 있어야 하고 대이상(大理想, 큰 이상)이 있어야 하며 '숭고한 고집'이 있어야 한다". 이를 만족시킬 정치인은 못 되더라도, 어찌 한 나라 대통령이란 자의 언행이 괴이한 행동과 반말 화법에 불통, 부도덕, 부조리 '3불(不)'과 무능, 무지, 무식, 무례, 무책 '5무(無)'란 말인가.

그러니 러시아제국을 멸망케 한 요승(妖僧) 그리고리 라스푸틴(Grigory E. Rasputin) 같은 물건에 버금가는 무속인들까지 설레발치는 세상이 된 게 아니겠는가.

100 2024년 12월 3일~4일 계엄령 내린 날, 어느 선생의 일기

站

나이가 들었나보다. 하기야 내 나이도 60대 중반을 지난다. 학기 말에 여러 일이 겹쳐서인지 몸이 피곤하다. 내일 수업도 있고 하여 일찌감치 자리에 들었으나 잠은 오지 않는다. "카톡!" 지인 대여섯 명이 가끔씩 함께하는 카톡방이다. 핸드폰을 열었다. 덤덤한 "비상계엄입니다"라는 문자다. 시간을 보니 10시 31분, '평소에 농담을 하지 않는 분인데…'. 하지만 이 사람의 저간 행적으로 보아 충분히 가능한 일이기에 네이버를 켰다. 사실이었다.

그는 늘 술에 취한 듯한 불콰한 얼굴로 '계엄령 전문'을 읽어 내려갔다. 글줄 마디마디마다 광기가 서렸다, 계엄사령관 이란 자의 '포고령 1호'를 읽을 무렵 제자에게 전화가 왔다. 늘 나라와 민주주의를 생각하는 제자였다. "선생님! 이 일을 어떻게 하지요." 그 뒤 이야기는 잘 기억이 나지 않는다. 내가 무엇을 어떻게 해야 할지, 정신이 멍했다. 나도 모르게 핸드폰을 들고 있는 손이 떨리고 있었다.

전두환이 계엄령을 선포했던 1980년 5월, 그때의 그 공포스러운 기억이 떠올랐다. 탱크, 소총, … 그날 한강 중간쯤 버스가 멈췄다. 계엄군 완장을 찬 군인과 경찰이 버스에 올라왔다. 난 버스 맨 뒷좌석에 앉아 있었다. 계엄군은 내 서너 앞자리 청년 보고 내리라 했다. "왜-"라는 말이 채 끝나기도 전에 M1 소총 개머리판이 청년의 머리를 가격했다. 계엄군은 정신을 잃은 청년을 끌어 버스 밖에 내동댕이쳤다. 대항하는 사람도 말리는 사람도 없었다. 노량진을 지날 즈음 승객들은 숨죽이며 "머리가 길어서인가 봐"라며 소근거렸다. 그날 그 군인의 철모 아래 살기 어린 눈매가 아직도 눈에 선하다. 그때 내 머리도 그 청년만 했었다.

11시 13분, "국민께 부탁드리는 말씀"이 유튜브에 올라왔다. 국회로 와달라는 한 정치인의 다급한 육성이었다. 정치인의 다급한 육성과 내 신분이 대학 선생이고 고전을 읽고 글을 쓰는 고전독작가라는 사실이 뒤섞였다. 늘 '진실'과 '정의'를 말하고 '행동하지 않는 양심은 양심이 아니다'라 하지 않았던가. 내가 연구한 연암(燕巖) 박지원(朴趾源, 1737~1805) 선생은 '사이비(似而非) 향원(鄕愿)은 되지 마라' 하지 않았던가. 글 쓰는 이로서 늘 '글은 곧 그 사람'이라 하지 않았던가.

서둘러 옷을 갖춰 입었다. 모자도 뒤집어쓰고 장갑도 챙겼다. 당황한 아내가 '지금 뭐하느냐고, 어디 가려 하느냐'고 놀라 물었다. 옷깃을 잡는 아내를 뿌리치고 나왔다. "지금, 내가 … 국회의사당…" 뭐라 했는데, 정확히 기억이 안 난다. 문을 나서는 내 뒤로 "당신이 가서 무엇을 하려는데" 하는 아내의 말이 따라온 듯하다.

차에 시동을 걸었다. 못 돌아올지도 모른다는 생각에 집 창문을 잠시 쳐다봤다. 자정이 가까워서인지 거리는 고요했다. 하지만 30년 운전 경력인데도 내 차는 몹시 흔들렸고 길도 잘못 들었다. 경인고속도로를 어떻게 지났는지도 모른다. 의외로 영등포 거리에 경찰차 하나 보이지 않았다. 영등포는 내 십대 시절을 고스란히 간직한 곳이지만 너무 낯설었다. 저만치 국회의사당 정문 쪽에 사람들이 보였다. 이미 시계는 자정을 넘었다. 200~300명 정도, 시민들과 경찰이 뒤섞여 있었다.

급히 차를 도로에 세우고 정문 앞 시민들과 합류했다. 먼저 온 이들의 후미에서 그들을 따라 구호를 외쳤다. 누군가 "계엄령을" 선창하면, "해제하라" 후창이 이어졌다. 의사당 쪽으로 건물이 없어서 그런지 목소리는 널리 퍼지지 못했다. 경찰을 태운 버스가 몇 대 더 오고 공중에서 헬리콥터가 굉음을 냈지만 시민들은 조금도 개의치 않았다. 그렇게 얼마쯤 지났을까?

갑자기 시민들 목소리가 커졌다. "윤석열을!" "탄핵하라!" 그 소리는 의사당 앞 공터를 건너 의사당 안까지 들릴 듯했다. 뒤를 돌아보니 내 뒤로 수많은 시민들이 함께 구호를 외치고 있었다. 누군가 〈애국가〉를 선창했다. "동해물과 백두산이 마르고 닳도록 하느님이 보우하사 우리나라 만세. …." 또 누군가 〈님을 위한 행진곡〉을 불렀다. "사랑도 명예도 이름도 남김없이 한평생 나가자던 뜨거운 맹세…." 가슴속에서 무엇인가 꿈틀하더니 목이 메고 눈물이 왈칵 쏟아졌다.

그제야 찬찬히 주변을 돌아봤다. 내 또래의 사내가, 손을 꼭 잡은 젊은 연인이, 허름한 옷을 걸친 아주머니가, 손확성기를 들고 구호를 외치는 대학생 또래의 여학생들 그룹도 보였다. 우리는 한 목소리로 외쳤다. "윤석열을!" "탄핵하라!" "계엄령을" "해제하라" 확신이 들었다. 비록 계엄군이 총칼을 들이대도 제 아무리 탱크가 와도, 이들은 겁먹지 않을 것임을.

1시쯤, '비상계엄령 해제 가결'이란 소식이 들렸다. 옆에 있던 내 또래의 사내가 손을 불끈 쥐고 흔들며 나에게 웃음을 건넸다. 돌아오는 길, 영등포 가로등 불빛이 참 정겹다.

101 '그'의 계엄령과 〈광염소나타〉

站

"아아 그의 얼굴! 그의 숨소리가 차차 높아지면서 눈은 미친 사람과 같이 빛을 내기 시작하였습니다. 그러더니 그 음보를 홱 내어 던지며 문득 벼락같이 그의 두 손은 피아노 위에 덮치었습니다. 그의 광포스런 소나타는 다시 시작되었습니다. 폭풍우같이, 또는 무서운 물결같이 사람으로 하여금 숨 막히게 하는 그 힘, —그것은 베토벤 이래로 근대 음악가에게서 보지 못하던 광포스런 야성이었습니다. 무섭고도 참담스런 주림, 빈곤, 압축된 감정, 거기서 튀어져 나온 맹염(猛炎), 공포, 홍소— 아아, 나는 너무 숨이 답답하여 뜻하지 않고 두 손을 홱 내저었습니다. 그날 밤이 새도록 그는 홍분이 되어서" 친일반민족행위자로 등재된 김동인(金東仁, 1900~1951)의 소설 〈광염소나타〉의 한 부분이다.

'그(내란죄에 해당하여 호칭 생략)'는 12월 3일 밤 10시 28분, 불콰한 얼굴로 긴급 담화를 읽어 내려갔다. "친애하는 국민 여러분, 저는 북한 공산 세력의 위협으로부터 자유 대한민국을 수호하고 우리 국민의 자유와 행복을 약탈하고 있는 파렴치한 종북 반국가 세력들을 일거에 척결하고 자유 헌정질서를 지키기 위해 비상계엄을 선포합니다. 저는 이 비상계엄을 통해 망국의 나락으로 떨어지고 있는 자유 대한민국을 재건하고 지켜낼 것입니다. 이를 위해 저는 지금까지 패악질을 일삼은 만국의 원흉 반국가 세력을 반드시 척결하겠습니다."

'비상계엄령 선포'를 읽는 그의 광기(狂氣) 서린 목소리에, 〈광염소나타〉의 광포(狂暴)한 선율이 떠올랐다. 소설 내용은 천재적인 작곡가 백성수를 주인공으로, 그가 예술적인 영감을 얻기 위해 거듭 방화와 살인을 감행함으로써 새 작곡을 한다는 광인(狂人)의 생활을 그렸다. 〈광화사〉와 함께 김동인의 탐미주의적 경향의 대표작으로, 살인·방화·시간(屍姦)·시체 희롱 등의 악마적 범죄 행위가 예술적인 충동을 일으킨다는 점에서 에드거 앨런 포, 오스카 와일드, 샤를 보들레르의 세계와 상통한다.

이 〈광염소나타〉에서 '술'은 중요한 상징적 의미를 지닌다. 주인공 '그(백성수)'의 아버지는 천재 음악가였지만 알코올 중독자로 비극적인 삶을 살았고, 결국 그가 태어나기 전에 사망한다. 술은 그의 아버지가 가진 천재성과 동시에 그의 파멸의 상징이다. 이는 그가 예술적 영감을 얻기 위해 극단적인 방법을 선택하게 되는 과정과 연결된다. 그가 아버지의 영향을 받아 예술적 재능을 물려받았지만, 그 재능을 발휘하기 위해서는 술과 같은 파괴적인 요소(방화放火 등)에 의존하기 때문이다. 위의 인용 부분은 '그(백성수)'가 미친 듯이 광증(狂症)으로 '광염(狂炎)소나타'를 치는 묘사이다.

늘 술에 취한 듯한 불콰한 얼굴과 광태(狂態)로 읽는 '그'의 계엄령 오선지의 어휘들은 〈광염소나타〉처럼 '피의 선율'이었다. "피를 토하는 심정, 22건의 정부 관료 탄핵소추, 유례없던 상황, 판사 겁박, 행안부 장관 탄핵, 방통위원장 탄핵, 감사원장 탄핵, 국방장관 탄핵 시도, 행정부 마비, 마약 범죄 단속, 국가 본질 기능 훼손, 마약 천국, 민생치안 공황, 예산 폭거, 국가 재정 농락, 정쟁 수단, 입법 독재

예산 탄핵, 국정 마비, 헌정 질서 짓밟고, 내란 획책, 명백한 반국가 행위, 국정 마비, 국회 범죄자 집단 소굴, 국가 사법행정 시스템 마비, 자유민주주의 체제 전복, 자유민주주의 체제 붕괴 괴물, 풍전 등화, 북한 공산 세력 위협, 자유와 행복 약탈, 파렴치한 종북 반국가 세력 일거에 척결, 망국의 나락, ….”

이어지는 “계엄사령부 포고령(제1호)”, “일체 정치활동 금지”, “언론과 출판 계엄사 통제”, “계엄법에 의해 처단”, “영장 없이 체포, 구금, 압수수색”, “계엄법 제14조(벌칙)에 의하여 처단!”.

“자유민주주의 체제를 붕괴시키는 괴물”을 읽는 ‘그(내란죄에 해당하여 호칭 생략)’의 ‘계엄령’은 ‘그(백동수)’에게 ‘광염소나타’였다. (소설에서 백동수는 정신병원에 감금된다.)

102 갑진 탄핵 선언서

站

　우리는 대한민국이 민주공화국임과 대한민국의 주권은 국민에게 있고 모든 권력은 국민으로부터 나옴을 선언하노라. 세계만방에 고하여 인류평등의 대의를 분명히 밝히며 자손만대에 깨우쳐 민족자존의 정권을 영유케 하노라. 반만년 역사의 권위에 의지하여 이를 선언함이며 오천만 민중의 성충을 합하여 이를 알림이며 민족의 항구한 자유발전을 위하여 이를 주장함이며 인류의 양심의 발로에 기인한 세계개조의 대기운에 순응하여 함께 나아가기 위하여 이를 제기함이니 이는 하늘의 명령이며 시대의 대세이며 전인류 공존의 정당한 발동이다. 천하 그 무엇이든지 이를 저지 억제치 못할지니라.

　구시대의 유물인 전제국가·패권주의 독재정권을 꿈꾸는 광인에 의해 12·3 계엄령 쿠데타의 고통을 당한 지 오늘 열흘을 경과한지라. 우리 생존권의 상실됨이 무릇 얼마이며 국가로서 발전의 장애됨이 무릇 얼마이며 민족적 존엄의 훼손됨이 무릇 얼마이며 K문화 독창으로써 세계문화의 대조류에 기여할 기회를 잃음이 무릇 얼마이뇨.

　아! 슬프다. 이 억울함을 드러내려 하면 이 고통을 벗어나려 하면 장래의 위협을 베어 없애려 하면 민족적 양심과 국가적 의로움의 쭈그러듦을 북받쳐 일으켜 펼치려 하면 각개 인격의 정당한 발달을 이루려 하면 서글픈 젊은이들에게 괴롭고 부끄러움을 남겨주지 않으려 하면 자자손손의 영구하고도 완전한 경사스럽고 복됨을 인도하려 하면 최대 급무가 윤석열 탄핵을 확실케 함이니 오천만 각개가 사람마다 마음에 주권을 품고 민족의 나아갈 길과 시대 양심으로 정의를 실천하는 금일, 우리들이 나아가 행동함에 어떠한 강함을 꺾지 못하고 물러가 생각함에 어떠한 뜻인들 펼치지 못하랴.

2022년 5월 10일 대통령 취임식 선서 이래 국가를 보위하겠다는 굳은 맹세를 내치고 내란 수괴가 되었으니 그 신의를 저버림을 반드시 단죄해야 하노라. 그에 의해 임명된 자들은 실제에서 우리 국가를 도륙하고 우리 건강한 민주국민을 어리석은 무리로 여겨 한갓 정복자의 쾌감을 탐할 뿐이고 건강한 국민의식과 뛰어난 민주의식을 무시하였기에 내란 수괴와 그 부역자들의 부도덕함을 질책함이라.

금일 우리의 소임은 다만 윤석열과 그에 부역한 자들의 준열한 심판에 있을 뿐이오, 결코 다른 파괴에 있지 아니하도다. 당초에 국민의 요구로서 나오지 않은 계엄령은 위압과 차별적 불평등과 권력 욕망이기에 윤석열과 그의 부역자들과 민주국민 간에 영원히 화동할 수 없는 원한이로다. 갈수록 더욱 높아지는 국민의식을 보라. 우리는 용명과감으로써 계엄령을 바로잡고 자유로운 국민으로서 평화롭게 생업에 종사할 것이다.

따라서 금일 우리의 탄핵 주장은 대한국인으로 하여금 정당한 영광을 이루게 하는 동시에 저들로 하여금 사악한 길에서 나오게 하여 불안·공포에서 탈출케 하는 것이며 또 대한민국은 물론 세계평화 인류행복에 필요한 계단이 되게 하는 것이니 이 어찌 구구한 감정상 문제이리오.

우리들은 이에 분개하여 일어서도다. 양심이 우리와 함께하며 진리가 우리와 나란히 나아가는 도다. 남녀노소 없이 암울한 계엄을 떨치고 일어나 삼라만상과 더불어 흔쾌한 영광을 이루어 내게 되도다. 천백세 선조들이 우리를 도와주시며 전 세계 기운이 우리들을 보호하나니 착수가 곧 성공이라. 다만 앞으로의 광명으로 힘차게 나아갈 따름이다.

공약삼장 一. 금일 우리들의 이 거사는 정의·인도·생존·존영을 위하는 민족의 요구이니 오직 자유로운 정신을 발휘할 것이오. 결코 배타적 감정으로 행동하지 말라. 一. 최후의 일인까지 최후의 일각까지 민주 국민의 정당한 의사를 흔쾌히 발표하라. 一. 일체의 행동은 가장 질서를 존중하여 우리의 주장과 태도로 하여금 어디까지나 광명정대하게 하라. 단기 4357년(서기 2025년) 갑진년 12월 13일.

*이 글은 〈기미독립선언서〉를 차용했음을 밝힌다.

103 계엄령과 '레이디 김건희'

站 : '의미 없이 지껄이는 이야기'와 '소음', 그리고 '핏빛 광기'

2024년 12월 3일, 윤석열은 계엄령을 선포했다. 1980년 5월17일 전두환·노태우 등 신군부의 군사쿠데타 이후 44년 만이다. 계엄령을 선포할 아무런 법적 근거는 없지만, 선포 이유는 분명히 있다. 이유 없는 결과는 없기 때문이다. 그 이유는 무엇일까?

영국의 대표적인 보수 우파 신문인 '더타임스'는 16일(현지시간) "한국인들은 윤 대통령이 계엄령을 선포한 이유로 '레이디 맥베스'를 지목한다(South Koreans balme president's 'Lady Macbeth' for martial law)"라는 제목의 기사를 송출했다. 여기서 말하는 '레이디 맥베스'는 윌리엄 셰익스피어의 4대 비극 가운데 하나인 『맥베스(Macbeth)』의 주인공 맥베스의 부인으로 윤석열의 부인을 비유한 것이다.

『맥베스』는 스코틀랜드의 장군 맥베스가 마녀들의 예언에 따라 왕이 되기 위해 벌이는 비극적인 이야기다. '맥베스 부인(Lady Macbeth)'은 『맥베스』에서 가장 주요 인물이다. 맥베스 부인은 강한 야망과 무자비함을 보여주는 인물로, 종종 남성성과 여성성의 충돌을 상징하는 캐릭터로 인용된다. 그녀는 광기어린 말로 남편 맥베스를 설득하여 던컨 왕을 살해하게 만든다. 이로 인해 맥베스는 왕이 되고 자신은 왕비에 오른다.

작품에 보이는 맥베스 부인의 주요 대사 중 몇 문장을 따라가 본다. 1막 5장: 맥베스 부인이 남편에게 던컨 왕을 죽이도록 설득하는 장면에서, 그녀는 이렇게 말한다: "당신은 야망이 있지만, 그것을 이루기 위한 잔인함이 부족해요." 1막 7장: 맥베스가 던컨 왕을 죽이는 것을 망설이자, 그녀는 그를 비난하며 말한다: "그럼 당신이 품었던 그 야망은 이제 아무것도 아닌가요? … 이제 잠에서 깨어 눈을 뜨니 아무렇지 않게 마주할 수 있었던 것을 두렵게 바라보게 됐다는 말인가요? … 살면서 가장 빛나는 장식품이 될 것을 갖고 싶다고 생각하면서도 스스로 겁쟁이라 단정 짓고 '다리에 물을 묻히긴 싫지만 물고기는 먹고 싶다'고 바라는 고양이처럼 '소망한다'고 하면서도 결국엔 '나는 안 된다'라고 생각하면서 약해지는 겁니까? … 대범한 생각을 털어놓았을 때 당신은 멋진 남자였습니다. …"

야망과 잔인함으로 점철된 어휘들이다. 그런데 그 다음 문장이 더 잔학하다. "지금은 더할 나위 없이 좋은 상황인데도 왜 결심을 꺾어버리시느냔 말이에요"라며 어린아이를 끌어 와 다음과 같이 말한다. "젖을 먹는 아이가 얼마나 귀여운지 잘 알고 있습니다만, 제가 당신처럼 맹세를 했다면 어린아이가 제 얼굴을 바라보며 귀여운 웃음을 지을지라도 전 그 여린 잇몸에서 강제로 젖꼭지를 잡아빼고 머리통을 부숴버릴 만큼 패주지요."

어린아이 운운은 권력을 향한 맥베스 부인의 잔인함의 극치를 보여준다. 그 뒤는 또 이렇게 교활하고 가증스러운 문장이 이어진다. "가진 용기를 다 발휘해 보세요. 그럼 결코 실패하지 않을 거예요. …던컨이 깊이 잠들면 저는 호위병에게 축배를 들라며 포도주를 퍼마시게 하겠어요. …그것들은 고주망태가 되어 돼지처럼 잠들겠죠. 아무도 보호해 줄 사람이 없는 던컨에게 우리 두 사람이 무슨 짓은 못하겠어요? 그리고 대역죄는 곤드레만드레가 된 호위병들에

게 뒤집어씌우면 그만 아니겠어요. 누군들 의심하겠어요? 우리가
왕의 죽음에 통곡을 하면서 슬퍼한다면!"

이렇게 남편을 충동질하여 왕비가 되지만 그녀는 결국 몽유병에
걸려 자살하게 된다. 5막 1장: 죄책감에 시달리며 몽유병에 걸린
맥베스 부인이 손을 씻으면서 말하는 유명한 대사이다: "저주받은
이 손에서 이 피를 씻어낼 수 없어요. 이 작은 손이 영원히 더럽혀졌
어요."

"세상은 무대이고, 사람들은 배우에 지나지 않는다(All the world's
a stage, and all the men and women merely players)." 역시 셰익스피어의
5대 희극 중 하나인 『뜻대로 하세요(As you loke it)』에 나오는 대사이
다. 흔히들 인생은 한 편의 연극이라 한다. 하지만 연극과 인생은
분명히 다른 점이 있다. 연극은 여러 번 반복해서 공연하고 대본
수정이 가능하지만, 인생은 '딱 한 번'뿐인 공연으로 대본 수정이
없다.

맥베스는 딱 한 번뿐인 자신의 인생을 5막 5장에서 이렇게 정리
한다. "인생이란 그림자가 걷는 것, 배우처럼 무대에서 한동안 활개
치고 안달하다 사라져 버리는 것. 백치가 지껄이는 이야기와 같은
건데 소음·광기가 가득하나 의미는 전혀 없다." 대한민국에서 전제
군주가 되려 했던 윤석열과 김건희의 광기어린 폭정과 실패한 쿠데
타, 맥베스의 말처럼 저들이 남긴 것은 '의미 없이 지껄이는 이야기'
와 소음, 그리고 저주받은 '핏빛 광기'였다. (여론조사 꽃: "김건희가
계엄령에 영향을 미쳤다." 84.6%)

104 탄핵! 그 이후, '·헌·법·재·판'의 의미

站

'그(윤석열)'는 자신과 아내의 치부를 감추고 영구 독재의 망상을 실현하기 위해 계엄령이라는 극단적인 결정을 내렸고 내란수괴[우두머리]로 '탄핵(彈劾)'을 당했다. 이제 '헌법재판관'의 시간이 되었다는 뜻이다. '탄핵'이란 죄의 상황을 들어서 책망하는 파면(罷免, 직을 박탈하는 행정처분) 절차로 검찰 기관에 의한 소추(訴追, 여기서는 파면을 요구하는 행위)가 사실상 곤란한 대통령·국무위원·법관 등을 국회에서 처벌하는 일이나 또는 그런 제도이다.

따라서 이번 윤석열 내란죄에 대한 '·헌·법·재·판' 기관의 역할이 중요해졌기에 그 어의를 찾아본다. '헌법'이란 국가 통치 체제의 기초에 관한 각종 근본 법규(法規, 모든 국민이 지켜야 할 규범)의 모듬체이다. 이는 국가의 조직, 구성 및 작용에 관한 근본법이며 다른 법률이나 명령으로써 변경할 수 없는 한 국가의 최고 법규이다.

'헌(憲)' 자는 宀(집 면) 자와 丰(예쁠 봉) 자, 目(눈 목) 자, 心(마음 심) 자가 결합한 모습으로 '법'이나 '가르침'이라는 뜻을 가진 글자이다. 오래 전, '헌' 자를 보면 우산 아래에 目 자와 心 자가 그려져 있었다. 이것은 마차의 차양막 아래로 주변을 감시하는 눈을 표현한 것이다. 차양막이 있는 마차는 신분이 높은 사람들이 탔다. 그러니 헌 자는 백성들을 매서운 눈으로 감독하고 있는 모습이다. 그 뒤 차양막이 ''' 자와 丰 자로 표현되면서 지금의 헌 자가 만들어지게 되었다. 이렇게 백성을 감시하는 모습을 그렸던 헌 자는 점차 '법'을 뜻하게 되면서 지금은 한 국가의 기본 법칙이라는 뜻으로 쓰인다.

'법(法)' 자는 '법'이나 '도리'를 뜻하는 글자로 水(물 수) 자와 去(갈 거) 자가 결합한 모습이다. 물(水)은 높은 데서 낮은 곳으로 흘러가는(去) 규칙이 있다. 따라서 이 둘을 합한 法은 규율을 뜻한다. 또 水 자는 늘 평평하기에 공평한 수준이나 사람의 옳고 그름을 분간한다는 의미, 그리고 去 자는 악을 제거한다는 의미의 합자로도 본다. 즉 공평하고 바르게 죄를 조사해 옳지 못한 자를 제거한다는 뜻이다.

후일 치(廌) 자가 들어간 灋(법 법) 자가 나왔다. 廌 자는 해치수(解廌獸)라는 짐승을 표현한 것이다. 머리에 뿔이 달린 모습으로 그려진 해치수는 죄인을 물에 빠트려 죄를 심판하는 역할을 했다고 한다. 그래서 여기에 水 자가 더해진 灋 자가 나왔고, 글자의 구성을 간략히 하여 지금의 法 자가 되었다.

'재(裁)' 자는 '마르다'나 '짓다', '결단하다', '분별하다'라는 뜻을 가진 글자이다. '마르다'나 '짓다'라는 것은 옷감을 치수에 맞게 '자르다'라는 뜻이다. 따라서 裁 자는 衣(옷 의) 자와 장식이 달린 창을 그린 𢦏(재) 자가 결합한 모습이다. 치수에 맞게 옷감을 자르기 위해서는 정밀한 식별력이 필요했다. 그래서 裁 자는 후에 '분별하다'나 '식별하다', '결단하다'라는 뜻이 파생되었다.

'판(判)' 자는 '판단하다'나 '구별하다'라는 뜻을 가진 글자로 半(반 반) 자와 刀(칼 도) 자가 결합한 모습이다. 半 자는 소머리에 八(여덟 팔) 자를 그려 넣은 것으로 '나누다'라는 뜻을 갖고 있다. 刀 자 역시 칼로 물건을 잘라 나눈다는 의미이다. 判 자는 이렇게 사물을 나누어 내면을 들여다본다는 의미이다. 그렇기에 '구별하다'나 '판단하다'와 같이 진실을 들여다본다는 뜻으로 쓰이고 있다.

계엄령 파장이 국가 전체를 뒤흔들고 있다. 보도를 보면 그 광범하고도 치밀함, 그리고 그 잔혹성에 모골이 송연하다. 내란수괴와 그의 공범들은 그에 상응하는 법적 책임을 져야 한다. 하지만 헌법재판관의 면면을 두고 벌써부터 우려가 나온다. 대한민국헌법 제1장 제1조 ①항은 "대한민국은 민주공화국이다"이고 ②항은 "대한민국의 주권은 국민에게 있고, 모든 권력은 국민으로부터 나온다"이다. 헌법재판관은 '·헌·법·재·판'을 통해 이 대한민국헌법을 구현하는 것이 임무임을 잊지 말아야 한다.

105 부조리극(不條理劇)이 상연 중인 대한민국의 '베랑제들'

站

"논리학자: (노신사에게) 종이 한 장을 가지고 다음 문제를 계산해 보십시오. 두 마리의 고양이에게서 다리 둘을 없애면, 각 고양이에 게는 몇 개의 다리가 남겠습니까? 노신사: (논리학자에게) 여러 개의 답이 가능하겠군요. 한 마리의 고양이에게는 4개의 다리가 있고, 또 한 마리의 고양이에게는 2개의 다리가 있는 경우도 있지요. 한쪽이 다리가 5개이고, 또 한쪽이 다리가 1개인 경우도 있을 거구요. 두 마리의 고양이의 8개 다리에서 2개를 없앤다면, 다리 6개 고양이 한 마리와 다리가 하나도 없는 고양이도 나올 수 있겠지요."

외젠 이오네스코(Eugene Ionesco, 1909~1994)의 희곡 『코뿔소』의 한 부분이다. 논리로 먹고산다는 학자의 질문부터 잘못이다. 도대체 왜 고양이 다리를 자르는 문제를 낸단 말인가. 더욱이 두 마리 고양이에게서 다리 둘을 없앤다는 게 문제인가? 하지만 노신사는 "여러 개 답이 가능"하다며 끙끙 계산한다. 어리석음의 극치를 보여준다고? 아니다. 대한민국의 현 상황이 이와 다를 게 무엇인가?

『코뿔소』는 나치즘의 집단본능을 맹렬히 풍자한 부조리극(不條理 劇, 절망적 상황을 그린 극)이다. 줄거리는 대략 이렇다.

어느 시골 마을 광장, 여름의 푸른 하늘에 눈부신 햇살이 비치는 일요

일 정오 무렵이다. 갑자기 육중한 코뿔소 한 마리가 흙먼지를 일으키며 마을 한복판을 굉음을 내며 달렸다. 그 뒤 코뿔소가 점차 늘어났다. '코뿔소 바이러스'에 전염된 사람들이 코뿔소로 변해서다. 사람들은 하나 둘, 피부는 녹색으로 변하며 가죽이 되고 이마에 뿔이 나 코뿔소가 되었다. 마을은 추기경도, 귀족도, 소방수도, … 코뿔소로 변한 사람들이 떼로 몰려다니며 건물을 부수기 시작했다. 가족도 사랑하는 연인도 친구도 코뿔소로 변했다. 홀로 남은 '베랑제'만 코뿔소가 되지 않겠다고 외쳤다.

이 희곡은 코뿔소 한 마리가 마을 전체를 파괴하는 장면을 그리고 있다. 사람들이 비인간적 폭력을 저항 없이 추종하고 광란의 집단 편에 서서 안주하는 모습을 비판한다. 코뿔소 앞에서는 집단적 지성도 가치관도 인간성도 상실하여 정상과 비정상, 악과 선도 구별 못한다. 코뿔소를 만드는 '괴상한 병균'은 매우 빠르게 전파되었고 일단 감염되면 누구든 맹목적인 코뿔소 숭배자가 되었다. 인간에서 비인간이 되는 과정이 이렇게 단순하다.

이후 논리학자는 엉터리 삼단논법의 예까지 든다. "모든 고양이는 죽게 마련이다. 소크라테스도 죽었다. 그러므로 소크라테스는 고양이다." 그러자 노신사는 "소크라테스도 네 발 동물이 맞네요. 그럼 난 지금 소크라테스라는 고양이 한 마리를 기르고 있다"며 즐거워한다. 이 역시 배움이 있건 없건, '코뿔소'가 되어 가는 과정을 그린 한 장면이다. 물론 이 두 사람도 코뿔소가 되었다.

윤석열이라는 코뿔소가 한국 정치사에 등장한 후, 자유 민주주의 국가 근본이 흔들리고 보편적인 상식이 폄하되며 역사의 수레바퀴는 악의 구렁텅이에 빠졌다. '12·3쿠데타!'를 통치행위"라 강변하고 자칭 여당대표란 자는 "지역구서 고개 숙이지마. …얼굴 두껍게

다니자"라 한다. 속칭 기레기라 불리는 언론에는 온갖 '설'들이 난분분한다. 오늘 한 언론엔 "TK는 8%P 반등…탄핵에도 지지율 오른 與"란 주제를 거 보란 듯이 큼지막이 내걸었고 국민의힘은 '헌법재판관 임명 동의안 표결에 불참'을 선언했다. 선과 악이 부재하고 모든 것이 멈춰 섰다.

『코뿔소』는 마을에 남은 단 한 사람 (정상적인) 베랑제의 독백으로 끝난다. 베랑제는 코뿔소 흉내를 내며 자신이 코뿔소와 다르다고 "아! 난 이제 괴물이다. 괴물이야!"라 (정상인이 오히려 자신을 괴물이라) 자조한다. 하지만 그의 마지막 대사는 "난 마지막까지 인간으로 남겠다! 굴복하지 않아!"였다. 코뿔소 한 마리가 사람들을 비인간으로 만드는 부조리극이 상연 중인 2024년 12월 대한민국. 하지만 그래도 굴복하지 않는 '베랑제들'이 있다고 굳게굳게 믿는다.

106 2025년 새해, 반항·자유·열정의 '시시포스 신화'를 꿈꾸며

站

그리스 신화 중 〈시시포스 신화(Sisyphos 神話)〉가 있다. 시시포스는 코린토스의 왕으로 신들의 분노를 샀다. 그는 죽음의 신 타나토스를 속여 죽음을 피하려 하였고 결국 제우스에 의해 영원한 형벌을 받게 된다. 이 형벌은 거대한 바위를 산 정상까지 밀어 올리는 것이었는데, 바위는 항상 정상에 도달하자마자 다시 아래로 굴러 떨어진다. 이를 '시시포스의 형벌'이라고 한다.

알베르 카뮈(Albert Camus, 1913~1960)는 이 〈시시포스의 신화〉를 가져와 '부조리 삼부작'을 만들었다. 뫼르소라는 인물을 통해 인간 존재의 부조리함을 추적한 소설 〈이방인〉, 로마 황제 칼리굴라의 권력을 이용한 극한적 인간의 본성과 권력의 부조리함을 드러낸 희곡 〈칼리굴라〉, 그리고 시시포스의 형벌 이야기를 통해 인간의 끝없는 투쟁과 부조리한 삶을 상징적으로 표현한 에세이 〈시시포스의 신화〉다.

카뮈는 작가로서 '역사를 만드는 사람들에게가 아닌, 역사를 겪는 사람들에게 봉사하는 게 작가'라 하였다. 사실 이 세상은 살아가는 것이 아닌, 살아내야만 하는 사람들이 많다. 그만큼 사회는 소수의 권력을 가진 자가 다수를 지배한다. 따라서 소수가 다수의 위에 있는 게 자연스러운 이치인 듯 속여, 다수가 소수에게 자발적 복종의 맹서를 하게끔 만든다. 바로 여기에서 '부조리'가 일상화 된다.

작금의 대한민국만 보아도 그렇다. 온갖 부조리가 만연한다. 특히 권력의 상층부에서 이루어지는 일은 부조리의 극치를 보여준다. 법치를 주장하는 대통령이란 자의 법률 유린(蹂躪, 남의 권리나 인격을 짓밟는 행위)은 더욱 볼썽사납다. 내란죄로 탄핵이 되고 체포영장이 청구, 발부됐는데도 법치 운운하며 궤변을 늘어놓는다는 것에서는, 현 대한민국이 법치국가라는 것조차 의심케 만든다.

159명의 젊은이들을 죽음으로 내몬 이태원 참사, 179명의 목숨을 앗아간 제주항공의 참담한 비극, 20년째 OECD 국가 중 청소년·노인 자살률 1위, …. 이런 부조리한 일들이 일어나는 대한민국이다. 하지만 우리는 이 부조리한 일들이 왜 일어났으며 어떻게 해결해야 하는지도 알지 못하고 또 어떻게 사는 것이 올바른 것인지도 모른다.

카뮈는 〈시시포스의 신화〉에서 시시포스가 바위를 밀어 올리는 행위를 통해 인간이 부조리한 세상 속에서도 자신의 삶에 의미를 부여해야 한다고 주장한다. 인간으로서 인간 세상의 부조리한 삶과 끝없는 투쟁을 하여야 한다는 의미이다. 즉 시시포스에게 가해지는 끝없는 반복이란 형벌에서 삶의 의미를 찾아야 한다는 주장은, '끊임없는 도전과 노력'이 바로 삶의 본질이라는 것이다.

따라서 카뮈는 〈시시포스 신화〉에서 우리가 이 세상을 살아가야 할 이유로 세 가지를 들었다. 그 세 가지는 '반항(反抗, 부조리한 세상에 대한 반항)'과 '자유(自由, 남에게 구속받지 않는 정신과 행동의 자유)'와 '열정(熱情, 오늘을 살아내려는 굳은 의지의 열정)'이다. 그가 제시한 해법은 간단히 말해 "삶에 대한 이유를 신이나 충성, 국가와 같은 외부적인 요인에서 찾지 말고 삶 그 자체를 받아들여라"이다. 이 말은 '실존(實存, 실제로 존재하는 것)에서 얻는 것'을 살아갈 이유로 삼지 말고 '실존 그 자체'를 살아갈 이유로 삼으라는 의미이다.

　카뮈는 '바위가 다시 골짜기 아래로 굴러 떨어지는 절망적 상황에서도 시시포스는 또 다시 바위를 굴려 올릴 수 있다는 생각에 가슴이 벅차올라야 하지 않겠느냐?'고 우리에게 묻는다. 〈시시포스 신화〉의 마지막 문장은 그래서 "우리는 시시포스가 행복하다고 상상하여야 한다!(il faut imaginer Sisyphe heureux)"라는 정언명령이다. 산 정상을 향한 반항과 자유와 열정의 도전, 그 시시포스의 신화를 꿈꾸며 2025년 새해를 그렇게 시작해 볼 일이다.

*정언명령(定言命令): 반드시 꼭 그렇게 해야 한다는 명령.

107 토윤석열격문(討尹錫悅檄文)!

2025년 정월 초아흐렛날, 대한민국의 일개 서생(書生)이 윤석열과 그 잔당들에게 알린다. 무릇 옳음을 지키고 떳떳함을 닦는 것을 정도라 하고 위험한 때를 당하여 변통하는 것을 권변이라 한다. 지혜로운 자는 때에 순응함으로써 성공하고 어리석은 자는 이치를 거스름으로써 패망한다. 그런즉 인간이라면 비록 백년의 수명에 생사를 기약하기는 어려우나 마음을 주인으로 삼는다면 정도와 권변, 성공과 패망을 분별할 줄 안다.

지금 대한민국의 공수처와 경찰 공조본은 내란 우두머리 윤석열에게 국헌문란죄로 체포영장을 집행하려는 것이지 싸우려는 게 아니며, 정당한 법치를 실행하려는 것이지 무력을 행사하는 게 아니다. 이는 나라의 앞날을 기약하고 국가 안정을 수복하여 광명정대한 정의를 펴고자 함이며 삼가 국민의 명령을 받들어 극악무도한 계엄 사태를 극복하려는 것이다.

윤석열과 그 잔당들은 본디 국민을 섬긴다 하였거늘 갑자기 억센 도적놈이 되어 국민이 한시적으로 준 권세를 타고 감히 강상의 윤리를 어지럽혔다. 마침내는 국권을 찬탈하여 1인 전제 왕권 국가를 만들려는 야심으로 계엄을 선포, 신성한 헌법을 유린하고 국회를 침탈하여 대한민국의 민주주의를 겁탈하였다. 이미 그 죄가 하늘에

닿을 만큼 극에 이르렀으니 반드시 패하여 땅에 으깨어지게 될 것이다.

아! 대한민국 건국 이래로 양심 없고 불의하고 불충한 너희 같은 무뢰배들이 어느 시대인들 없었겠는가. 이승만 독재와 박정희 정권이 대한민국의 민주주의를 훼손했고 전두환과 그 부역자들이 이 나라를 군홧발로 짓밟았다. 저들은 군대를 장악하였고 또한 중요한 자리에 있어 고함을 지르면 우레와 번개가 치듯 하였고 눈썹을 치켜뜨면 안개와 연기가 자욱하듯 하였다. 하지만 그 종말은 참으로 비참하게 섬멸되었음이 역사에 한 자 한 자 적바림되어 있다.

이 땅의 국민들은 덕이 깊어 더러운 것을 용납해 주고 은혜가 두터워 결점을 따지지 않아서 윤석열과 그 잔당들에게 권력을 주어 이 나라를 맡겼거늘, 오히려 스스로 짐새의 독을 품고 올빼미처럼 흉한 소리를 지껄이고 제 주인을 보고도 으르렁 짖어대는 개와 같았다.

무릇 사람의 일이란 스스로 아는 것보다 좋은 것이 없다. 헛된 말이 아니니 윤석열과 내란 동조자들은 잘 살펴 들어라. 이제 천하의 세계인들이 너희 무리의 망동을 지적할 뿐 아니라, 이 땅의 선조들도 저승에서조차 너희 무리의 단죄를 논하니, 비록 너희들이 숨은 붙어 있어 혼이 날뛴다 하지만 벌써 정신은 달아났을 것이다.

국민들이 윤석열과 그 잔당들에게 준 은혜가 있거늘, 너희는 나라에 대하여 은혜를 저버리고 헌정질서를 파괴했으니 반드시 그 죄과 받을 것인데도 어찌 하늘을 무서워하지 않느냐. 『도덕경』에 말하기를, '회오리바람도 하루아침을 가지 못하고 소나기도 온종일을 오지 않는다' 하였다. 천지가 하는 일도 오히려 오래가지 못하거늘 하물며 사람이 하는 일이겠는가.

지금 윤석열과 그 잔당들은 간악함을 감추고 흉악함을 숨겨서 죄악이 쌓이고 앙화가 가득하였음에도 미혹하여 뉘우칠 줄 모르고 궤변에, 궤변을 더한다. 마치 불타는 집에 제비가 제멋대로 날아들어 집을 짓고 솥의 물이 끓는 데도 물고기가 그 속에서 헤엄치는 것을 보는 듯하다.

이제 이 땅에 20~30대 젊은이들까지 성난 횃불을 들고 일어나 화창한 국운이 펼쳐지니 어찌 요망한 기운을 그대로 두겠으며, 하늘의 그물이 공명정대하니 반드시 흉악한 무리들을 제거치 않으랴. 국가의 도적을 토벌하는 데는 사적인 원한을 생각지 말아야 하고 어두운 길을 헤매는 자를 깨우치는 데는 진실로 바른 말을 해야 한다.

따라서 이 한 장의 글로써 윤석열과 그 잔당들의 거꾸로 매달린 위급함을 풀어주려는 것이니 더 이상 미련한 짓을 하지 말고 영장을 받아 잘못을 뉘우치도록 해라. 그렇지 않으면 용산에 폭풍우가 몰아치고 신장(神將)들이 철퇴를 휘두르며 들이닥칠 것이다.

*최치원 선생의 「토황소격문(討黃巢檄文)」 차용.

108 다시 대한민국! 새로운 국민의 나라 (1)

站 : 돼지는 살찌는 것을 두려워해야 한다

내란 우두머리 윤석열이 체포되었다! 계엄령 사태 43일 만이요, 현직 대통령 중, 첫 체포이다. 공수처 조사에서 제가 옳다 묵비권을 행사한 그는 서울구치소 내 $10.57m^2$(3.2평)의 독방에 수감되었다. 완전한 헌정질서 회복은 아니지만 그래도 이만해서 다행이다. 이 나라가 내 조국이라는 사실에 가슴이 뭉클하다. 용산 청사에 걸린 '다시 대한민국! 새로운 국민의 나라'라는 걸개가 새삼스럽다. 그래, 이제 다시 저 걸개에 쓰인 글자처럼 우리 대한민국은 '새로운 국민 나라'가 되었다.

이미 역사가 되어 버린 윤석열의 '12·3 계엄령 선포', 그 반추를 곰곰 되새김질해 본다. 첫째는 자칭, 타칭, 이 나라 권력 상층부의 신분 상승에 대한 들끓는 욕망덩어리가 이 사태를 만들었다는 사실이다. 부당한 명령을 따르지 않는 아랫사람들이 아니었으면 이 나라의 헌정질서는 파탄 났고 국민들은 계엄령의 나락으로 떨어졌다.

지금으로부터 3년 전인 2022년 5월 10일, 국회 광장에서는 제20대 대통령 취임식이 성대하게 펼쳐졌다. 그는 이런 선서를 하였다. "나는 헌법을 준수하고 국가를 보위하며 조국의 평화적 통일과 국민의 자유와 복리의 증진 및 민족문화의 창달에 노력하여 대통령으로서의 직책을 성실히 수행할 것을 국민 앞에 엄숙히 선서합니다."

저 선서를 들은 20일 뒤, 나는 한 신문 칼럼 서두를 이렇게 썼다. "2022년 5월 대한민국 이 땅, 대통령이 바뀌고 내로남불 자식교육 장관 임명에 지방선거 정치꾼들 출마 따위로 눈은 찌푸려지고 귀는 소란스럽다. 인간 품격은커녕 인간 실격인 이들이 사람을 다스리겠다고 한다"라고. 실속 없이 겉만 화려한, 잘못 배워 썩은 무리인, '부화불학(浮華不學)'한 인간 실격인 자들이 자칭 이 땅의 지도자라고 나선 것이다. 윤석열과 그 주위에 몰려든 깜냥도 안 되는 이 한낱 욕망덩어리들이 한 자리씩을 꿰차 국권을 농락한 것이 바로 그때부터였다. '그때' 이미 오늘의 윤석열을 예약해 두었다.

이제 저들의 들끓는 권력에 대한 욕망은 '내란죄 우두머리(수괴)' 와 '그 부역자들'로 법의 준엄한 심판대에 세워졌다. 흔히들 잘난 자들이, 나이 든 자들이 세상을 다스리는 것을 보편적인 상식으로 여긴다. 하지만 늙어 추한 사람을 더 많이 보고, 지식인이라는 사람에게서 사이비를, 가진 자들에게서 역겨운 탐욕을, 지위 높은 자들에게서 고약한 교만을 더 많이 본다.

생각해 보니 저들이 탐낸 '대통령'이고, '국무위원'이고, '국회의원'이고, '장군'이고가 모두 부명(浮名, 썩어빠진 명칭)이요, 허명(虛名. 허황된 명칭)이었다. '인파출명 저파비(人怕出名 猪怕肥)'라는 중국 속담이 떠오르는 이유다. "사람은 이름나는 것을 두려워해야 하고, 돼지는 살찌는 것을 두려워해야 한다"는 말이다. ('肥'대신 '壯장'을 쓰는 경우도 있다.) 이 말은 청나라 때 조설근(曹雪芹)이 지은 고소설 〈홍루몽(紅樓夢)〉 83회에서 왕희봉(王熙鳳)과 주서(周瑞)의 아내 대화에도 보인다.

왕희봉은 매우 영리하고 교활하며, 때로는 잔인한 면모를 보이는 여인이다. 그녀는 자신의 목표를 달성하기 위해 수단과 방법을 가리지 않으며, 가문의 권력을 유지하려는 강한 욕망을 지녔다. 왕희봉은 이러한 성격으로 〈홍루몽〉의 주요 갈등과 사건들에서 중심적인 역할을 한다. 저 말은 이 왕희봉이 자신이 시집올 때 데려온 몸종인 주서의 아내가 좀 거들먹거리자, "조심해, 잘못하면 너 죽어!"라 충고하는 말이다.

깜냥도 안 되는 몸에 '대통령'이고, '국회의원'이고, '국무위원'이고, '장군'이란 명예를 지워야 '허명'과 '부명'일 뿐이다. 자고이래부터 자리를 감당 못하면 내려놓아야 한다. 돼지가 살찌면 갈 곳이 하나밖에 더 있는가? 바로 죽임을 당하는 '도축장'이기에 하는 경고이다. '인과출명 저파비!' 비록 일촌설(一寸舌, 한 마디 말)이지만 10.57m²(3.2평)의 독방에서 오래오래 곱씹어볼 말이다.

109 다시 대한민국! 새로운 국민의 나라 (2)

站 : 언론, 참으로 한 마리 개였다

"우리나라 민주화가 이것밖에 안 되는지. 참담합니다. 참담해." 서부법원 인근 한 가게 주인의 말이다(jtbc, 1.20 뉴스 룸). 국가기관이 극렬 시위대에 의해 방화·테러를 당하였고 당할 위기에 처했다. 계엄 사태 한 달 만에 1억 번 극우 유튜버도 있다. 무분별한 혐오를 통해 막대한 수익을 창출한 것이다. 국민의힘 윤상현 의원은 전광훈 목사의 극우 성향 집회에 출석해 90도로 절을 하였다.

이런데도 20일 발표한 여론조사(리얼미터)에 따르면 국민의힘 지지율이 46.5%로 39.0%를 지지하는 민주당에 앞섰다. 국민의힘이 40%대 지지율을 기록한 것은 11개월 만이다. (1월 16~17일: 전국 만 18세 이상 유권자 1004명 대상. 응답률 7.8%, 표본오차는 95% 신뢰수준에 ±3.1%, 무선 97%·유선 3% 자동응답.) 계엄령으로 법치가 무너졌는데도 '집권 여당의 정권 연장'이 좋다는 응답자는 48.6%로, '야권에 의한 정권교체'를 원한다는 응답자 46.2%보다 많았다. 마치 까뮈(Albert Camus, 1913~1960)가 『반항하는 인간』에서 "우리 시대 특유의 기이한 전도(顚倒) 현상으로 인하여 범죄가 무죄의 가면을 쓰고 나타나니 이런 날에는 무죄한 쪽이 도리어 스스로의 정당성을 증명하도록 강요받는다"고 한 문장이 떠오를 정도다.

전 주, 이 란을 통해 '다시 대한민국! 새로운 국민의 나라(1)'에서 윤석열의 계엄령 선포 이유 첫째가 이 나라 '상충부의 욕망이 빚은 비극'이라고 하였다. 그렇다면 둘째는 바로 '사이비 언론' 때문이다. 세칭 언론인이란 자들이 극우 난동세력이 선동하는 "'좌파 사법 카르텔' 이게 우리가 성스러운 전쟁을 통해서 깨부숴야 할 '1호 검은 카르텔'…" 따위 말을 거르지 않고 그대로 써댄다. 언론의 이러한 보도는 극우 세력을 선동하는 아편 역할을 한다.

이러니 글로벌 PR 컨설팅사인 에델만이 1월 19일 발표한 신뢰도 지표조사에 따르면 정부와 기업, 언론, NGO에 대한 신뢰도 지수를 합친 전체 신뢰도에서 한국은 41%를 기록했다. 28개국 중 27위이다. (전 세계 28개국 3만 3천여 명을 대상으로 지난해 10월 25일부터 11월 16일까지 조사이다.) 25위였던 작년보다 순위가 두 계단 하락했다. 대한민국보다 신뢰도가 낮은 나라는 일본(37%)이 유일했다. 에델만은 지표조사에서 60% 이상일 경우 '신뢰', 50~59%는 '중립', 50% 미만은 '불신'으로 분류했다. 한국은 '안 믿어! 못 믿어!'다는 불신 사회란 명확한 증거인 셈이다.

특히 언론 신뢰도는 더욱 낮았다. 평균치인 41%에 3%나 적은 38%이다. 뉴스 출처의 신뢰도에 대한 우려는 무려 58%였다. 이는 '자극적인 말 받아쓰기'와 '여·야에 대한 기계적 균형', 양비론인 경우에서 비롯되었다. 언론인으로서 '시시비비(是是非非, 옳은 것은 옳다 하고 그른 것은 그르다 해야 한다)'가 없다는 말이다. 언론은 사실과 진실, 옳고 그름을 정확히 보도하는 가늠쇠 역할을 하여야 하거늘, 이런 언론인으로서 의식이 없다. 이쯤 되면 언론(言論)이 아닌 '악론(惡論)'이다.

분명 〈언론윤리헌장〉 서문에는 "…언론은 인권을 옹호하며, 정의롭고 평화로운 공동체를 추구한다. 이를 위해 정확하고 공정한 보도를 통해 시민의 올바른 판단과 의사소통을 도우며, 다양한 가치와 의견을 균형 있게 대변함으로써 사회 통합을 위해 노력한다. 아울러 권력을 감시하고 비판해 사회 정의를 실현하고 민주주의를 발전시키는 데 기여한다"(한국기자협회(https://www.journalist.or.kr)라 적바림 되어 있다. 이를 위해, 〈언론윤리헌장〉 제1항이 '진실을 추구한다'이다.

이지(李贄, 1527~1602)는 「성교소인(聖教小引)」에서 "참으로 한 마리 개였다. 앞에 있는 개가 그림자를 보고 짖으면 나도 따라 짖어댔다. 왜 그렇게 짖어댔는지 그 까닭을 묻는다면, 그저 벙어리처럼 웃을 뿐(眞一犬也 因前犬吠形 亦隨而吠之 若問而吠聲之故 正好啞自笑也已)"이라 했다. 후일, '언론인으로서 악론을 써 불신 사회를 만든 벙어리처럼 웃는 이', 즉 옆의 개가 짖으면 따라 짖는 '참으로 한 마리 개였다'라고 서술할 대상은 되지 말아야 하지 않겠는가.

110 다시 대한민국! 새로운 국민의 나라 (3)

站 : '염치교육'으로 '언어예절'을!

대통령이란 자가 더 큰 권력을 갖고자 내란을 일으켜 계엄령을 내리고 국회 유리창이 나라를 지켜야 할 군인들에 의해 깨지고 시민들이 국가의 최후 보루인 법원의 문을 부수고 난입하였다. 그 이유는 무엇일까? 이 란을 통해 '다시 대한민국! 새로운 국민의 나라(1)(2)'에서 윤석열의 계엄령 선포 이유 첫째가 이 나라 '상층부의 욕망이 빚은 비극', 둘째가 '시시비비를 가리지 못하는 사이비 언론' 때문이라 하였다. 그렇다면 세 번째는 바로 '염치교육 부재' 때문이다.

말은 많지만 도통 들으려 하지 않는다. 아는 게 많은 체하지만 그 수준은 지극히 저급하여 비논리로 일관하며 설득력이 전혀 없다. '나는'이라는 주어가 말 첫머리마다 붙지만 자기 정체성조차 없이 횡설수설이니, 책 한 권도 읽지 않았다는 증명이다. 목소리 큰놈이 이긴다고 혼자 왜가리처럼 외대니 대화가 아니라 시장판 쌈꾼의 욕설치레다. 결국 논쟁(論爭)은 있지만 토론(討論)은 없고 토론이 없으니 토의(討議)는 요원한 일이다.

이러니 말은 소통하고자 하는 건데 먹통이 될밖에 없다. 급기야는 얼굴을 붉히며 "말이 통하지 않네!"하고 원수처럼 돌아선다. OECD가 지난달 공개한 '2023년 국제성인역량조사' 보고서가 이를 증명한다. 만 16~65세 한국 성인 문해력은 500점 만점에 249점으로 OECD 평균인 260점보다 11점이나 낮다. 2021년 조사 결과와 비교하면 23점이나 떨어졌다. 가만히 상대 말을 듣다보면 낱말의 뜻조차 모르고 쓰는 경우가 허다한 이유가 여기에 있다.

문제의 근원은 바로 상대방에 대한 '언어예절'이 없어서고 언어예절의 부재는 '단순 암기 교육'으로 인한 '염치교육' 부재에서 비롯되었다고 생각한다. 상대방에 대한 '체면을 차릴 줄 알며 부끄러움을 아는 마음', 즉 염치(廉恥)가 있다면 말을 그렇게 함부로 못한다. "염치는 사유(四維)의 하나이다. 사유가 제대로 펼쳐지지 않으면 나라가 나라꼴이 되지 못하고 사람도 사람 꼴이 되지 못한다." 18세기 실학자 우하영(禹夏永, 1741~1812) 선생이 지은 『천일록』 제5책 '「염방」(廉防, 염치를 잃지 않도록 방지함)'에 보이는 글이다.

'사유'란 국가를 유지하는 데 필요한 네 가지 벼릿줄로 예(禮, 예절)·의(義, 법도)·염(廉, 염치)·치(恥, 부끄러움)이다. 『관자』「목민편」에서 관중은 이 사유 중 "하나가 끊어지면 나라가 기울고 두 개가 끊어지면 나라가 위태로우며, 세 개가 끊어지면 나라가 뒤집어지고 네 개가 끊어지면 나라가 멸망한다"고 했다.

선생은 "나라꼴이 되지 못하는 바로 이러한 때, 이런 급박한 병세를 치료하기 위해 약을 쓴다면 어떤 처방이 좋겠습니까?"라 반문하며 다음과 같은 예를 끌어온다. "공자 마을 사람들로 대우하면 사람들이 모두 공자의 마을 사람들과 같이 된다. …만일 염치 있는 사람들을 높인다면 어찌 본받아 힘쓰고자 하는 사람이 없겠는가?"

즉, 이 사람이 염치 있는 행동을 하면 저 사람도 그런 행동을 한다. 만약 저 사람이 염치없는 행동을 하면 그 이유는 저 이가 아닌 나에게서 찾아야 한다. 내가 저 사람을 공자 마을 사람으로 대하고 염치 있는 사람으로 높였다면 저 사람이 어찌 염치없는 행동을 하겠는가? 이러하려면 바로 교육이 필요하다. 하지만 '교육의 질은 교사의 질을 넘지 못한다'는 게 문제이다.

필자는 37년 동안 학생들을 가르쳤다. 우리 교육 문제는 교육이 아니라 교사라는 점을 뼈저리게 느낀다. 어느 책이든 교육 커리큘럼은 창의성과 인성[염치]을 추구하지만 이를 가르칠 교사와 교수는 그렇지 못하다. 그저 중 염불 외듯 과거에 배운 지식만을 여름철 엿가락처럼 늘어진 테이프로 돌리고 돌릴 뿐이다. 이 또한 교사나 교수로서 학생들을 대하는 염치가 없어서이다.

이는 교육인 제도가 아닌, 교사인 사람에게서 먼저 찾아야 한다. 염치 있는 교사와 교수들이 있어야만 염치교육이 성립하기 때문이다. 염치 있는 교사와 교수들이 교단에 서서, '염치교육'으로 '언어예절'이 이루어지는 그 날, '다시 대한민국! 새로운 국민의 나라'가 될 것이다.

111 한 몽상가의 "호수에 비친 달그림자를 좇는 것 같다" 해석

站

　"어느 절, 한 제자가 스승에게 물었다. 제자: 스님, 마음이란 무엇입니까? 스님: 호수에 비친 달의 그림자를 보아라. 제자: 그렇다면 진정한 마음이란 무엇입니까? 스님: 달은 하늘에 있지만, 그 그림자는 물에 비친다. 우리의 마음도 이와 같아서 진정한 자아를 찾기 위해 외부에 의존하지 말고 그 내면을 바라보아야 한다는 말이다."

　어느 절, 또 한 제자와 스승의 이야기다, 흔히 '달빛을 항아리에 담다'라는 제목으로 전해진다. "어느 날 한밤중에 제자가 스승의 자리끼를 뜨러 표주박을 들고 우물에 갔다. 물을 뜨려다 보니 우물에는 보름달빛이 아름답게 떠 있었다. 제자는 스승에게 그 보름달빛을 보여주고 싶었다. 그래서 제자는 다시 돌아가 항아리를 가지고 와서 조심스레 달빛을 한가득 담아 스승께 드리며 말했다. 제자: 스님, 보세요! 제가 달빛을 담아왔습니다. 그러나 달빛이 항아리에 있을 리 없다. 스님: 제자여, 네가 담아온 것은 달빛이 아니라 그저 비어 있는 항아리일 뿐이다. 달은 항상 하늘에 있으며, 그 빛은 물에 비친 그림자일 뿐이다. 진정한 깨달음은 외부에서 찾을 수 없으며, 오직 내면에서만 찾아야 한다."

　"호수에 비친 달그림자를 좇는 것 같다." 엊그제(4일) 헌법재판소에서 열린 대통령 탄핵 심판 5차 변론에서 피의자 윤석열의 말이다.

우리가 생중계로 보고 들은 '12·3 내란 사태'에서 자신의 행동을 증언하는 말들을 모조리 거짓이라며 한 표현이다. 언뜻 듣는다면 마치 저 위 스님들의 선문답 같은 말인 듯하지만 요지는 '아무 일도 일어나지 않았다, 어떻게 이게 불법 계엄이고 내란이냐'는 억지를 강변하는 무지한 비유이다.

'호수, 달, 달그림자'의 해석은 그렇게 단순치 않기 때문이다. 수행하는 스님들조차 평생을 화두로 삼고 정진하는 상징과 은유의 단어들이요, 벼랑 끝, 칼날 같은 구도(求道, 종교적 깨달음이나 진리 추구에 대한 성찰)의 길에서 얻는 선문답이요, 깨달음이기에 그렇다.

위 이야기는 여러 의미를 내재하고 있다. 우선 모든 것이 일시적이며 고정된 실체가 없음을 깨닫게 해준다. 달은 하늘에 떠 있고 호수에 비친 달의 그림자는 분명한 실제이다. 하지만 달은 실재이나 물에 비친 달 그리자는 허상일 뿐이다. 이는 우리의 생각이나 감정, 경험이 실제로 존재하는 것처럼 보일지라도, 실제로는 일시적이며 무상하다는 것을 의미한다.

이렇게 해석하면 이 이야기는 물질적 소유나 외부의 허상에 집착하지 말고, 내면의 진실을 추구하라는 교훈을 담고 있다. 진정한 깨달음은 외부의 어떤 것에서도 찾을 수 없으며, 오로지 자신의 마음속에서 찾아야 한다는 뜻이다.

또 '달그림자'는 실현 불가능하거나 덧없는 희망, 목표를 좇는 상황에 비유하기도 한다. 덧없는 희망이나 목표를 추구하는 모습이다. 현실에서 벗어난 비현실적인 이상이나 꿈을 좇는 모습을 빗댄 표현이다. 이는 비현실적인 이상에 대한 동경, 실현 불가능한 계획이나 허황된 꿈을 좇는다는 의미의 '뜬구름 잡기'이다. 아무리 먹고 싶어도 먹을 수 없는 '그림 속의 떡'이란 속담을 떠올리면 실현 불가능한 것을 탐내는 상황이 그려진다.

이렇게 '호수, 달, 달그림자'는 아무 것도 없는 단순한 허상에서 나아가야 그 본래의 의미를 꿰뚫는다. 이를 문학적으로 끌어오면 더욱 고차원적인 상징의 세계로 이끈다. 즉, 위 단어들은 투사와 통찰의 대상일 때 비로소 그 의미를 정확히 이해할 수 있다는 말이다.

그렇다면 이런 예시 또한 가능하지 않을까? "그는 마치 호수에 비친 달그림자를 좇는 사람처럼, 덧없는 꿈을 꾸고 있었다." 여기서 주어 '그는'이라는 인칭대명사를 '윤석열'이라는 고유명사로 바꾸어 해석한 들 무리 없다. 윤석열과 그 부화수행자(附和隨行者)들이 꾼 덧없는 꿈은 무엇일까? 한 몽상가(夢想家, 꿈 같은 헛된 생각을 즐겨 하는 사람)의 이해로는 "호수에 비친 달그림자를 좇는 것 같다"를 해석하기란 극히 지난한 난제(難題)가 아닐까 한다.

112 사이비! '정월 대보름날 귀머거리장군 연 떠나보내듯'

站

가끔씩 설거지를 한다. 싱크대를 깨끗이 정리하면 기분조차 개운해지는 것 같았다. 뒤돌아서다 음식물 거름망을 비우려 뺐다. 그때 보았다. 아! 그 음식물 거름망과 배수구의 찌든 때, 완연 싱크대 표면과는 다른 말 그대로 수챗구멍이었다. 오늘에야 알았다. 눈에 보이는 곳만 닦았지 그 속은 눈길조차 주지 않았다는 사실을.

"자네들이 산수도 모르고 또 그림도 모르는 말일세. 강산이 그림에서 나왔겠는가? 그림이 강산에서 나왔겠는가?" 이러므로 무엇이든지 '비슷하다(似), 같다(如), 유사하다(類), 근사하다(肖), 닮았다(若)'고 말함은 다들 무엇으로써 무엇을 비유해서 같다는 말이지. 그러나 무엇에 비슷한 것으로써 무엇을 비슷하다고 말함은 어디까지나 그것과 비슷해 보일 뿐이지, 같음은 아니라네."

연암(燕巖) 박지원(朴趾源, 1737~1805) 선생의 『열하일기』「난하범주기」에 나오는 부분이다. 배를 타고 가던 사람들이 "강산이 그림 같은 걸"이라고 하자 선생은 저렇게 말한다. 산수와 그림은 비슷해 보일 뿐이지, 같음은 아니라는 꾸지람이다. 강산에서 그림이 나왔지, 그림에서 강산이 나온 게 아니기 때문이다. 그런데 강산을 보고 그림 같다 한다. 진짜를 가짜로 보고 가짜를 진짜로 보았다. 주객이 전도되어 버렸으니 '사이비사(似而非似, 비슷하지만 가짜)'다. 강산의 모사본인 산수화로 산수인 원본에 비기는, 어리석음을 통박하는 선생의 일갈이다.

그러고는 선비는 '선비 같다'나, '선비 답다'가 아닌, '선비여야 한다'며, '사이비는 아니 되련다!'를 평생 화두로 삼았다. 사이비란, '두루뭉술 인물'인 향원(鄕愿)이다. '향(鄕)'은 고을이요, '원(愿)'은 성실이다. 즉 고을의 성실한 사람으로 '도덕군자'란 뜻이니, 백성들의 지도자다. 그러나 '선비 같다'나, '선비 답다'와 비슷한 '선비인 척'하는 사이비 무리일 뿐이다. 즉 향원은 실상 겉과 달리 '옳고 그름을 가리지 않고 아첨하는 짓거리를 하는 자'요, '말은 행실을 돌보지 않고 행실은 말을 돌보지 않는 겉치레만 능수능란한 자'들이기 때문이다.

『맹자』 '진심장구 하'에서는 향원을 "덕을 훔치는 도둑놈(德之賊)"이라 하고 평생을 배척할 인간으로 규정하였다. 그렇다. 질병을 퍼뜨리는 각종 세균은 보이지 않는 음식 거름망과 배수구에 있는 게 아니겠는가. 설거지는 마땅히 그릇과 싱크대 표면만 깨끗이 하는 게 아니었다. 정녕 깨끗이 할 당연히 알아야 할 그것은 수챗구멍이었다. 연암 선생 말을 빌리자면 내가 한 설거지는 '사이비 설거지'였다.

어제 대전초등학교 김하늘이의 슬픈 비명소리도 그렇다. 교사가 교사이고, 교장이 교장이고, 장학사가 장학사이고, 교육청이 교육청이고, 학교가 학교였다면, 어찌 저런 일이 '학교 교육현장'에서 일어난단 말인가. 대한민국은 GDP: 세계 12위, 개인 GDP: 세계 30위인 경제 대국이다. 그러나 국민행복지수는 58위요, 국민행복도는 세계 118위요, 자살률은 하루 24.1명(2020년)으로 OECD 국가 중 단연 1위로 OECD 평균보다 2.2배나 높다. 출산율 또한 2023년 기준 0.72명으로 세계 최하위, …. 이러니 후진국에서나 일어날법한

'12·3쿠테타'가 일어나는 '사이비 선진국'이 된 것이다.

오늘은 정월 대보름이다. '정월 대보름날 귀머거리장군 연 떠나가듯'이라 속담이 있다. 귀머거리장군은 연의 한 종류로서 윗머리 양쪽 귀퉁이에 검은 부등변삼각형을 그린 연이다. 아이들이 이 연을 겨우내 띄우다가 농사를 시작하는 정월 대보름 이후에 연을 날리면 '개백정(말이나 행동이 막된 사람을 욕하여 이르는 말)'이라는 욕을 듣기 때문에 연을 더 이상 날리지 못해서 대보름 전날인 열나흘 날 연을 날려 보낸다. 이것을 '송액(送厄, 액을 날려 버린다)'이라 한다. 바로 그해에 들 액운을 연에 달아서 멀리 날려 보낸다는 액땜인 셈이다. 모쪼록 올 한 해, 대한민국의 '모든 사이비'를 저 귀머거리장군 연에 매달아 멀리멀리 날려 보냈으면 한다.

113 헌법 재판을 보며

站 : 전문가의 죽음과 체병 공화국

'사람에게는 세 가지 체병이 있다'라는 매우 흥미로운 우리 속담이 있다. 풀이하자면, '똑똑하지 못한 사람이 모르면서도 아는 체하고, 없으면서도 있는 체하며, 못난 주제에도 잘난 체한다'이다. 이러니 '없는 놈도 있는 체, 못난 놈도 잘난 체'하여 실속 없는 놈도 허세를 부린다. 우리나라 사람은 너무 체면을 차린다는 말로 '조선 사람은 낮 먹고 산다'라는 속담도 있으니 이쯤이면 과연 '체병의 나라'임에 틀림없다.

사전에는 '-체'가 그럴듯하게 꾸미는 거짓 태도나 모양이라 설명하고 있다. 즉 진실이 아닌 상반된 행동을 할 때 쓰는 부정적인 말이다. 그런데 이 속담에 SNS의 확산이 부정을 긍정으로 만들어 버렸다. 그렇지 않아도 '-체'하는 데, SNS만 누르면 알고 싶은 게 모두 뜨니 굳이 전문가를 찾을 필요가 없어졌다. 그렇지 않아도 '체병'을 보균하였기에 전문가들의 말을 더 이상 받아들이려 하지 않는 대한민국이 되었다.

그래서일까? 너나나나 할 것 없이 이 나라 백성은 모두가 다 전문가다. 정치면 정치, 경제면 경제, 모르는 게 없다. 여기에 요즈음 대통령 탄핵을 변론하는 이들의 변론을 보면 과연 '전문가'들이 맞나?하는 생각마저 든다. 비 전문자인 내가 보아도 궤변에 궤변을 늘어놓으니 말이다. 마치 '고려 적 잠꼬대' 같이 현실과 전혀 동떨어진 말 같지 않은 소리를 버젓하게 법정에서 한다.

18일 서울 종로구 헌법재판소에서 열린 윤석열 대통령 탄핵심판 9차 변론만 보아도 그렇다. 1시간 내내 부정선거·혐중 음모론을 재탕하거나 상대의 말에 딴지걸고 말꼬투리를 잡고 법정에서 제 마음대로 퇴장도 서슴지 않았다. 한 변호사는 "선거관리 시스템이 변함없이 공정하게 작동되지 않으면 국민들은 정당한 대의기관이 아니라 불의한 세력의 지배를 받게 된다. 그들과 연결된 해외 주권 침탈 세력에 의해 국가 주권이 예속돼 이중으로 노예 같은 처지에 떨어지게 된다"는 황당무계한 장광설을 두서없이 펼쳤다. 또 한 변호사도 "국회가 우리나라 국익에는 해롭고 중국에는 이로운 결과를 초래하는 입법 활동과 정책 활동을 하고 있다"고 억지를 내세웠다. 법률에 문외한인 내가 보아도 저 전문가[변호사]들이 내세우는 '12.3 계엄령'을 선포한 윤 대통령 측 논리라는 게 참 우스꽝스럽다. (역시 군사 전문가인 한 군인이 당시 707 특임대원이 휴대한 '케이블 타이'가 '포박용'이 아닌 '문 봉쇄용'이라는 주장에는 고소를 금치 못한다.)

톰 니톨스의 『전문지식의 죽음(The Death of Expertise)』이라는 책이 있다. 니콜스는 구(舊)소련 문제에 대한 전문가란다. 그는 SNS에서 러시아에 관해 자기를 가르치려 드는 '비전문가'들에 화가나 블로그에 글을 올렸다가 이 책을 쓰게 됐다고 한다. 니톨스는 그래 『전문지식의 죽음』을 안타까워하는 듯한 모양새지만 꼭 그러할까? SNS에서 보고 들은 지식은 전문지식이 아니고 그러한 사람들은 전문가가 아닐까?

나 역시 국문학(고전서사)을 공부하는 전문가이다. 하지만 전문지식을 지닌 전문가가 결코 우리 국문학계를 이끌지 못한다는 것을 뼈저리게 느낀다. 문학을 한다는 전문가가 차고 넘치지만 겨우 100 ~200부를 출판하는 것이 현실이다. 오히려 국문학(고전서사)은 전문가들의 책상머리에 올라오며 〈춘향전〉, 〈홍길동전〉, 〈심청전〉, 등 몇 작품만 남고 모조리 사라졌다.

대한민국은 '체병의 나라'이다. 그러니 정치인이니, 변호사니, 학자니, 군인이니… 하는 전문가들이여!—'체병의 나라' 국민을 우습게 여기지 마시라. SNS까지 뒤져 옴니암니 따지고 드는 비전문가들이 당신들의 자리를 대체할지도 몰라서다. 헌법 재판을 보며, 전문가의 죽음과 체병 공화국을 곰곰 생각해 보는 오늘이다.

*덧붙임: 참 그 분야의 전문가인 이는 이 글과 관계없다. 또 저 좋아하는 SNS만을 보고 광신적으로 믿는 '사이비 체병 환자'들도 이 글과 무관하다.

114 탄핵 인용 이후의 대한민국 정치인 상(像)

站 : 1. 정직, 2. 공정, 3. 배려, 4. 책임감, 5. 용기

25일 헌법재판소에서 열린 대통령 탄핵 11차 변론이 끝났다. "끝까지 사과는 없었다… ·'간첩'만 25번, 선동 가득한 윤석열 최후 진술" "국가·국민 위한 계엄이라니… 윤 대통령 최후 진술 참담하다" …보수 신문의 논조조차 이렇다. 그를 변호한다는 한 변호인은 "계엄에 계몽됐다"고도 하였고 내란 수괴 장본인(張本人, 어떤 일을 꾀하여 일으킨 바로 그 사람이란 뜻이다. 요즈음에는 긍정부정 모두 사용하나 주로 부정적일 때 쓰니 유의해야 한다)인 그는 "내란 아닌 국민 호소용 계엄"이며 "목적 달성"했다 하니, 저런 논조의 기사가 나온 것이다.

대체적으로 현 대통령 탄핵은 '인용(認容, 인정하여 받아들임)'될 것이라는 견해가 지배적이다. 그렇다면 5월쯤 벚꽃 선거가 될 듯하다. 그래 우리의 삶과 밀접한 '사서(四書)'에서 바람직한 정치인 상을 찾아본다. '사서'에서 정치인은 유교의 이상적인 군주와 신하의 덕목을 갖춘 지도자를 의미하지만, 이를 오늘날로 끌어와도 큰 무리 없다. 각각의 경전에서 강조하는 정치인의 역할과 덕목을 살펴보면 이렇다.

① 논어(論語): 공자의 정치인 상은 주로 덕치(德治)와 인(仁)의 개념을

바탕으로 하고 있다. '덕치'는 덕으로 다스리는 정치이다. 정치인은 도덕적 모범을 보이며, 백성을 공정하고 정의롭게 다스려야 한다. 이를 통해 백성들이 자발적으로 따르게 하며, 사회를 안정시키는 것이 목표이다. '인'은 인간의 사랑과 자비를 의미한다. 공자는 정치인이 백성을 사랑하고 그들의 행복을 최우선으로 생각해야 한다고 강조했다. 인을 통해 정치인은 모든 사람을 평등하게 대우하고, 약자와 소외된 사람들을 보호해야 한다. 따라서 정치인은 인의(仁義)를 갖춘 군주가 되어야 한다고 강조한다.

② 맹자(孟子): 맹자의 정치인 상은 왕도정치(王道政治)이다. 백성을 위해 덕을 쌓고 인(仁)과 의(義)를 실천하는 정치인이 이상적이라는 말이다. '인'은 정치인이 백성을 사랑하고 그들의 복지를 최우선으로 생각해야 한다는 말이다. 인은 인간의 사랑과 자비를 의미하며, 정치인은 백성의 고통을 이해하고 그들을 돕는 역할을 해야 한다. '의'는 정의와 공정을 의미한다. 맹자는 정치인이 정의로운 결정을 내리고, 공정하게 통치해야 한다고 강조했다. 즉 의를 통해 정치인은 사회의 질서를 유지하고, 불의를 바로잡아야 하기 때문이다. 특히 "백성이 가장 중요하고, 그 다음이 나라이며, 군주는 가장 덜 중요하다"라는 말에서 보듯이, 정치인은 백성을 위한 존재하여야 한다. 이것이 정치인의 통치행위이다.

③ 대학(大學): 정치인의 기본 덕목으로 '수신제가치국평천하'를 제시한다. 즉, 자신을 먼저 닦고(修身), 가정을 바로 세운 뒤(齊家), 나라를 다스리고(治國), 천하를 평안하게(平天下) 해야 한다는 원칙을 따르는 사람이 이상적인 정치 지도자이다. 하지만 이는 한계성을 지닌 인간이기에 어렵다. 오히려 '천하치국제가수신'이 더 쉽다. '수신'은 평생토록 닦아도 완결되지 않기 때문이다. 따라서 정치인이 백성 위에

군림하려 들면 이미 그는 정치인이 아님은 물론, 인간 실격이다.

④ 중용(中庸): 중용은 가운데가 아닌, 옳고 그름을 가르는 균형과 절제를 통해야만 얻는다. 정치인은 자신과 백성을 위한 최선의 결정을 내리기 위해 균형 있는 사고를 유지해야 하기 때문이다. 이것이 '중용의 덕'이다. 이 중용은 정의와 공정을 중요시하며, 백성을 사랑하고 보호하는 행동까지를 포함한다. 물론 그 바탕은 도덕적 리더십이다.

'사서'에서 개략적으로 살핀 정치인 상의 기본은 '도덕(道德)'이란 두 글자다. 도덕은 사람이 무엇이 옳고 그른지 판단하고 정의로운 일을 선택하여 불의에 맞서 싸우는 행동을 의미한다. 도덕은 개인의 내면적인 윤리적 신념과 사회적 규범을 포함하며, 우리가 다른 사람들과 상호작용하는 사회문화를 형성한다. 따라서 다음 대통령은 1. 정직(Honesty), 2. 공정(Fairness), 3. 배려(Consideration), 4. 책임감(Responsibility), 마지막으로 이를 실천하려는 5. 용기(Courage)가 있는 정치인이었으면 한다.

115 인순고식과 구차미봉

站 : 천하만사가 이 '여덟 글자' 때문에 이지러지고 무너진다

"내란수괴범이 풀려났어요. 탄핵이 어떻게 될 것 같아요? 만일 그렇다면 난 이 땅에서 못 살 것 같아요." 수화기를 건너오는 걱정 어린 목소리다. 필자의 개인사로 글을 쓸 형편이 아니지만 시무(時務)이기에 기록을 남겨야 할 것 같다.

마치 '악인 열전'이라도 보는 듯하다. 분명 후일 '윤 아무개 정권'을 기술하는 역사가들은 '악인 열전사(惡人列傳史)'한 챕터쯤 만들 것이라 믿는다. 역사가라면 누구나 인류 최고의 역사서로 사마천(司馬遷)의 『사기(史記)』를 꼽는 것을 주저하지 않는다. 그의 『사기』 기술 의도는 "하늘의 도리가 과연 옳으냐? 그르냐?"를 기반으로 하였다.

우리는 말한다. '선을 행하면 복을 받고 악을 행하면 화를 받는다'라고. 이것을 '천도(天道)', 즉 '천지자연의 도리'라 믿는다. 하지만 사마천이 본 세상은 그렇지 않았다. 사마천이 본 역사상의 인물의 삶은 천도와 오히려 그 반대였다. 그는 이 모순을 『사기』에 이렇게 적바림을 했다. "어진 이로 이름난 백이(伯夷)와 숙제(叔齊)는 굶어 죽었고, 공자의 제자 중 으뜸인 안회(顏回)는 극한 가난 속에서 젊은 나이에 굶어 죽었다. 그러나 대악당 도척(盜跖)은 매일 죄 없는 백성을 죽여 그 살로 회를 치고 포를 뜨는 악행을 저질렀으니, 세상에는

선을 행하여 화를 얻고 악을 행하여 복을 얻는다. 그런데도 '천도무친(天道無親, 하늘의 도는 사사로이 친함이 없어 언제나 착한 사람과 함께한다)'이니, '천도부도(天道不謟, 하늘이 선한 사람에게는 복을 주고 악한 사람에게는 화를 주는 것을 조금도 의심할 바 없음)'니 하는 말을 믿어야 하는가?"

대한민국 역사에 국민들이, 백성들이, 무슨 악행을 저질렀는가? 나라를 팔아먹은 것도 권력자들이요, 독재를 한 것도 저들 아닌가. 촛불혁명을 거치고 코로나를 간신히 겪고 나온 국민들이다. 좀 숨통이 트일만하니 이제 또 한 악인과 그의 부화수행자(附和隨行者)들이 벌이는 이 활극을 보면서 나 역시 묻지 않을 수 없다. 저 사마천처럼, "천지보시선인 기여하재(天之報施善人 其如何哉, 하늘이 이 착한 백성들에게 보답해 준 것이 무엇입니까?)"라고. 정말 "소위천도 시야비야(所謂天道 是耶非耶, 천도라는 것이 있다면 그것이 옳은 것입니까? 그른 것입니까?)"라고, 묻고 싶다.

이렇게 세상이 병든 이유를 조선 후기를 휘청거리면 살아 낸 실학자 연암(燕巖) 박지원(朴趾源, 1737~1805) 선생은 이렇게 적바림해 머리맡에 걸어 두었다. "인순고식(因循姑息, 머뭇거리며 구습대로 행동함)이요, 구차미봉(苟且彌縫, 구차하게 적당히 얼버무림)이라!" 연암 선생은 "천하만사가 이 '여덟 글자' 때문에 이지러지고 무너진다" 하였다.

나 역시 이 의견에 동조하지 않을 수 없다. 우리 역사가 악인들을 단 한 번이라도 단죄(斷罪)한 적이 있던가? 오히려 학정에 시달리다 농민봉기를 하였던 전봉준(全琫準, 1855~1895)도 백성들을 위해 동학을 창시한 수운(水雲) 최제우(崔濟愚, 1824~1863)도, 억압과 수탈의 대상인 베 짜는 며느리를 보고 '일하는 한울님'이라 했든 해월(海月)

최시형(崔時亨, 1827~1898) 선생도 모두 권력을 가진 자들에 의해 그 목이 잘리었다.

독립운동을 하였던 이들, 군부 독재에 항거한 수많은 이들도, … 군사 쿠데타에 항거한 광주의 이름 모를 시민들도, 모두 악인에 의하여 이슬처럼 사라져갔다. 그러나 그 악인들 중 역사의 단죄를 받은 이들이 있던가?

수화기를 건너온 걱정 어린 목소리에 나는 이렇게 답했다. "이제 검찰총장까지 한 패가 되어 풀어주었는데, 두려울 게 무엇이겠는지요. 똘똘 뭉친 저들이 헌재 재판관들은 그냥 두겠는지요. 우리가 상상치도 못할 수단들을 동원하겠지요. 저는 '탄핵은 기각' 될 거라 생각합니다." 그러며 '인순고식'과 '구차미봉'을 질근질근 씹어본다. '천도'가 운용되려면… 그러면서도 허연 백지에 '윤석열을 탄핵한다' '여덟 글자'를 꾹꾹 눌러써본다.

116 "그런 거 알아? 가슴에 커다란 바윗덩어리 하나 들어앉은 느낌을" 〈악마를 보았다〉

악몽을 꾸었다. "난 고통 같은 거 몰라. 두려움? 그딴 것도 몰라. 니가 나한테 얻을 수 있는 거, 아무것도 없어!" 15년 전, 한여름 이글거리는 아스팔트 지열만큼 꽤 괴롭게 보았던 영화의 한 장면이었다. 〈악마를 보았다〉 중에서 장경철이 하는 말이다. 〈악마를 보았다〉는 이병헌과 최민식이 주연을 맡은 김지운 감독의 2010년 8월에 개봉한 범죄 스릴러 영화이다. 영화가 영상물등급위원회로부터 두 차례 제재를 받았고, 제작사는 수정을 거듭한 뒤 세 번 만에 청소년 관람 불가 등급을 받아 가까스로 개봉이 이루어졌다.

장경철은 사이코패스라 당연히 도덕성과 공감 능력이 전무하다. 그는 살인 후, 혼자 기타를 치기까지 한다. 하지만 그의 신분은 아이들 학습과 안전을 돕고 보호하는 학원차량 운전기사이다. 학원차량 기사답게 그는 병아리처럼 노랑색 옷을 입었다. 옷 등판에는 큼지막한 '십자가'와 그만한 크기의 '신우회'란 글자가, 앞 가슴팍에는 47이라는 숫자와 십자가가 그려져 있다.

신우회는 '신우회(神佑會)'로 하나님의 가호를 입은 종교인을 뜻한다. 47의 '4'는 기독교에서 태초, 하나님, 천(하늘), 지(땅), 네 계절, 육체 등을 뜻하는 창조의 의미로, '7'은 천지가 완성되고 7일째 되는 날 휴식을 취한다는 의미에서 신앙, 완성을 뜻한다. 즉 '4'는 창조와 세상을 상징하며, '7'은 완전함과 영적 완성으로 종교계에서 신성시하는 숫자이다. 물론 장경철이 모는 노랑색 학원차에는 '학생 보호 차량'이라고 붉은색으로 쓰여 있다.

사실 이 영화는 장경철의 저러한 엽기적 광기 말고도 생각할 게 많은 작품이다. 우선 '권력의 남용' 문제이다. 영화에서 장경철은 권력과 힘을 가진 인물이다. 그는 남성이란 자신의 완력[권력]을 이용하여 여성과 약한 자들의 삶을 파괴한다. 이와 같은 권력 남용은 우리 사회의 역사 속에서 반복적으로 나타난 문제이다. 부패한 권력과 협잡한 불평등한 법 집행에 대한 불만은 이번 윤석열 석방과 헌재의 유약한 태도 등에서도 그대로 드러난다.

두 번째는 '정의와 공정'이다. 수현은 사랑하는 여인을 잃고 복수를 위해 법의 테두리 밖에서 행동한다. 이는 사회적 불평등과 정의가 실현되지 않는 공적 시스템에 대한 불신을 상징한다. 우리 역사에 공권력의 부패로 인한 무력감은 어제오늘 일이 아니다. 부패한 공권력이 작동할 때, 사람들이 법적 시스템에 대한 무력감과 좌절을 느끼는 것은 당연한 결과이다. 수현이 '정의'와 '공정'이 실현되지 않는 현실에 분개하여 자신이 복수를 결심하게 되는 과정이 이를 말해준다.

세 번째는 '폭력'이다. 영화에서 묘사되는 폭력은 개인적인 차원이지만 이를 사회로 끌어오면 사회·국가 폭력으로 상징된다. 박정희, 전두환, 노태우 소장에 의한 군부 쿠데타와 이번 12.3 쿠데타까지, 총과 힘으로 무장한 권력에 의한 폭력은 사회와 국가적인 폭력으로 연결되기 때문이다.

오늘도 대한민국의 노른자위를 차지한 레거시 언론과 부패한 검찰, 권력만 탐하는 국회 권력, 이기적인 종교 집단, …, 우리 사회 악의 축인 기득권 권력이 똘똘 뭉쳐 그들만의 나라를 위한 연합전선을 편다. 그러고 판사의 시간계산법과 이어지는 검찰총장의 즉시항고 포기로 윤석열은 여보란 듯 풀려났다. 지지자들에게 손을 흔들며 웃는 그의 모습에는 전혀 고통 같은 것이 없다. 국가를 보위하고 국민의 안위를 돌본다는 자칭 권력층의 잔인한 행태만이 보인다.

나는 왜 꿈속에서 〈악마를 보았다〉의 저 장경철 대사를 떠올렸을까? 영화 마지막 장면은 장경철을 처단한 수현이 목 놓아 통곡하는 장면으로 끝난다. 수현은 극 중에 사랑하는 이를 잃은 슬픔을 이렇게 이야기했다. "그런 거 알아? 가슴에 커다란 바윗덩어리 하나 들어앉은 느낌을"이라고.

무심결에 네이버를 쳐봤다. [네이버 쇼핑몰]에서 "신우회 악마를 보았다 최민식 유니폼"이 "64,600원"에 여전히 팔리고 있었다. 저들은 이 옷을 이미 구입했는지도 모르겠다.

117 2025년 을사년 3월, 〈을씨년스런 오늘〉을 다시 읽어본다

站

〈을씨년스런 오늘〉 9년 전, 2016년 11월 17일 쓴 글을 다시 읽어 본다. 한 글자도 더하고 뺄게 없이 지금 상황과 똑 같다.

나라에 큰 분이 없다. 장일순, 문익환, …김수환 추기경님, 법정 스님 같은 큰 분들이 새삼 생각난다. 금방이라도 눈물을 흘리며 하야할 것 같던 박 대통령은 '갖바치 내일모레'라더니 이제는 검찰조사조차도 받지 않겠단다. 100만 명이 하야를 외쳤지만 박 대통령에겐 '중이 빗질하는 소리'에 지나지 않았다.

대통령의 행동은 시쳇말로 이 땅의 백성들을 거의 '멘붕' 수준으로 만들어 버렸다. 청와대와 여당 대표, 친박은 일사불란하게 진지를 구축 하고 백성들과 전면전을 선포하였다. 저들의 반격은 놀랍고도 무섭다. 저들은 후안무치(厚顏無恥)를 좌장군으로 삼고 무치망팔(無恥忘八, 오륜 과 삼강을 잊어버린 부끄러움을 모르는 자)을 우장군으로 삼아 사악한 힘으로 정의와 민주주의를 연파하고 국정을 농단한 친위대로는 제 주인 인 국민까지 능욕·유린한다. 하야를 외치는 시민들에게는 성숙한 시민 의식을 요구하며 청와대 접근을 불허하면서도 자신들에게는 무한정의 불법과 국기문란을 허용하고 있다.

(…중략…) 늦가을 바람이 '을씨년스럽게' 불어 닥치는 2016년 11월

대한민국의 현실이다. '을씨년스럽다'의 '을씨년'은 '을사년(乙巳年)'에서 나왔다. 여기서 '을사년'은 1905년이다. 이 해, 일본과 조선 간 을사늑약 (乙巳勒約)이 체결되었다. 그 날이 바로 11월 17일 오늘이었다. 조선은 500년 왕조에 마침표를 찍고 일본의 속국으로 전락해버렸고 5년 뒤 아예 망국의 설움을 당했다. 그래, 이 조선의 백성들은 참으로 비통하고 허탈한 마음을 '을사년스럽다'라 하였고 이 말이 변하여 '을씨년스럽다'가 되었다. 저 날로부터 꼭 111년 뒤 오늘, 이 을씨년스런 가을에 나는 무엇을 쓰는가?

대한민국의 한 무지하고 우둔한 백성이지만, 저들의 뻔뻔함에 한없는 무기력과 좌절, 절망감, 모멸감, 치욕을 느낀다. 대한민국 헌법을 다시 읽어본다.

"전문: …모든 사회적 폐습과 불의를 타파하며, 자율과 조화를 바탕으로 자유민주적 기본질서를 더욱 확고히 하여 정치·경제·사회·문화의 모든 영역에 있어서 각인의 기회를 균등히 하고, …제1장 총강 제1조 ① 대한민국은 민주공화국이다. ② 대한민국의 주권은 국민에게 있고, 모든 권력은 국민으로부터 나온다."

(…중략…) 18세기 실학자 우하영(禹夏永, 1741년(영조 17)~1812년(순조 12) 선생은 이런 말을 하였다. "사유(四維)가 제대로 펼쳐지지 않으면 나라가 나라꼴이 못 되고 사람도 사람꼴이 되지 못 한다"라고. 사유란, 국가를 유지하는데 필요한 '예의염치'이다. 예의와 부끄러움을 모르는 정치인과 그러한 정치를 그대로 방관하는 국민이라면 그 나라의 존재의의는 어디서 찾아야 하는가?

이미 우리 대한민국은 4·19, 5·18 광주민주화운동, 6·10 민주항쟁을 통해 민주주의를 지켜왔다. 부패와 부도덕, 정의가 없는 독재시대를 그렇게 이겨낸 우리 대한민국의 역사이다. 수많은 사람의 고통으로 지금까지 온 이 나라의 역사를 과거로 다시 되돌릴 수 없다. (…중략…) 저들에게 준 권력을 주권자인 우리가 회수해야 한다. 그래야 사람꼴도 나라꼴도 된다. 을씨년스런 오늘, 대한민국의 주권자로 산다는 것, 참 만만찮은 일이다.

꼭 9년 전, 써 놓은 글을 지금 읽은들 큰 무리가 없다. 마치 저 시절의 데자뷔를 보는 듯하여 섬뜩할 뿐이다. 모든 국민은 생업을 놓고 소마소마(무섭거나 두려워서 초조한 마음)하는 가슴을 쓸어내리며 헌법재판소를 바라보고 있다. 대한민국 법(法)은 아무 문제가 없다. 문제는 법을 운용하는 사람들의 문제다. 미국은 우리를 '민감국가'로 모욕주고 날씨마저 '꽃샘, 잎샘에 반늙은이 얼어 죽는다'더니 눈 내리고 기온이 급강하하여 더 을씨년스런 오늘이다, 모쪼록 재판관 전원 일치로 내란 수괴에 대한 탄핵을 인용해 줄 것을 간절히 염원한다.

118 '원숭이 재판'과 "너나 잘하세요!"

站

〈이솝 우언〉(우화寓話는 수입종 일본어, 우언寓言이 맞음) 중 '원숭이 재판'이 있다. 이리와 여우가 고깃덩어리를 서로 자기 것이라고 다투었다. 원숭이는 이리와 여우에게 고기를 공평하게 나누어 준다면서 반으로 자르는데 차이가 나게 두 덩어리를 나눈다. 다시 같게 한다며 큰 쪽을 많이 베어 먹고, 또다시 차이가 나면 큰 쪽을 베어먹는 식으로 혼자 고기를 모두 먹어 버리고 도망쳐 버렸다는 이야기다.

헌재는 내란 수괴 재판을 뒤편으로 밀고 한덕수 총리 탄핵을 기각하였다. 돌아온 그는 의기양양 "헌재 결정은 어떤 결과로 귀결되더라도 존중해야"하며 "헌재 결정을 기점으로 우리 한국 사회가 분열과 대립을 넘어 하나로 통합되는 출발점이 돼야 한다"고 부연했다.

해석하자면 앞은 '헌재 결정 존중'이다 그러나 헌재에서 "마은혁 임명 보류는 국회 권한 침해이기에 위헌"이라 분명히 선고했는데도 저 이도 최상목 경제 부총리도 아랑곳 않는다. 두 번째 문장은 헌재 결정을 받아들이고 하나로 되자는 '국민들에 대한 당부'이다. 듣고 보는 국민들로서는 기가 찰 노릇이요, 속이 터져 나간다.

"너나 잘하세요!" 〈친절한 금자 씨〉에서 출소한 금자 씨가 한국 사회의 병든 교회 전도사(김병옥 분)와 의미 없는 노래를 하는 성가대 일행에게 날리는 일침이다. 〈친절한 금자 씨〉는 박찬욱 감독의 2005년 영화로 복수와 악의 주제를 깊이 있게 다루고 있다. 영화의 동선은 금자 씨의 복수를 따라가지만 사실 그 동선에서 만나는 것은 우리 사회의 '악(惡, 올바르지 않음)'이다.

금자 씨가 '악'을 개인적으로 처단하려는 이유는 두 가지다. 첫째, 직접적인 악의 유형인 백 선생이다. 백 선생은 힘없는 어린이를 상대로 범죄를 저지르는 전형적인 사이코 패스이다. 그는 금자 씨를 감옥에 가게 한 장본인(張本人, 부정적일 때 쓴다)이며, "세상엔 완벽한 사람은 없는 겁니다. 사모님"이라며 자기가 죽인 아이의 부모에게 말할 정도로 잔인하다.

두 번째, 부패와 무관심으로 중무장한 부조리한 사회와 파수꾼임을 자처하나 실상은 '법비(法匪, 법을 악용하여 사적인 이익을 취하는 무리)'인 검찰과 경찰 따위이다. 영화 속 저들의 부패 시스템은 백 선생을 오히려 법으로 비호하고 방관하여, 급기야 악의 행동을 정당화하는 '숙주(宿主, 기생 생물에게 영양을 공급하는 생물) 역할'을 한다.

결국 13년 수감생활 동안 금자 씨는 이런 '두 악'을 응징하려는 철저한 계획을 세우고 '친절한 금자 씨'로 불리며 치밀한 복수 준비 끝에 백 선생을 잡는다. 하지만 백 선생은 끝까지 반성을 모르는 하나의 비인간 괴물일 뿐이다. 그는 자기가 죽인 아이들의 영혼 같은 방울들을 장식처럼 꿰어 달고 다니고, 아이 유괴 이유는 그 돈으로 요트를 사려 했다고 천연덕스럽게 말한다.

결국 금자 씨는 이렇게 말한다.

"잘 들어둬. 사람들은 누구나 실수를 해. 하지만 죄를 지었으면 속죄해야 되는 거야. 속죄 알아? Atonement, 그래 Atonement 해야 되는 거야. 큰 죄를 지었으면 크게, 작은 죄를 지었으면 작게… 알았지?" 하며 유괴된 아이들의 가족들과 그를 죽여 버린다. 그때 안토니오 비발디의 '세속 칸타타'가 흐른다. 그 칸타타는 "그만두어라, 이제는 끝났다(Cessate, omai cessate)"의 한 부분이었다.

〈이솝 우언〉에서 동물들이 가장 영리하다고 자부하는 원숭이를 판사로 뽑은 이유는 간단하다. 공정한 판결을 받아보려 해서다. 하지만 원숭이는 자신만의 이해관계를 위해 재판을 했을 뿐이다. 대한민국 현[헌]재 법률 시스템은 '법비'들로 '무법 시대(無法時代)'를 진행 중이다. 5200만, 1억 400만 눈동자가 헌법재판소 8명의 헌법재판관 판결을 가량가량 숨을 몰아쉬며 보는 데도 말이다.

아직은, 〈친절한 국민 씨〉가 '원숭이의 고기 재판하듯, 하는 재판'을 읽지만, '너나 잘하세요' 하면 그 결과는 어떻게 될까? 그때는 "그만두어라, 이제는 끝났다(Cessate, omai cessate)" 칸타타가 헌재 앞뜰에서 연주될지도 모를 일이다.

119 히틀러를 잉태한 바이마르 공화국 법[관]

站 : (?)한 대한민국 법[관]

1933년 1월 30일, '바이마르 공화국(바이마러 레푸블리크, Weimarer Republik)'이 망했다. 1919년에 독일 최초 의회민주주의를 헌법에 명시한 민주 공화정으로 출발한 지 14년 만이었다. 그날, 히틀러로 상징되는 '나치(Nati) 독일'이 정권을 쟁취했다.

바이마르 공화국은 '독일제국(1871년~1918년까지 제정 국가)'의 명칭으로 쓰인 헌법이 바이마르에서 소집된 의회에서 채택되면서 정식 출범하였다. (바로 이 바이마르 공화국 헌법을 기초로 만들어진 것이 대한민국 헌법이다.) 출발은 좋았다. 초인플레이션과 극좌·극우 세력의 저항과 제1차 세계대전 이후 외교 관계의 논란 등 많은 문제에 직면하였지만 잘 헤쳐 나갔다.

바이마르 공화국이 무너지기 시작한 것은 바로 사법부 때문이었다. 검찰과 사법부는 명목상 민주적 법치주의를 유지했지만, 실제로는 보수적인 법관과 검사들이 주도권을 쥐고 있었다. 이들은 이전 '독일제국' 시기의 법률 체계와 관행을 그대로 유지하며, 정치적 사건에서 편향적인 판결을 내리는 경향이 강했다. 짚어보면 이렇다.

첫째, 좌익과 우익에 대한 차별적 판결이다. 민주와 민권을 외치는 좌익 인사들에게는 엄격한 법 적용과 강한 처벌이 이루어졌다. 반면, 우익 극단주의자들에게는 비교적 관대한 태도를 보였다. 예를 들어, 1923년 히틀러의 맥주홀 폭동(뮌헨 폭동) 당시, 히틀러는 반역죄로 기소되었지만 단 9개월 간 감옥 생활을 했을 뿐이고 그마저도 편안한 환경에서 보냈다. (이 시기 히틀러는 『나의 투쟁』 초고를 집필하였다.) 그러나 같은 시기 사회주의 혁명 시도에 가담했던 인사들은 훨씬 더 가혹한 형을 선고받았다.

둘째, 반민주적 성향이다. 바이마르 공화국 헌법은 '최초 민주 공화정'임을 명시했으나 검찰과 법원은 민주주의를 수호하기보다는 구체제(독일제국)의 기득권을 유지하려는 부패한 보수 관료들을 비호·보호·협잡하였다. 이들은 바이마르 헌법이 보장하는 민주적 가치보다는 특권층 유지에 초점을 맞추었다. 귀족 및 군부 출신 인사들에 대한 법 적용이 상대적으로 관대한 반면, 반공주의라는 법의 잣대로 사회주의자와 민권을 강조하는 자들에게 불합리한 판결을 내렸다.

셋째, 우익 폭력 조직에 대한 관용이다. 1920년대 극우 단체인 프라이코어(Freikorps)와 같은 준군사조직이 민권 운동을 탄압하는 과정에서 폭력을 행사했음에도 법원과 검찰은 이들을 적극적으로 기소하지 않거나 매우 가벼운 처벌만 내렸다. 프라이코어 구성원은 국수주의적이고 극우적으로 대부분 사병 출신과 무직 청년 및 그 밖의 불평분자들로 구성되었고 일부 장교와 군사요원 출신들이 지휘하였다. 때로는 약탈을 자행하고 난장판을 벌이기도 했으나 구스타프 노스케 국방장관과 파울 폰 힌덴부르크 장군에게 승인까지 받고 지원을 받았다. 정부는 좌파의 반란과 봉기를 진압하는 데 비공식적이지만 이들을 효과적으로 이용했다. 1922년 독일 외무장관 발터 라테나우(Walther Rathenau, 1867~1922: 바이마르 시대에 민주적 순교자로 간주함) 살해 가담자들도 이들인데 처벌은 미미했다.

프라이코어 사령관이던 에른스트 룀은 후일 나치 돌격대의 대장까지 되었다.

결국 검찰과 법원의 이러한 행태는 나치를 잉태하였다. 나치당(NSDAP)과 같은 극우 세력에 관용적이었기에 나치는 비교적 자유롭게 활동하였다. 바이마르 공화국의 검찰과 법원은 형식적으로 민주적 절차를 따랐을 뿐, 실질적으로는 반공주의적이며 보수적·반동적 성격이 강했다. 이러한 법 집행의 편향성이 바이마르 공화국을 붕괴시키고 세계적인 괴물 '히틀러의 나치'를 잉태, 생산한 태반이 된 것이다.

그런데 현재 대한민국은 내란 수괴를 풀어준 판사와 검찰총장·헌재판결을 무시하는 총리와 부총리·국민의 대의기관을 일탈한 여당 국회의원, 여기에 직무 유기와 태업의 헌법재판소까지, 바이마르 공화국 법[관] 행태와 유사하다. 그렇다면 '히틀러를 잉태한 바이마르 공화국 법[관]: (?)한 대한민국 법[관]'의 등식이 성립한다. ( )에 들어갈 어휘는 무엇일까?

*첨언: 이 글을 쓰는데 속보가 뜬다. "[속보] 헌재 윤석열 대통령 탄핵심판 4월 4일 오전 11시 선고" 칠년대한에 단비 만난 듯하다.

120 站 2025년 4월 4일 11시 22분 이후, '인순고식' '구차미봉' 여덟 글자!

"…국민의 신임을 배반해서…2025년 4월 4일 11시 22분, 주문! 피청구인 대통령 윤석열을 파면한다." 오늘 그렇게 국민들의 애를 태우던 헌법재판소에서 드디어 만장일치로 탄핵을 인용, 대통령 파면을 선고하였다. 윤석열이 계엄령을 내린 지 123일째다. 앞뒤 사정을 놓고 볼 때 마땅히 그러한 '당연(當然)한 일'이, 눈을 휘둥그렇게 뜨고 볼 정도로 놀랍거나 괴이쩍은 '당연(瞠然)한 일'로 되어 버렸다.

그동안 '휴헌 간호윤의 참'은 2년여 동안 윤석열 정부의 동선을 글로 따라잡았다. 그 글들을 찬찬히 들여다보니 글 속에 '윤석열의 쿠데타'도 '탄핵'도 이미 예고되어 있었다. 윤석열 정부 동안 대한민국의 민주주의는 후퇴하였고 찬란한 촛불혁명으로 일군 민주주의는 그 빛을 잃어갔다. 어느새 민주주의 국가로서 자부심은 공허한 메아리로 사라졌고 국민들은 법치국가에서 법치가 실종된 기이한 몰법치(沒法治)를 목도 해야만 했다.

'하인리히의 법칙(Heinrich's law)' 또는 '1:29:300의 법칙'이 있다. 어떤 대형 사고가 발생하기 전에는 같은 원인으로 수십 차례의 경미한 사고와 수백 번의 징후가 반드시 나타남을 뜻하는 통계적 법칙이다. 유사한 법칙을 제창한 버드, 로프터스 및 애덤스의 법칙을 묶어 '사고의 삼각형(accident triangle)' 또는 '재해 연속성 이론'이라고도 한다.

하인리히 법칙은 하인리히의 『산업재해 예방: 과학적 접근방식』이라는 책에 소개되었다. 그는 트래블러스 보험사의 엔지니어링 및 손실 통제 부서에 근무하였다. 업무 성격상 수많은 사고 통계를 접했던 하인리히는 산업재해 사례 분석을 통해 하나의 통계적 법칙을 발견하였다.

그것은 바로 어떤 중대한 산업재해가 1건 발생하면 그 전에 같은 원인으로 발생한 경미한 산업재해가 29건, 그리고 산업재해로 이어지지는 않았지만, 같은 원인으로 발생한 징후가 300건 있었다는 사실이었다. 이는 대부분의 참사를 사전에 예방할 수 있는 원인을 파악, 수정하지 못했거나 무시했기 때문에 일어났다는 것을 말해준다.

이 이론은 큰 사고는 우연히 또는 어느 순간 갑작스럽게 발생하는 것이 아니라, 그 이전에 반드시 경미한 사고들이 반복되는 과정 속에서 발생한다는 것을 통계적으로 밝힌 것으로 큰 사고가 일어나기 전 일정기간 동안 여러 번의 경고성 징후와 전조들이 있다는 사실 입증이다. 즉 큰 재해는 항상 사소한 것들을 방치할 때 발생한다는 것이다.

이후 프랭크 버드와 로버트 로프터스가 하인리히 법칙을 새롭게 해석하여 '버드의 빙산(Bird's Iceberg)' 혹은 '버드-로프터스의 법칙'을 내놓았다. '사고가 날 뻔'한 '아차 사고'까지 통계의 범위에 삽입하여 '1(사망):10(경상):30(물적 피해):600(아차 사고)'의 비율을 찾았다.

그래, 조선 후기 실학자 연암(燕巖) 박지원(朴趾源, 1737~1805) 선생

말씀을 다시 한 번 주억거린다. '사람다운 사람'이고자 하였던 선생은 글쓰기를 업으로 삼고 유학에 붙은 저승꽃을 하나씩 떼어낸 행동하는 진정한 학자이다. 꿈에서 보았다는 서까래만한 붓대에 쓰여있는 '붓으로 오악을 누르리라'라는 글귀로 평생을 살았다는 꼬장꼬장한 실학자. 선생은 만년에 낡은 관습이나 폐단을 벗어나지 못하고 당장의 편안함만을 취한다는 '인순고식(因循姑息)'과 잘못된 일을 임시변통으로 이리저리 구차스럽게 얼버무려 넘어간다는 '구차미봉(苟且彌縫)'을 병풍에 써 갈무리하고 "천하 모든 일이 이 여덟자 글자에서 잘못되었다"고 단언하였다.

큰 실수는 굵은 밧줄처럼 여러 겹의 섬유로 만들어진다. 윤석열이 파면된 2025년 4월 4일 11시 22분 이후, 우리는 왜 윤석열 정부가이 지경이 되었는지 톺아보아야 한다. 늘 과거를 정리하지 못한그 원인이 쌓이고 쌓여 만들어낸 결과가 아닐까. 다음 정부는 반드시 '국민의 신임을 배반한 이들'에게, '인순고식'과 '구차미봉' 여덟글자를 엄히 물어야 한다.

지은이 간호윤(簡鎬允)

인하대학교 초빙교수. 고전독작가(古典讀作家). 고전문학박사. 여러 매체에 글을 쓰고 있다. 그는 경기 화성, 물이 많아 이름한 '흥천(興泉)' 출생으로 순천향대학교(국어국문학과), 한국외국어대학교 교육대학원(국어교육학과)을 거쳐 인하대학교 대학원(국어국문학과)에서 문학박사학위를 받았다.

예닐곱 살 때부터 명심보감을 끼고 두메산골 논둑을 걸어 큰할아버지께 갔다. 큰할아버지처럼 한자를 줄줄 읽는 꿈을 꾸었다. 12살에 서울로 올라왔을 때 꿈은 국어 선생이었다. 고전을 가르치고 배우며 현대와 고전을 아우르는 글쓰기를 평생 갈 길로 삼는다. 그의 저서들은 특히 고전의 현대화에 잇대고 있다. 고전을 읽고 쓰기에 자칭 '고전독작가'라 한다.

저서들은 특히 고전의 현대화에 잇대고 있다. 『한국 고소설비평 연구』(2002년 문화관광부 우수학술도서) 이후, 『기인기사』(2008), 『아름다운 우리 고소설』(2010), 『다산처럼 읽고 연암처럼 써라』(2012년 문화관광부 우수교양도서), 『그림과 소설이 만났을 때』(2014년 세종도서 우수학술도서), 그리고 『아! 나는 조선인이다: 18세기 실학자들의 삶과 사상』(2017), 『욕망의 발견』(2018), 『연암 평전』(2019), 『아! 조선을 독(讀)하다: 19세기 실학자들의 삶과 사상』(2020)에서 『조선 읍호가 연구』(2021), 『별난 사람 별난 이야기』(2022), 『조선소설 탐색, 금단을 향한 매혹의 질주』(2022), 『기인기사록』(상)(2023), 『코끼리 코를 찾아서』(2023), 『연암소설을 독하다』(2024), 『조선의 양심, 연암 박지원 소설집』(2024), 『간호윤의 실학으로 읽는 지금』(2024) 등 50여 권과 이 책까지 모두 직간접으로 고전을 이용하여 현대 글쓰기와 합주를 꾀한 글들이다.

'연구실이나 논문집에만 갇혀 있는 고전(古典)은 고리삭은 고전(苦典)일 뿐이다. 연구실에 박제된 고전문학은 마땅히 소통의 장으로 나와 현대 독자들과 마주해야 한다'는 생각으로 글을 쓴다. 연암 선생이 그렇게 싫어한 사이비 향원(鄕愿)은 아니 되겠다는 게 소망이다.

사이비 4

간호윤의 실학으로 읽는 지금 2
: 윤석열 탄핵! 그 이유들

© 간호윤, 2025

1판 1쇄 인쇄_2025년 04월 20일
1판 1쇄 발행_2025년 04월 30일

지은이_간호윤
펴낸이_양정섭

펴낸곳_경진출판
　　　등록_제2010-000004호
　　　이메일_mykyungjin@daum.net
　　　스마트스토어_https://smartstore.naver.com/kyungjinpub(경진출판 예서의 책)
　　　사업장주소_서울특별시 금천구 시흥대로 57길17(시흥동, 영광빌딩), 203호
　　　전화_070-7550-7776　팩스_02-806-7282

값 25,000원
ISBN 979-11-93985-73-1 03300